Kapverdische Inseln

Susanne Lipps und Oliver Breda

W0180469

Reise-Taschenbuch

Inhalt

Unterwegs auf den Kapverdischen Inseln

Inhalt

Auf Entdeckungstour

Karten und Pläne

▶ Dieses Symbol im Buch verweist auf
die Extra-Reisekarte Kapverdische Inseln

Schnellüberblick

Santo Antão
Wandern durch steile Täler, auf kunstvoll angelegten Pflasterwegen, vorbei an bizarren Felsen. Der Norden grün, mit tropischer und subtropischer Vegetation überzogen. Trocken und karg, aber nicht weniger reizvoll, der Süden und Westen der Insel. S. 172

São Vicente und São Nicolau
São Vicente ist im Prinzip Mindelo, die lebhafte Hafenstadt. Ausflüge zu den traumhaften Stränden an der Baía do Norte oder ins karge Inselinnere. Relaxen und Surfen im Fischerort São Pedro. Auf São Nicolau eine grandiose, unberührte Berglandschaft und die historische Hauptstadt Ribeira Brava. S. 134

Fogo und Brava
Malerische Hauptstadt Fogos ist São Filipe mit zahlreichen alten Häusern im Kolonialstil. Ein Highlight der Besuch der Caldeira, des Riesenkraters mit dem gewaltigen Vulkan Pico do Fogo. Lieblichere Landschaftstypen und Kaffeeplantagen rund um die Küste. Brava, die Blumeninsel, nur per Schiff zu erreichen. Idyllische Hauptstadt Vila Nova Sintra, grünes Wanderparadies. S. 246

Sal

Internationaler Ferienort Santa Maria mit endlosen Sandstränden und afrikanischem Ambiente. Ein Paradies für Surfer und Taucher dank des Passatwinds und reicher Meeresfauna. Ursprünglichkeit und Flair in Espargos und in Murdeira, natürliche Solebäder in Pedra Lume, ein ›blaues Auge‹ am Brandungspool von Buracona. S. 90

Boavista

Insel der Dünen, Palmen und Steinwüsten. Spiegelglattes Wasser für Badende und Surfer in der geschützten Bucht von Sal Rei, dazu lange hellsandige Strände. Oase und Dünen bei Rabil. Birdwatching und Schildkrötenbeobachtung sind angesagt. Abenteuerfahrten per Jeep zu den einsamen Stränden des Südens. S. 110

Santiago und Maio

Santiago als afrikanischste der Kapverdischen Inseln. Die quirlige und moderne Hauptstadt Praia, dazu als Kontrast die einsamen Bergdörfer im Inselinneren. Eintauchen in die Geschichte in Ribeira Grande. Bescheidener geht es auf Maio zu. Schöne Strände um Vila do Maio, Ruhe und Natur, Meeresschildkröten und Seevögel. S. 200

Die Autoren

Mit Susanne Lipps und Oliver Breda unterwegs
Susanne Lipps studierte Geografie, Geologie und Botanik und bereiste die Kapverdischen Inseln mehrfach sehr ausgiebig. Oliver Breda ist Physiker und leitet in Kap Verde regelmäßig Wanderreisen. Beide erkunden Wege, besichtigen Bekanntes und Neues und halten sich über das Inselgeschehen auf dem Laufenden. In ihrer Arbeit als Reiseschriftsteller haben sich die Autoren auf den portugiesisch- und spanischsprachigen Raum spezialisiert. Für den DuMont Reiseverlag haben sie gemeinsam Reiseführer u. a. über Gomera, Andalusien und Mallorca geschrieben.

Afrika ›light‹

Wer den Schwarzen Kontinent bereisen und afrikanisches Flair genießen, aber nicht auf die Sicherheit und den Komfort eines quasi europäischen Reiseziels verzichten möchte, liegt auf den Kapverden goldrichtig. Das Klima ähnelt dem der Kanarischen Inseln, doch ist es heißer und zumeist auch trockener. Nur im Spätsommer, zwischen August und Oktober, kommen tropische Regenschauer vor.

Wüstenhafte Ostinseln

Erinnerungen an Fuerteventura werden auf den Strandinseln Sal und Boavista wach, aber auch auf der kleineren und weiter südlich gelegenen Insel Maio. Diese Eilande prägen endlose, helle Sandstrände, hinter denen sich gleißende Dünenfelder und rötlich schimmernde Salzwiesen erstrecken. Auf Sal und Boavista, den beiden wichtigsten Touristendestinationen des Archipels, kommen Sonnenanbeter, Surfer und Taucher auf ihre Kosten. Bootsausfahrten zum Whale-Watching oder

just for fun vervollständigen das Wassersportangebot. An Land liegt die Beobachtung von See- und Wüstenvögeln, vor allem aber von Meeresschildkröten bei der Eiablage an einsamen Stränden voll im Trend. Im Inselinneren lassen sich Steinwüsten, Steppenlandschaften und karge Vulkane per Allradfahrzeug oder Mountainbike erkunden.

Wanderparadiese

Santo Antão ist die Wanderinsel schlechthin mit einer zerklüfteten, bizarren Landschaft. Ob auf der üppig grünen Nordseite mit ihren tropischen Schluchten oder im kargen, vulkanisch geprägten Westen: Es gibt unzählige Tourenmöglichkeiten, die allerdings gewisse Anforderungen an die Kondition stellen. Das Bergland von São Nicolau ist zwar nicht so ausgedehnt, dafür aber noch ursprünglicher und mit einer kaum angetasteten natürlichen Vegetation gesegnet. Auf Fogo werden Sie hautnah davon überzeugt, dass die Inseln durch Vulkaneruptio-

nen entstanden sind. Dort stellen der 1995 letztmals ausgebrochene Pico do Fogo und der riesige Kraterboden Chã das Caldeiras ganz große Attraktionen dar. Brava schließlich, die kleinste Insel der Kapverden, ist als einzige nicht per Flugzeug zu erreichen und wird daher wenig besucht. Doch gedeiht hier die üppigste Vegetation: Hibiskus, Bougainvillea, Jacaranda. Zu Recht rühmen die Einheimischen das Eiland als ›Blumeninsel‹.

Musik und Exotik

Nach São Vicente zieht es viele Reisende wegen des legendären Rufs, was ihre Musikszene und das Nachtleben betrifft. Bis heute wird die Hafenstadt Mindelo diesem Anspruch gerecht. Musik ist auf den Kapverden allgegenwärtig. Während in der Morna, die durch die ›barfüßige Diva‹ Césaria Évora weltberühmt wurde, eher Elemente des portugiesischen Fado durchblicken, hat der schnellere Funaná mehr als nur einen afrikanischen Touch. Für die lebhafte Coladeira standen Rhythmen aus Brasilien und der Karibik Pate.

Die Hauptstadt Praia auf der größten Insel, Santiago, muss sich, was Musik betrifft, heute nicht mehr hinter Mindelo verstecken. Auch ansonsten ist sie sicherlich die lebendigere der beiden Städte. Auf Santiago werden Sie sich mehr in Afrika fühlen als auf den anderen Inseln, vor allem auf den bunten Märkten von Praia und Assomada. Viele Bewohner Santiagos stammen von ehemaligen Sklaven ab und haben ihre afrikanischen Wurzeln bewahrt.

Dies zeigt sich auch unter kulinarischen Aspekten: Für die leckeren kapverdischen Rezepte standen Einflüsse aus Westafrika, Portugal und auch Lateinamerika Pate. Der relativen Armut der Inseln zum Trotz kombinieren Köche und Köchinnen exotische Früchte und Gemüse schmackhaft mit Fisch, Fleisch und Meeresfrüchten. Sogar die in Europa so teuren Langusten sind hier durchaus erschwinglich.

Alles in allem ist Kap Verde also ein reizvolles Reiseziel, das genau den richtigen Mix aus Exotik und Komfort, einer freundlichen Bevölkerung und einer grandiosen Natur bietet.

Fischersteg in Santa Maria auf Sal,
S. 94

Die Wüste von Viana auf Boavista,
S. 124

Lieblingsorte!

Markterlebnis pur auf Santiago, S. 208

Künstlerkneipe auf Santiago, S. 212

Relaxen im Hotel Foya Branca auf São Vicente, S. 150

Engstelle mit Tiefblick auf Santo Antão, S. 188

Die Reiseführer von DuMont werden von Autoren geschrieben, die ihr Buch ständig aktualisieren und daher immer wieder dieselben Orte besuchen. Irgendwann entdeckt dabei jede Autorin und jeder Autor seine ganz persönlichen Lieblingsorte. Dörfer, die abseits des touristischen Mainstream liegen, eine ganz besondere Strandbucht, Plätze, die zum Entspannen einladen, ein Stückchen ursprüngliche Natur – eben Wohlfühlorte, an die man immer wieder zurückkehren möchte.

Bester Badeplatz auf Fogo, S. 258

Tanz unter dem Vulkan auf Fogo, S. 264

Reiseinfos, Adressen, Websites

Mindelos einst verruchter Hafen ist heute Anlaufstelle für Segler aus aller Welt

Informationsquellen

Infos im Internet

www.auswaertiges-amt.de
Allgemeine Hinweise zum Land Kap Verde: Informationen zur aktuellen politischen und wirtschaftlichen Situation, zur Gesundheitsvorsorge, zu kulturellen Aspekten etc.

www.embassy-capeverde.de
Botschaft der Republik Kap Verde in Deutschland. Allgemeine Informationen zum Land.

www.tacv.de
Internetseite der kapverdischen Fluggesellschaft. Informationen zu Flügen und allgemeine Informationen zu den Inseln.

www.caboverde.com
Viele Informationen über fast alles, was Kap Verde betrifft. Eine Seite zum Stöbern. In englischer und italienischer Sprache.

www.alsatour.de
Internetseite von Alfred Mandl (s. S. 180), mit einem Chatforum über die Inseln.

www.caboverde24.com
Umfangreiches Linkverzeichnis, Diskussionsforum über Kap Verde in mehreren Sprachen (auch Deutsch).

www.sodade.de
Internetreiseführer über alle Inseln mit Diskussionsforum.

www.bela-vista.net
Private Informationsseite mit aktuellen News, Unterkunftsinformationen sowie Hinweisen auf Wanderkarten, u. a. auf Deutsch.

Internetzugang auf den Kapverdischen Inseln

Das Internet ist ein beliebtes Medium auf den Kapverdischen Inseln. Viele der großen Hotels bieten Internet als Service an. Internetcafés bzw. Internet-Points gibt es in allen größeren Orten, z. B. auf Sal (Espargos, Santa Maria), Boavista (Sal Rei), Santiago (Praia), Fogo (São Filipe), São Vicente (Mindelo) und Santo Antão (Ponta do Sol, Ribeira Grande). Das Chill-@ut in Santa Maria (Sal) bietet seinen mit eigenem Laptop ausgerüsteten Gästen den Service des drahtlosen Internetzugangs.

Informationsstelle

Eine offizielle Touristeninformation für Kap Verde gibt es derzeit nicht.

Touristeninformation auf den Kapverdischen Inseln

Auf **Sal** betreibt die Gemeinde Santa Maria einen Informationskiosk auf der Praça Marcelo Leitão.

In Mindelo auf **São Vicente** gibt es eine privat finanzierte Informationsstelle die Informação Turística – Lucete Fortes (Av. Amílcar Cabral, Tel/Fax 232 42 67, www.bela-vista.net).

Lucete Fortes betreibt einen Informationskiosk in Porto Novo auf **Santo Antão**, gleich oberhalb des Hafens.

Über Investitionsmöglichkeiten im Tourismus und anderen Wirtschaftszweigen informiert: CI Cabo Verde Investimentos, Praia, Rua da Cruz do Papa, Tel. 260 41 10, Fax 262 26 57, ci@cvinvest.gov.cv.

Karten und Bücher

Straßen- und Wanderkarten

Eine Übersichtskarte aller Inseln im Maßstab 1:200 000 gibt es vom AB-Kartenverlag, Karlsruhe.

Detaillierte Wanderkarten, die auch als Straßenkarten zu verwenden sind, gibt der Goldstadtverlag, Pforzheim, im Maßstab 1:50 000 bzw. 1:60 000 für alle Inseln heraus.

Wanderbücher

Susanne Lipps und Oliver Breda: Wandern auf den Kapverdischen Inseln, DuMont aktiv. Köln 2001. Mit 35 ausgewählten Wandertouren auf den Inseln Sal, Santiago, Fogo, Santo Antão, São Vicente und São Nicolau.

Naturführer

H. Hermann und Karin Schleich: Cabo Verde Natur Reiseführer. Stuttgart 1998. Der Reiseteil ist zwar veraltet, aber die Ausführungen zu Geologie, Biologie und Klima von Kap Verde sind immer noch gültig und äußerst interessant.

Peter Wirtz: Unterwasserführer Madeira, Kanaren, Azoren (Fische); sowie derselbe: Unterwasserführer Madeira, Kanaren, Azoren (Niedere Tiere). Bielefeld 1994 bzw. 2002. Da es keinen eigenen Unterwasserführer speziell für die Kapverden gibt, bieten diese beiden Bände eine gute und sehr informative Alternative, denn viele der hier beschriebenen Arten kommen auch in den Gewässern des Archipels vor.

Wanderer rutschen die Ascheabhänge des Pico auf Fogo hinab

15

Wetter und Reisezeit

Das Klima ist ganzjährig ausgeglichen und dank der Lage inmitten des Atlantiks nie übermäßig heiß. Da die Kapverden zwischen dem nördlichen Wendekreis und dem Äquator liegen, erreicht die Sonne zweimal im Jahr ihren Höchststand (22. Mai, 20. Juli). Generell steht sie zu allen Jahreszeiten sehr hoch am Himmel.

Kältester Monat ist der Februar mit Temperaturen von 20 bis 25 °C an der Küste. Am wärmsten ist es im September mit Werten zwischen 27 und 32 °C. Kühler sind allgemein die dem aus Nordosten wehenden Passatwind stärker ausgesetzten Inseln Santo Antão, São Vicente und São Nicolau. Auch auf Sal und Boavista weht stets ein kräftiger Wind, der trotz wüstenhafter Bedingungen für Abkühlung sorgt (aber Achtung: Gefahr von Sonnenbrand und Sonnenstich). Schwülwarm bis drückend kann es im Sommer auf den windärmeren Inseln Santiago, Fogo und Maio werden. Auf dem weit westlich in den Atlantik vorgeschobenen Brava hingegen ist es häufig relativ frisch. Im Winter sinken die Temperaturen in den höheren Lagen von Fogo, Santiago und Santo Antão auf erstaunlich niedrige Werte (um 10 °C) ab.

Regen fällt auf den Kapverden kaum, höchstens einmal als nässender Passatnebel in den mittleren Lagen der Nordosthänge der gebirgigen Inseln. In den feuchten Nebelbänken, die sich dort öfter einmal bilden, ist es merklich kühler als an der Küste. Die seltenen tropischen Regenfälle im Sommer und Herbst sind kurz, aber sehr heftig, sodass es oft zu Wasserschäden kommt. Zwischen September und November besteht speziell auf der Insel Santiago ein geringes Malariarisiko.

Für Rundreisen und zum Wandern am besten geeignet sind die Monate Oktober bis Mai. Von Juni bis September ist es meist zu heiß. Wenn es dann auch noch heftig regnet, werden Wege und Pfade zu reißenden Flüssen und machen das Wandern unmöglich. Einer ganzjährigen Saison erfreuen sich demgegenüber die Tauchbasen und Surfstationen. Wind- und Kitesurfer, die schon über einige Erfahrungen verfügen, treffen die besten Bedingungen im Herbst, Winter und Frühjahr an, wenn der Passatwind kräftig weht. Blutige Anfänger sollten dem relativ windarmen Sommer den Vorzug geben.

Klimadaten Kapverden (Praia)

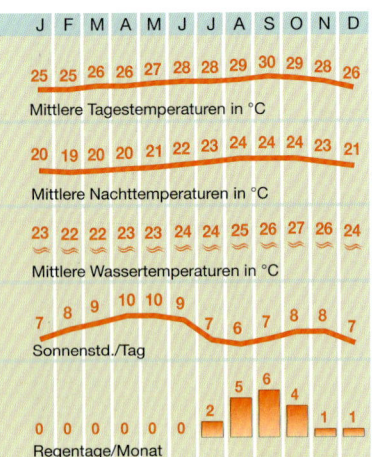

Kleidung und Ausrüstung

Ganzjährig genügt Sommerkleidung. Für abends sowie für Aufenthalte in höheren Lagen sollten ein Pullover, lange Hosen und eine leichte Jacke mitgenommen werden. Wanderer benötigen zusätzlich einen leichten Anorak, feste knöchelhohe Wanderschuhe und Regenschutz, auch wenn letzterer nur selten benötigt wird. Wanderstöcke entlasten bei steilen Abstiegen und richtigem Einsatz die Kniegelenke.

Auf ausreichend Sonnenschutz ist zu achten. Da Cremes mit sehr hohem Sonnenschutzfaktor auf den Kapverden schwer zu bekommen und wenn, dann sehr teuer sind, ist es sinnvoll, sie von zu Hause mitzunehmen. Außerdem gehören unbedingt ein Hut oder eine Kappe ins Gepäck, denn insbesondere bei längeren Wanderungen ist die Gefahr, sich einen Sonnenstich zu holen, hoch. Eine kleine individuelle Reiseapotheke sollte ebenfalls nicht fehlen, denn nicht alle Medikamente sind vor Ort erhältlich.

Wetterbericht

Unter www.wetteronline.de/KapVerde. htm ist eine Vorhersage für die Inseln Sal, Santiago (Praia) und São Vicente (Mindelo) auf Deutsch für drei Tage abrufbar, dazu der Trend für weitere drei Tage. Außerdem sind dort die aktuellen Messwerte, die im Abstand von je etwa einer Stunde aufgezeichnet werden, einsehbar. Es werden jeweils Temperatur, relative Luftfeuchtigkeit und Sichtweite sowie Niederschlagsmenge, Bewölkungsgrad, Wolkenuntergrenze, Art der Bewölkung, Windstärke und -richtung sowie der Luftdruck erfasst.

Klimaforschung

Für die Erforschung der Ursachen globaler Klimaveränderungen sind die Kapverden von größter Bedeutung. Der tropische Ostatlantik rings um die Inseln ist, gesteuert durch die Anwehung stark eisenhaltigen Staubs aus der Sahara, ein Gebiet mit starker biologischer Aktivität. Diese geht, wie aktuelle Satellitenbilder zeigen, derzeit rapide zurück. Um diesem Phänomen auf den Grund zu gehen, wurde 2007 auf São Vicente ein Langzeit-Beobachtungszentrum für die Atmosphären- und Meeresforschung in Betrieb genommen, das die ideale Lage der Inseln im Hinblick auf die Messung von Treibhausgasen nutzen wird. An der bilateralen deutsch-britischen Initiative sind von deutscher Seite Wissenschaftler des Leibniz-Instituts für Meereswissenschaften (IFM-GEOMAR) beteiligt. Das kapverdische Forschungsschiff Islandia, ein umgebauter Fischtrawler, untersucht in regelmäßigen Abständen die Chemie und Biologie der Meeresoberfläche. Außerdem wurden im Rahmen des EU-Projekts TENATSO rund um den Archipel in 3000 m Wassertiefe Sensoren für biogeochemische Messungen in der Tiefsee verankert. In dieser Kombination von Klimamessungen im Meer und in der Atmosphäre ist das Projekt bisher weltweit einmalig.

Saison

Dank des milden Klimas ist auf den Kapverdischen Inseln ganzjährig Badesaison. Dennoch machen die Einheimischen traditionell im Juli und August Ferien. Außerdem kommen in dieser Zeit zahlreiche in Übersee arbeitende Emigranten auf Heimaturlaub sowie viele Touristen aus Portugal. Um Weihnachten, Neujahr und Ostern reisen schwerpunktmäßig Urlauber aus Italien, Deutschland, Großbritannien und anderen europäischen Ländern an. Wer es ruhiger mag, meidet die genannten Termine.

Rundreisen planen

Für eine Rundreise auf den Kapverden sollten zwei oder drei Wochen eingeplant werden. In dieser Zeit ist es möglich, die wichtigsten Inseln zu besuchen und eventuell eine Woche Badeaufenthalt auf Sal oder Boavista anzuhängen. Wer allerdings den gesamten Archipel kennenlernen möchte, ist gut beraten, sich mindestens vier oder fünf Wochen Zeit zu nehmen. Alle Inseln außer Santo Antão und Brava sind per Inlandflug (TACV) zu erreichen, nach São Nicolau gehen allerdings nur selten Flüge. Die Buchung kann schon von zu Hause aus oder auch vor Ort erfolgen. Zwischen Santo Antão und São Vicente verkehren täglich zuverlässig Fähren. Eine weitere Fähre pendelt zwischen São Vicente, Santo Antão, São Nicolau und Santiago. Auf anderen Routen verkehren nur Frachtschiffe, die zwar auch Passagiere mitnehmen, aber keinem festen Fahrplan folgen, sodass mehrtägige Wartezeiten einkalkuliert werden müssen.

Wichtige öffentliche Verkehrsmittel sind die Aluguers (Sammeltaxis), die auch (für den zehnfachen Preis) komplett angemietet werden können. Öffentliche Busse gibt es bislang nur in Praia/Santiago und in Mindelo/São Vicente. Mietwagen sind weniger verbreitet, aber auf den meisten Inseln ebenfalls erhältlich. Das Preisniveau für Leihwagen liegt deutlich über dem in den gängigen Ferienregionen (Kanaren, Balearen usw.) üblichen, sodass es sich kaum anbietet, einen solchen für jeden Programmtag einzuplanen.

Vorschlag für eine fünfzehntägige Rundreise

1. Tag: Flug mit der TAP Air Portugal über Lissabon nach Praia (Santiago), dort Ankunft spät in der Nacht. Drei Übernachtungen in Praia.
2. Tag: Vormittags Fahrt per Aluguer nach Cidade de Santiago (Cidade Velha). Am Nachmittag Erholung von den Strapazen der Anreise am Strand von Praia.
3. Tag: Inselrundfahrt per Mietwagen mit Stopps in São Domingos (Kunsthandwerksausstellung), Assomada (Museu do Tabanka) und Tarrafal.
4. Tag: Flug nach Fogo. In São Filipe Stadtrundgang mit Besichtigung der berühmten Sobrados. Drei Übernachtungen in São Filipe.
5. Tag: Fahrt per Aluguer nach Las Salinas zu den sehens- und erlebenswerten Naturpools.
6. Tag: Auffahrt per Aluguer nach Chã das Caldeiras, dort Kurzwanderung

Manche Pflasterstraßen der Kapverden versprechen Fahrabenteuer

zum Pico Pequeno und Besuch der Weinkooperative.

7. Tag: Flug über Praia nach São Vicente, Ankunft am Abend. Eine Übernachtung in Mindelo.

8. Tag: Am Vormittag Überfahrt per Fähre nach Santo Antão. Eine Übernachtung in Porto Novo.

9. Tag: Fahrt per Aluguer nach Ponta do Sol. Am Nachmittag Kurzwanderung nach Fontainhas. Zwei Übernachtungen in Ponta do Sol.

10. Tag: Tageswanderung von Krater Cova do Paúl durch das Paúl-Tal mit seinen ausgedehnten Zuckerrohrfeldern. An- und Abfahrt per Aluguer.

11. Tag: Fahrt per Aluguer zum Hafen von Porto Novo. Per Fähre zurück nach Mindelo (São Vicente). Dort am Nach-

mittag Stadtrundgang. Zwei Übernachtungen in Mindelo.

12. Tag: Ausflug per Taxi oder Mietwagen nach Baía das Gatas (Strandwanderung), auf den Monte Verde und nach São Pedro.

13. Tag: Flug von Sao Vincente nach Sal. Erholung am Strand. Eine Übernachtung in Santa Maria.

14. Tag: Nach Möglichkeit Zimmer für Tagesnutzung geben lassen, sonst Gepäck an der Rezeption abstellen. Ausflug per Taxi oder Mietwagen nach Espargos, Pedra Lume (Salzkrater) und Palmeira (malerischer Hafenort). Am späten Abend per Taxi zum Flughafen.

15. Tag: In den frühen Morgenstunden Rückflug mit der TAP Air Portugal über Lissabon.

Anreise und Verkehrsmittel

Einreisebestimmungen

Ausweispapiere

Deutsche, Österreicher und Schweizer benötigen zur Einreise nach Kap Verde einen Reisepass, der noch mindestens ein halbes Jahr gültig ist, sowie ein Visum (Gebühr 45 €). Letzteres berechtigt zur einmaligen Einreise und einem Aufenthalt von 180 Tagen ab Ausstellungsdatum.

Visa erteilen die Botschaften. In Deutschland kann man das Visum auch über die CIBT Visum Centrale in Berlin (Tel. 030 23 09 59 110, Fax 030 23 09 59 140, www.visum-centrale.de) beantragen. Mit einzureichen sind der Reisepass im Original, ein Passbild, bei Touristen die Buchungsbestätigung, bei Geschäftsreisenden detaillierte Angaben des Arbeitgebers über Anlass, Dauer und Kostenübernahme der Reise bzw. ein Einladungsschreiben des kapverdischen Geschäftspartners. Nichtdeutsche Staatsangehörige benötigen eine Kopie der für Deutschland gültigen Aufenthaltsgenehmigung. Die Bearbeitungszeit beträgt mindestens eine Woche.

Zur Not erhält man das Visum noch bei Ankunft auf den Kapverden bei der dortigen Flughafenpolizei. Es kostet dann aber 100 € und einigen bürokratischen Aufwand. Bei Flügen mit der TAP Air Portugal wird das Visum gelegentlich bereits bei der Zollkontrolle in Lissabon verlangt.

Bei der Einreise aus einem Land, in dem Gelbfieber auftritt (z. B. Senegal), ist eine entsprechende Impfung nachzuweisen.

Zoll

Einfuhr: Für die Einfuhr nach Kap Verde gelten folgende Freigrenzen: 200 Zigaretten oder 50 Zigarren oder 100 Zigarillos oder 250 g Tabak; 1 l Wein oder 2 l Bier; 1/2 l Spirituosen. Außerdem dürfen alle Gegenstände für den persönlichen Bedarf zollfrei eingeführt werden.

Ausfuhr: Souvenirs und Artikel ohne kommerziellen Wert dürfen in unbegrenzter Menge ausgeführt werden. Die Einfuhr nach Europa von Schildpatt und Souvenirs aus Schildkröten ist verboten!

Haustiere: Für die Einfuhr von Haustieren nach Kap Verde ist ein amtstierärztliches Gesundheitszeugnis erforderlich. Eine Impfung gegen Tollwut (mindestens 30 Tage vor Abreise erfolgt) ist nachzuweisen.

Anreise

Flugverbindungen

Kap Verde ist nur per Flugzeug zu erreichen. Eine Fährverbindung von Europa oder Afrika zu den Kapverdischen Inseln gibt es nicht. Die reine Flugzeit von Mitteleuropa beträgt 6–7 Std., die Anreisezeit verlängert sich aber meist durch Zwischenlandungen.

Per Charter geht es mit TUIfly (www.tuifly.com) je einmal wöchentlich von Düsseldorf, Frankfurt, Hannover und München nach Sal und Boavista (Zwischenlandung entweder auf Hin- oder Rückflug auf der jeweils anderen Insel). Condor (www.condor.com) fliegt saisonal einmal pro Woche ab Frankfurt nach Sal. Buchbar jeweils mit oder ohne Pauschalarrangement, hin und zurück ca. 760 €. Günstige Angebote gibt es schon ab ca. 300 €. Die Flugstrecken und Zwischenlandungsziele ändern sich immer wieder kurzfristig, sodass diese Informationen nur ein Anhaltspunkt sein können.

Demnächst wird die kapverdische Fluglinie TACV (www.tacv.de) wieder einmal pro Woche von München und Amsterdam (z. T. mit Zwischenlandung) nach Sal fliegen, nachdem diese Verbindung vorübergehend eingestellt wurde. Außerdem fliegt sie täglich von Lissabon nach Sal und Praia (Santiago). Mit der portugiesischen Linienfluggesellschaft TAP Air Portugal (www.flytap.com) geht es täglich ab Frankfurt, mehrmals wöchentlich ab München, Hamburg, Wien oder Zürich mit Umsteigen in Lissabon nach Sal oder Praia (Santiago). Kosten hin und zurück jeweils ab ca. 710 €.

Der Flughafen von São Vicente ist seit 2008 für internationale Flüge zugelassen und wird voraussichtlich bald von Europa aus angeflogen. Ähnliches ist für die nahe Zukunft für den Flughafen von Maio geplant.

Verkehrsmittel

Bus

In Praia und Mindelo verkehren Stadtbusse. Öffentliche Busse im Überlandverkehr gibt es nicht.

Aluguer (Sammeltaxi)

Wichtigstes Transportmittel für die Einheimischen ist das Sammeltaxi. Dabei handelt es sich um einen Kleinlaster, Pick-up oder Kleintransporter, meist mit Schild ›Aluguer‹ auf dem Dach oder im Fenster. Aluguers befahren bestimmte Strecken. Städte sind relativ häufig miteinander verbunden. In entlegene Dörfer besteht oft nur eine Verbindung am Tag: morgens in die nächstgelegene Stadt und mittags wieder zurück.

In den größeren Orten gibt es zentrale Abfahrtsstellen. Die Fahrer kreu-

zen jedoch auch oft durch den Ort, um Passagiere aufzusammeln. Genaue Abfahrtszeiten sind nicht festgelegt. Meist fahren die Aluguers ab, wenn über die Hälfte der Plätze besetzt ist. Unterwegs halten sie auf Handzeichen. Auf den Pick-ups und Kleinlastern sitzen die Passagiere hinten auf Holzbänken, unter einer Plastikplane oder auch ohne Dach. Die geschlossenen Kleintransporter sind komfortabler. Doch wenn sie voll sind, kann es bei Hitze stickig werden. Für Urlauber ist der Aluguer die günstigste Möglichkeit, auf den Inseln zu reisen. Der Preis pro Strecke ist festgelegt (*passagem*) und richtet sich nicht nach der Anzahl der Passagiere.

Taxi

Taxis gibt es nur auf Sal, Santiago und São Vicente. Auf den anderen Inseln übernehmen die Aluguers Taxidienste (*freite* = Fracht). Es gibt feste Preise für festgeschriebene Strecken, die dem Zehnfachen der normalen Aluguerfahrt entsprechen. Man sollte sie vor der Fahrt erfragen. Nachts wird 30 % Aufschlag verlangt.

Preisbeispiel: Flughafen von Sal nach Santa Maria 10 € bzw. 1000 ECV

Mietwagen

Internationale Autovermieter sind nur auf den Inseln Sal, Santiago und São Vicente vertreten. Auf Boavista, Maio und Fogo gibt es offizielle örtliche Anbieter.

Auf São Nicolau und Santo Antão besteht derzeit nur die Möglichkeit, inoffiziell von Privatleuten Wagen zu mieten. Am besten fragt man in der Unterkunft nach. Versicherungsschutz besteht hier allerdings nicht; auch ist im Fall einer Polizeikontrolle mit einer Geldstrafe zu rechnen.

Zum Mieten eines Fahrzeugs genügt der nationale Führerschein. Meist wird

Fogo aus der Vogelperspektive

hier als Zahlungsmittel der Euro erwartet. Je nach Wagenkategorie beträgt die Tagesmiete zwischen 60 und 100 €. Viele Mietwagenfirmen verlangen die Hinterlegung des Reisepasses oder aber eine Kaution in Höhe von ca. 300 €.

Das Fahren auf den Inseln ist gewöhnungsbedürftig, obwohl sehr wenig Verkehr herrscht. Besonders die Aluguerfahrer wissen das und fahren entsprechend schnell. Noch sind die meisten Straßen nicht asphaltiert, sondern mit Kopfsteinpflaster versehen. Auf den Pflasterstraßen gilt es immer, auf Schlaglöcher und Steine zu achten. Das Fahren bei Nacht empfiehlt sich daher nicht.

Inlandsflüge

Die kapverdische Fluggesellschaft TACV (www.tacv.de) fliegt mit Propellermaschinen alle bewohnten Inseln außer Brava und Santo Antão an. Drehkreuze sind Praia (Santiago) und São Vicente, wo meist Umsteigen erforderlich ist. Sal, Praia und São Vicente sind täglich mehrfach miteinander verbunden, nach Boavista geht es von Sal ebenfalls täglich. Die anderen Inseln werden mehrmals pro Woche angeflogen, wobei es nur wenige Verbindungen nach São Nicolau gibt.

Genaue Flugpläne werden zwar veröffentlicht, in der Praxis ändern sich jedoch die Abflugzeiten ständig und oft auch kurzfristig. Daher ist es wichtig, die nationalen Flüge 2–3 Tage vorher rückzubestätigen. Dafür sind die Büros der TACV zuständig (Adressen bei den Ortsbeschreibungen).

Einen preislichen Vorteil bietet ein TACV-Airpass. Dieser gilt allerdings nur in Verbindung mit einem internationalen TACV-Ticket und ist schon in Deutschland über Internet oder Reisebüros zu buchen: zwei Flugcoupons 110 €, jeder weitere Flugcoupon 60 €. Die Coupons gelten für 21 Tage. Preise für normal gebuchte One-Way-Flüge liegen zwischen 50 und 100 €, je nach Weite der Strecke. Nachteil am Airpass: spätere Umbuchungen kaum möglich.

Schiffsverbindungen

Alle Inseln sind per Schiff zu erreichen. Am stärksten frequentiert ist die Fährverbindung zwischen Mindelo (São Vicente) und Porto Novo (Santo Antão). Die Personen-Schnellfähre ›Auto Jet‹ der Moura Company fährt Mo und Mi–Sa 2 x tgl., So 1 x tgl. hin und zurück (Tel. 260 30 97, Fax 264 76 91, www. mouracompany.net). Außerdem gibt es täglich eine Verbindung mit der Autofähre ›Mar d'Canal‹ der Gesellschaft Armas (s. S. 152).

Verhältnismäßig komfortable Autofähren der STM Lines verbinden dreimal wöchentlich Mindelo (São Vicente) mit Tarrafal (São Nicolau), einmal wöchentlich Mindelo (São Vicente) mit Praia (Santiago), je einmal wöchentlich Praia (Santiago) mit São Filipe (Fogo) und Sal Rei (Boavista) sowie einmal wöchentlich São Filipe (Fogo) mit Brava. Büro der STM Lines auf São Vicente: Mindelo, Av. 5 de Julho, Tel. 232 11 79; auf Santiago: Praia, Rua Andrade de Corvo/Praça 10 de Maio (Platô), Tel. 261 41 80, Fax 263 36 60. Infos im Internet: www.ferrylines.com.

Wer andere Routen befahren möchte, kann dies nur mit Frachtschiffen der Reederei Polar tun, deren technischer und hygienischer Zustand nicht jedermanns Sache ist. Auf den langen Fahrten zwischen den Inseln ist Seekrankheit nichts Ungewöhnliches. Die Preise für Frachtschiffpassagen liegen bei Polar um 1200 ECV für einen Deckplatz. Kabinenplätze kommen auf ca. 8000 ECV. Tickets gibt es in den Fährbüros oder direkt am Boot. Büros bzw. Vertretungen der Reederei Polar:

Sal
Palmeira, Hafen
Tel. 241 42 45, Fax 241 13 45
polarsal@cvtelecom.cv

Boavista
Sal Rei, Anavmar
Tel./Fax 251 17 30, Mobil 991 97 51
anavmarbv@hotmail.com

São Vicente
Mindelo, Rua da Moeda
Tel. 231 56 41, Fax 231 56 42
polasvp@cvtelecom.cv

São Nicolau
Tarrafal, Avimar, Telha
Tel. 236 11 70, Fax 236 10 70

Santiago
Praia, Rua Serpa Pinto 141 (Platô)
Tel. 261 52 23, Fax 261 41 32
polarp@cvtelecom.cv

Fogo
São Filipe, Agenamar,
Rua Alto São Pedro
(gegenüber Pousada Bela Vista)
Tel. 281 10 12, Fax 281 13 12
peres@cvtelecom.cv

Brava
Vila Nova Sintra, Agevimar
(ausgehend von der zentralen Praça Richtung Westen, dann erste Straße rechts)
Tel. 285 12 70, Fax 285 11 29

Übernachten

Wer bei einem Reiseveranstalter bucht, tut dies in der Regel über ein Reisebüro. Ob man dabei ein Internet-Reisebüro (www.opodo.de, www.travel channel.de) bevorzugt oder lieber einen direkten Ansprechpartner hat, ist eine Frage des persönlichen Geschmacks. Preise und Leistungen sind vergleichbar. Die meisten großen Veranstalter haben die Kapverden im Programm. Sie bieten Unterkünfte und Rundreisen im Pauschalpaket an (mit Flug und Flughafentransfer, bei Rundreisen mit Inlandflügen und Reiseleitung), auf Wunsch kann man sich aber vielfach auch individuell ein Programm zusammenstellen. Diesen Service bietet von Santo Antão aus auch Alfred Mandl, der per E-Mail-Kontakt persönlich mit dem Kunden Reisen auf alle Inseln zusammenstellt (www.alsatour.de).

Da Veranstalter günstigere Konditionen erhalten als Einzelgäste und diesen Preisvorteil teilweise an ihre Kunden weitergeben, sind viele Unterkünfte auf diese Weise billiger zu haben als bei Direktbuchung. Sehr einfache Hotels und Pensionen sind nur in wenigen Fällen über Veranstalter zu bekommen. Ihr Publikum setzt sich aus Einheimischen und Individualreisenden zusammen. Da die Zahl dieser Unterkünfte sehr begrenzt ist, empfiehlt es sich, rechtzeitig im gewünschten Quartier anzurufen, ob freie Zimmer vorhanden sind. Zumindest für den Ankunftstag und den Tag vor der Rückreise sollten Individualreisende ein Zimmer im Voraus reservieren. Im Juli/August, wenn viele Emigranten auf Heimatbesuch sind und zahlreiche Portugiesen auf den Kapverden urlauben, sowie um Weihnachten, Neujahr und Ostern gestaltet sich die Zimmersuche schwieriger.

Hotels und Pensionen

Große Touristenhotels und Hotels für gehobene Ansprüche gibt es auf Sal, Boavista, São Vicente, Santo Antão, Santiago, Maio und Fogo. Die Preise liegen dort im Bereich von 10 000 ECV (bzw. 100 €) und mehr pro Doppelzimmer. Standard und Service entsprechen durchaus europäischem Niveau, allerdings sind bei der Zahl der ausgewiesenen Sterne im Vergleich zu Mitteleuropa gewisse Abstriche zu machen. Einige ausschließlich über Veranstalter buchbare Clubhotels auf Sal und Boavista sind All-inclusive-Anlagen, d. h. Speisen und Getränke sind komplett im Preis inbegriffen.

Auf allen Inseln gibt es kleinere Hotels und Pensionen (*pensão* oder *residencial*). Sie sind meist recht ordentlich und bieten ein familiäres Ambiente. Die Zimmer verfügen in der Regel über Dusche oder Bad und WC. Allerdings gibt es nicht immer warmes Wasser. Mit 2500–5000 ECV muss auch hier gerechnet werden. Außerdem sind einfachste Unterkünfte ab ca. 1500 ECV zu finden, meist mit Etagenbad, kaltem Wasser und nicht immer sauber.

Viele Hotels, vor allem diejenigen der höheren Katagorie, weisen ihre Preise nur noch in Euro aus und erwarten auch, dass in dieser Währung gezahlt wird. In solchen Fällen wurden bei den Adressen keine Preise in ECV genannt.

Apartments und Ferienwohnungen

Speziell auf den Inseln Sal und Boavista, wo sich viele Apartments in Privatbesitz von Europäern befinden, werden etliche dieser Wohnungen zur Miete angeboten. Es muss mit ca. 350 € pro Woche, bei einer Langzeitmiete um 1000 € pro Monat gerechnet werden. Entsprechende Angebote findet man im Internet (z. B. www.rotali.de, www.isoladisal.it, www.holidaycaboverde.com oder www.capoverde-appart ments.com) und vor Ort in Reisebüros, Immobilienbüros oder über Werbeplakate.

Jugendherbergen und Camping

Auf den Kapverden gibt es weder Jugendherbergen noch Campingplätze. Wildes Campen wird zwar hier und da von Einheimischen am Strand praktiziert, ist aber offiziell verboten und auch nicht zu empfehlen, da ein Zelt nicht unbeaufsichtigt gelassen werden sollte.

Mehr Nähe zum Wasser geht nicht: Hotel Odjo d'Água auf Sal

Essen und Trinken

Die Küche der Kapverden ist zum einen von Portugal und zum anderen durch Afrika geprägt. Jedoch auch der Mangel und die Zeiten der Not haben ihren Einfluss auf die Inselküche hinterlassen. Inzwischen gibt es keine Hungersnöte mehr und die Bevölkerung ist gut versorgt. Viele essen aber nach wie vor morgens, mittags und abends *cachupa*, eine Art Eintopf aus Mais, Bohnen und je nach Angebot einer Fisch- oder Fleischeinlage. Während dieser mittags und abends eher als dicke Suppe serviert wird, gibt es morgens die Reste angebraten, wenn vorhanden mit Spiegelei.

Für Bessergestellte und Touristen ist das Angebot vielfältiger. Der Einfluss der portugiesischen Küche ist dabei nicht zu übersehen. Auf den Kapverden wird jedoch phantasievoller, afrikanischer gewürzt, das heißt auch schärfer. *Piri-piri*, eine scharfe Tunke aus Pfefferschoten, steht fast auf jedem Tisch. Sie ist nicht nur schmackhaft und höllisch scharf, sondern tötet auch mögliche Keime im Essen ab. Das Angebot an Fisch und Meeresfrüchten ist groß. Eine in Europa kaum erschwingliche Besonderheit sind die hier sehr viel preiswerteren Langusten, die sich der Urlauber schon mal gönnen kann. An Fleischgerichten bestechen die verschiedenen Varianten vom Huhn, aber auch Schwein und Ziege werden schmackhaft zubereitet.

Restaurants und Bars

In den ausgesprochenen Urlaubsorten auf Sal und Boavista sind die Restaurants auf Touristen eingestellt. Speisekarten sind in der Regel in mehreren Sprachen vorhanden, u. a. auf Deutsch.

Einheimisch geführte Restaurants bieten sowohl portugiesische als auch regionaltypisch kapverdische Speisen an. Außerdem gibt es Lokale unter italienischer, spanischer, französischer und deutscher Leitung. In diesen Restaurants haben die Preise durchaus mitteleuropäisches Niveau.

Auf den touristisch weniger entwickelten Inseln sind die Restaurants äußerst unterschiedlich und nicht immer als solche zu erkennen. Einige Wirtsleute bedienen ihre Gäste in Räumen, die den Anschein erwecken, als sei es das Wohnzimmer der Familie. Bei anderen sitzt man im Hinterhof an Plastiktischen oder in fensterlosen Kammern mit nur einem Tisch, wo man dann exklusiv bedient wird. Viele rechnen nicht mit einer großen Besucherschar, sodass es oft erforderlich ist, das Essen am Vortag bzw. am Mittag für den Abend zu bestellen. Dann erst machen sich Koch oder Köchin auf den Weg, um die Zutaten frisch einzukaufen. Oft gibt es in solchen Lokalen keine Speisekarte oder wenn, dann nur auf Portugiesisch. Bei den meisten einfachen Kneipen oder Restaurants ist von außen kaum auf die Qualität der Küche zu schließen. Gerichte, die in einer schlichten Bretterbude zubereitet werden, können erstaunlich schmackhaft sein.

Daneben gibt es in den Städten gehobenere, klassische Restaurants, in denen die einheimischen Geschäftsleute meist mittags zum Arbeitsessen speisen. Ähnliche Lokale findet man auch in Portugal noch recht häufig. Sie sind oft eher schlicht eingerichtet, die Speisen aber lecker, die Portionen groß und die Preise korrekt. In Praia und Mindelo sind auch Restaurants der edlen Art – mit entsprechendem Preisniveau – zu finden. Der Ober ist dort elegant gekleidet, die Tischdecken sind weiß und gestärkt. Dennoch wirkt die Atmosphäre nicht unbedingt steif. Allgemein ist es üblich, nach dem Essen, das sich allerdings durch mehrere Gänge lange hinziehen kann, sofort die Rechnung zu bestellen. Man bleibt nicht, wie bei uns üblich, noch am Tisch sitzen. Weitere Getränke nimmt man entweder im Barbereich des Restaurants oder in einer anderen Bar ein.

Ein Großteil der Einheimischen kann sich keinen Restaurantbesuch leisten. Man trifft sich in der örtlichen *mercearia*, einer Kombination aus Gemischtwarenladen und einfacher Bar, auf ein Bier oder einen *grogue*. Meist wird der Drink im Stehen eingenommen. Zu essen gibt es hier, abgesehen vom Angebot des Ladens, selten etwas.

Getränke

Ein typisches Getränk auf den Kapverden ist **Bier**. Fast überall sind die einheimische Marke Strela und die portugiesische Marke Sagres zu bekommen. Außerdem wird häufig **grogue** (Zuckerrohrschnaps) getrunken, entweder pur oder – als schicke Variante nach brasilianischer Art in den Urlaubsgebieten – als Caipirinha, also gemischt mit Zitronen- oder Limonensaft, Zucker und zerstampftem Eis. Nicht so alkoholreich wie der *grogue* selbst ist der **ponche**, eine bernsteinfarbene, likörartige Mischung aus Zuckerrohrschnaps und Zuckerrohrsirup.

Der einzige nennenswerte einheimische **Wein** kommt von Fogo. Dort wird in der Caldeira traditionell ein Tropfen mit der Farbe von Lava gekeltert, den die Einheimischen spöttisch ›Manecón‹ (von brasil. *mané*, Trottel) nennen. Mit Hilfe italienischer Unterstützung wird inzwischen aus edleren

Spezialitäten

arroz de mariscos – Reis mit Meeresfrüchten

atum – Thunfisch als Steak *(bife de atum)* oder als Braten *(assado no forno)*, mit Paprika und Tomaten

caldo de peixe – Fischsuppe mit verschiedenen Fischen

cachupa – Eintopf aus Bohnen, Mais, Taro (Yams), Kürbis, grünen Bananen, Kartoffeln, Süßkartoffeln, Kohl

cachupa rica – gehaltvolle *cachupa* mit Blutwurst, Rauchwurst, Schweinefleisch und Huhn

cozido de peixe – gekochter Fisch mit Gemüse und Kartoffeln

doce de papaya – Gelee aus Papaya

doce de coco – Süßspeise aus Kokosmark und Zucker

espaguete de mariscos – Spaghetti und Meeresfrüchte in Tomatensoße, asiatisch gewürzt

feijoada – herzhafter Bohneneintopf mit Speck und Fleisch

feijoada de mariscos – Bohneneintopf mit Meeresfrüchten

frango – Hühnchen (meist gegrillt), aufwendiger sind Hühnerteile in Curry-Soße *(frango com caril)*

lagosta – Languste gekocht *(natural)*, gegrillt *(grelhada)* oder mit Zwiebel-Tomatensoße *(soada)*

modje de São Nicolau – Fleisch-Bohnen-Suppe, Gemüse wie Taro, Brotfrucht, Süßkartoffeln, Kohl wird extra dazu serviert.

Reben ein qualitativ hochwertigerer Wein hergestellt, der mit der Ursprungsbezeichnung ›Região Demarcada‹ in den Handel kommt. Da die Kapverden insgesamt nur eine geringe Produktion haben, stammt der überwiegende Teil des im Land konsumierten Weins allerdings aus Portugal.

Reiseinfos

Auch der in Kap Verde getrunkene **Kaffee** ist großenteils Importware, obwohl auf der Insel Fogo ein hervorragender einheimischer Kaffee produziert wird. Doch schwankt die Erntemenge von Jahr zu Jahr mit den unterschiedlichen Niederschlägen, und der Preis ist in trockenen Jahren im Vergleich zu ausländischem Kaffee recht hoch. Dies führt zu einer Zurückhaltung der Verbraucher, wenngleich die Kapverdianer das besondere Aroma des Fogo-Kaffees sehr schätzen. Zu Hause mischen sie ihn sogar unter billigere Importsorten, um diese aufzuwerten. Auch das Rösten, das notwendig ist um das Aroma freizusetzen, führen sie selbst durch. Die Nachahmung soll hier nicht empfohlen werden, da die Kaffeebohnen dabei leicht verkohlen. Wer Kaffee von den Kapverden als Souvenir mitnehmen möchte, sollte bereits geröstete Bohnen vorziehen. Es gibt sie in jedem gut sortierten Lebensmittelladen auf den Inseln.

Die Kapverdianer decken sich auf bunten Märkten mit Obst und Gemüse ein

Aktivurlaub und Sport

Wandern

›Die‹ Wanderinsel der Kapverden schlechthin ist Santo Antão. Ihre bizarre Bergwelt mit schroffen Tälern und steilen Bergrücken ist von zahlreichen Wegen durchzogen. Zum Teil folgen die Touren alten gepflasterten Verbindungsrouten, die heute noch von den Einheimischen benutzt werden. Sie berühren winzige, noch weitgehend unberührte Dörfer, die malerisch in Terrassenfelder eingebettet sind. Vor allem der üppig grüne Norden von **Santo Antão** bietet unzählige Wandermöglichkeiten. Der Süden ist trocken und karg. Hier sind interessante Erosionsformen wie das Tal der Ribeira das Patas entstanden. Gänzlich anders, nämlich vulkanisch, präsentiert sich die Gegend um den Tope de Coroa, den höchsten Berg der Insel. Dieses Gebiet ist sehr erfahrenen Bergwanderern vorbehalten, ist sei denn, man läuft mit einem örtlichen Führer. Alfred Mandl, der im Tal von Paúl auf Santo Antão lebt, organisiert individuelle Wandertouren (www.alsatour.de).

Interessantestes Wandergebiet auf **Santiago** ist die Serra Malagueta. An scheinbar unzugänglichen Stellen liegen kleine Siedlungen, durch ein Netz von Saumpfaden miteinander verbunden. Durch die intensive tropische Erosion geschaffene, spitze Felsen, steile Berge und gewaltige Täler beeindrucken beim Wandern durch dieses Gebirge. Reizvoll sind auch die Wege rund um den Pico do António, den höchsten Berg Santiagos.

Bei einem Besuch der Insel **Fogo** sollten sich Wanderer die Besteigung des Pico de Fogo nicht entgehen lassen. Wer es weniger anstrengend mag, kann sich mit dem ›Kleinen Pico‹, Pico Pequeno, begnügen, der inmitten des gewaltigen zentralen Kraters 1995 bei einer Eruption entstanden ist.

Auch die landschaftlich sehr vielseitige Insel **São Nicolau** lässt sich gut zu Fuß erkunden. Ihr Ostteil bietet zwar interessante Wege. An- und Abfahrt sind jedoch nicht ganz einfach zu organisieren. Hingegen sind die Fajã-Ebene und der Monte Gordo im Zentrum der Insel von der Hauptstadt Ribeira Brava aus gut zu Fuß zu erreichen. Sehenswerte ursprüngliche Täler bietet die Nordwestküste.

Brava, die kleinste bewohnte Insel, liegt sehr abgeschieden. Nur wenige Touristen nehmen das Abenteuer auf sich, dieses Eiland zu besuchen. Sie werden mit Ruhe und Ursprünglichkeit belohnt. Die Gegend um den Hauptort Vila Nova Sintra und das Inselzentrum lassen sich hervorragend zu Fuß erkunden. Landschaftlich reizvoll ist der Weg nach Fajã de Água (s. S. 275).

Auf den Inseln **Sal**, **Boavista** und **Maio** lassen sich vor allem ausgedehnte Strandwanderungen unternehmen.

Die schönsten Wanderungen werden in diesem Reiseführer vorgeschlagen (im Reiseteil bei den jeweiligen Ortsbeschreibungen). Erfahrene Wanderer können sie ohne weitere Hilfsmittel durchführen, wenngleich eine Wanderkarte und ein zusätzliches Wanderbuch hilfreich sind.

Spezielle Gruppen-Wanderreisen mit deutschsprachiger Reiseleitung bieten mehrere Veranstalter an, z. B. Wikinger Reisen, Hauser Exkursionen, DAV-Summit-Club, One World – Reisen mit Sinnen. Sie dauern meist zwei Wochen und decken üblicherweise die Inseln Santiago, Fogo und Santo Antão ab, mit zusätzlichen Übernachtungen auf São Vicente und Sal.

Baden

Ausgesprochene Strandinseln sind **Sal** und **Boavista**. Santa Maria auf Sal verfügt über helle, saubere Strände mit feinem Sand. Ohne Windschutz fühlt man sich jedoch auf die Dauer wie in einem Sandstrahlgebläse. Die am Meer gelegenen größeren Hotels haben für ihre Gäste windgeschützte Areale am Strand abgeteilt. Die Bucht von Santa Maria ist gegen die meist aus Nordosten anrollende Brandung abgeschirmt, sodass Baden in der Regel möglich ist. Hingegen ist die Strandzone an der Ostküste von Sal dem Passatwind ausgesetzt und zum Baden nicht geeignet. An der Westküste finden sich in der Bucht von Murdeira einige geschützte Strandabschnitte, wogegen bei der Ponta Preta die Brandung unberechenbar ist.

Der beste Badestrand auf **Boavista** erstreckt sich von Sal Rei in Richtung Süden (Praia do Estoril und Praia da Chave). Die Bucht liegt auf der windabgewandten Seite der Insel und ist somit relativ gut geschützt. Feiner Dünensand hat sich hier abgelagert. Die einsamen Strände im Süden von Boa-

Ökotourismus

Im Trend ist **Turtle-Watching**, die Beobachtung von Meeresschildkröten bei der nächtlichen Eiablage an den Stränden von Sal, Boavista und demnächst auch Santiago (s. S. 242). Ebenso sind Bootsausflüge zum **Whale-Watching** und zur Beobachtung von Seevögeln im Kommen. Auch wird **Bird-Watching** an Land z. B. an den Lagunen von Boavista praktiziert. Auf São Nicolau, Santiago und Fogo sind **Naturparks** im Aufbau, demnächst wird es dort ökotouristische Angebote geben.

vista sind zwar schön anzusehen, zum Baden aber kaum geeignet.

Auf **São Vicente** sind die Strände bei Baía das Gatas und Calhau zum Baden besonders empfehlenswert. Sie werden auch von den Einheimischen gern aufgesucht. Strandkneipen sorgen für das leibliche Wohl. Der einzige Strand der Insel São Nicolau liegt bei Tarrafal. Seinem schwarzen Sand wird heilende Wirkung bei rheumatischen Erkrankungen nachgesagt. In den Sommermonaten mausert sich Tarrafal dank der vielen Emigranten auf Heimatbesuch zu einem richtigen Badeort. Wer Santo Antão besucht, reist dorthin sicherlich nicht speziell zum Baden. Die Praia de Escoralet östlich von Porto Novo eignet sich aber gut für ein paar erholsame Stunden am Meer.

Auf **Santiago** verfügt die Hauptstadt Praia über einen hübschen kleinen Strand im Stadtteil Prainha. Ebenfalls für einen Badetag zu empfehlen ist die von wohlhabenderen Einheimischen am Wochenende gern aufgesuchte Praia Baixo an der Ostküste Santiagos. Vila do Maio hat einen schönen, sauberen Strand zwischen Stadt und Hafenmole, wo die Einheimischen gerne baden und die Fischer ihre Boote an Land ziehen. Südlich der Stadt liegt die Praia Ponta Preta etwas abseits in einer reizvollen Bucht.

São Filipe, der Hauptort von **Fogo**, verfügt über einen schönen schwarzen Sandstrand. Die Brandung verhindert allerdings meist sicheres Baden. Geeigneter ist der Strand außerhalb der Stadt unmittelbar am Hafen. Oder man fährt zu der idyllischen Felsbadebucht Ponta da Salina. Brava verfügt über keine nennenswerten Strände. Eine Bademöglichkeit im Meer besteht jedoch in den natürlichen Felstümpeln zwischen Fajã de Água und dem (stillgelegten) Flugplatz. Bei rauer See wird es dort allerdings gefährlich.

Surfer finden bei den Inseln fast immer eine geeignete Welle

Strandwachen findet man auch in den Touristengebieten selten. Der Atlantik ist tückisch, weshalb man im Zweifel lieber auf das Badevergnügen im Meer verzichten sollte.

Segeln

Tagestörns auf Hochseejachten werden von Santa Maria (Sal) aus angeboten. Größere organisierte Segeltouren bucht man besser schon von zu Hause aus. Der deutschsprachige Veranstalter Luzmar verchartert ab São Vicente Jachten der Marke Bavaria mit und ohne Skipper. (Kontakt: Mindelo, Alto Santo António 253, Tel. 997 23 22, www.luzmar.com; in Deutschland über Johanna Meyer-Scheel, Tel. 0173 878 85 74, johanna@luzmar.de.)

Wind- und Kitesurfen

Auf **Sal** gibt es in **Santa Maria** eine lebendige Surferszene. Mehrere Surfbasen bieten Kurse an und verleihen Material. Wer jedoch noch nie auf dem Brett gestanden hat, sollte nicht unbedingt auf Sal damit anfangen. Ansonsten finden Surfer der Könnerstufe 2 im windarmen Sommer bessere Bedingungen, während Fortgeschrittene und Profis die übrigen Jahreszeiten (speziell November bis März) bevorzugen. Außer Windsurfen ist auch Kitesurfen (Surfen am Lenkdrachen) sehr verbreitet.

Auf **Boavista** gibt es in **Sal Rei** eine Surfschule mit Verleih, die auch Segeln und Seekajak anbietet. Auf allen anderen Inseln ist die Infrastruktur für Surfer dürftig bis nicht vorhanden. Wer mit eigenem Brett anreist (Mitnahme in Charterflügen hin und zurück ca. 50 €, bei TACV ca. 80 €; vorher unbedingt anmelden), bleibt am besten auf Sal bzw. Boavista, da es beim Transport auf andere Inseln Schwierigkeiten geben kann.

Tauchen

Mehrere Tauchschulen gibt es auf Sal. Auch auf Boavista und Santiago besteht die Möglichkeit, die faszinierende Unterwasserwelt der Kapverden zu erkunden.

Feste und Unterhaltung

Carnaval

Beim **Karneval von Mindelo** wird die Phantasie der Teilnehmer – und das sind eigentlich alle Stadtbewohner – ganz groß geschrieben. Europäische und brasilianische Elemente verschmolzen hier zu einem ganz eigenständigen Spektakel, das internationale Berühmtheit erlangt hat wie kein anderes kulturelles Ereignis auf den Inseln.

Sein heutiges Gesicht erhielt der Karneval von Mindelo in den 1930er-Jahren. Sambagruppen formierten sich nach brasilianischem Vorbild in den verschiedenen Stadtteilen, gefördert durch die in Mindelo ansässigen Engländer. Vor allem die Frauen der englischen Kaufleute nahmen oft die Mäzeninnenrolle ein. Seither wird der Karneval à la Rio de Janeiro gefeiert.

Am Rosenmontag ziehen abends Sambatänzer durch die Straßen, am Fastnachtsdienstag gibt es einen großen Umzug mit Prunkwagen und glamourösen Prinzessinnen. Was in einem Jahr in Brasilien ›in‹ ist, wird es garantiert im nächsten Jahr in Mindelo sein. Aber auch eigene Ideen bekommen Raum. Die Mitwirkenden kleiden ihre Träume von einer anderen Welt in Kostüme und Ausstattungen. Für ein oder zwei Tage können sie sich in eine andere Rolle versetzen, können Prinzessin, Nixe, Haremswächter oder persische Sklavin sein. Alle bekannten einheimischen Künstler sind beteiligt, wenn die allegorischen Wagen der Sambagruppen aufwendig gestaltet werden. Nachdem es in den 1990er-Jahren und zu Beginn des dritten Jahrtausends vorübergehend an finanziellen Mitteln fehlte, können die Gruppen inzwischen, gesponsert durch etliche Städte

Festkalender

Januar
Ano Novo: Neujahr. Die Familien essen am 1. Jan. das traditionelle Gericht *xerem* mit grünem Mais, dicken Bohnen und Reis.
Reis Magos: Dreikönigstag. Am 6. Jan. ziehen Musikanten durch die Straßen von Haus zu Haus und tragen traditionelle Lieder vor.

Februar
Carnaval: Karneval, vor allem in Mindelo

März
Festa de São José: St. Josef, 19. März, in Calheta (Maio) mit Tabanka-Tänzen

April
Pascoela: Weißer Sonntag, eine Woche nach Ostern, besonders schön in Fajã (São Nicolau) mit Pferderennen und Tabanka-Umzügen
Nhô São Jorge: St. Georg der Drachentöter, zweite Aprilhälfte, São Jorge dos Orgãos (Santiago)
Bandeira de São Filipe: St. Philippus, letzte Aprilwoche in São Filipe zu Ehren des Ortspatrons

in Portugal und Brasilien, den gewohnten Prunk wieder auf die Beine stellen. Für den boomenden Kreuzfahrttourismus ist Mindelo damit in der Karnevalszeit zum lohnenden Ziel geworden.

Daneben hat sich bis heute der nicht organisierte, durchaus wilde **Straßenkarneval** gehalten, der seine Wurzeln im Portugal des 17./18. Jh. hat. Damals verhöhnte man, hinter allerlei Maskeraden verborgen, die Institutionen der Macht. Heute gehen die jungen Menschen in geschickt improvisierten Kostümen auf die Straße, um ihre Sorgen öffentlich auszudrücken. Sie tragen Jutesäcke, Plastiktüten, alte Zeitungen oder Nachthemden. Ihre Themen sind Aids, Drogen, Verhütung, Fußball …

Der Carnaval ist keineswegs auf Mindelo beschränkt. Familiärer, aber auch sehr lebhaft geht es beim **Karneval** von **Ribeira Brava** (São Nicolau) zu. Außerdem werden die **Rosenmontagsumzüge** auf **Santo Antão** (Ribeira Grande, Ponta do Sol) gerühmt.

Festa de Santa Cruz

Das Heiligkreuzfest wird am 3. Mai vielerorts gefeiert. Es ist das Fest der Abkömmlinge von Sklaven. Letztere genossen an diesem Tag stets einige Freiheiten. So durften sie etwa wie ihre Herren gekleidet gehen. Ursprünglicher Anlass für das Fest ist die Auffindung des angeblich wahren Kreuzes Christi in Jerusalem im Jahr 326. Franziskus von Assisi, der Gründer des Franziskanerordens, soll 1224 am Kreuzfindungstag die Wundmale Christi empfangen haben. Wahrscheinlich haben Franziskanermönche, die seit den Zeiten der Entdecker auf den Kapverden missionierten, das Fest populär gemacht. Bereits am Vortag werden die typischen Festtagsspeisen aus Mais zubereitet. Im Haus des *festeiro* (Veranstalter) wird eine Andacht gehalten, dann serviert man eine *canja* (Hühnersuppe). Am eigentlichen Festtag treffen sich alle zur Messe in der Kirche. Eine Prozession mit viel Musik und

Mai
Festa de Santa Cruz: Heiligkreuzfest, 3. Mai, in vielen Orten der Kapverden
Festividades do santo Padroeiro: Feste zu Ehren des jeweiligen Ortsheiligen, die Termine variieren von Gemeinde zu Gemeinde. Auch noch im Juni.

Juni
Santo Antão: Tag des hl. Antonius von Padua, 13. Juni, auf der gleichnamigen Insel und auch in Mindelo ein buntes Fest
São João: Johannisfest, 24. Juni, besonders schön auf Brava, Santo Antão und São Vicente

August
Festival Baía das Gatas: Mega-Musikfestival mit Bands aus Afrika, Lateinamerika und Portugal, am Vollmondwochenende des Monats

Dezember
São Nicolau: Tag des hl. Nikolaus, 6. Dez., speziell auf der gleichnamigen Insel
Natal: Weihnachten, Blasorchester am Heiligabend
Fim do Ano: Silvester mit rauschenden Bällen, in Mindelo großes Straßenfest

Tanz ist die besondere Attraktion dieses Volksfestes. Besonders authentisch kann man die Festa de Santa Cruz auf **Brava** erleben. Aber auch auf **Maio** wird kräftig gefeiert, wo man zugleich den 1. Mai als Tag der Entdeckung der Insel begeht.

Festividades do Santo Padroeiro

Im Frühjahr, speziell im Mai und Juni, begehen viele Gemeinden das Patronatsfest zu Ehren ihres Kirchenheiligen. Meist gehören die traditionellen **Tabanka-Tänze** dazu. Bei der Tabanka handelt es sich um eine Art allegorischen Umzug, einen symbolischen Protest, entstanden im Zeitalter der Sklaverei. Beteiligt sind der ›Kommandant‹ und die ›Soldaten‹, der ›König‹ und die ›Königin‹, der ›Henker‹, der ›Dieb‹, ›Hofdamen‹, ›Sklaven‹ und andere Figuren der damaligen Gesellschaft. Die musikalische Begleitung übernehmen Trommeln und Muschelschalen. Letztere dienten den Sklaven als heimliches Verständigungsmittel. Trotz wiederholter Verbote durch die Kolonialverwaltung konnte sich die kulturelle Ausdrucksform der Tabanka auf mehreren Inseln halten.

São João

Ein wichtiges Ereignis ist das **Johannisfest** (24. Juni). Vor allem auf **Brava**, wo Johannes der Täufer Inselpatron ist, wird es sehr traditionell gefeiert, wobei steinerne Schiffsnachbildungen eine bedeutende Rolle spielen. Sie liegen in allen Orten der Insel an Land. Am Johannistag sind sie Schauplatz eines besonderen Brauches. Frauen tragen in Körben Brotzöpfe, Kuchen, Früchte und Blumen herbei. Damit

werden die niedergelegten Bootsmasten feierlich geschmückt und dann aufgestellt. Dazu tanzt man die Colá, einen fröhlichen, rituellen Tanz. Anschließend dürfen die Masten von den Kindern geplündert werden. Das Schiff ›gehört‹ der Jungfrau Maria. Bei den Kelten war das Boot Attribut der Muttergottheit, Getreide und Obst symbolisierten die Fruchtbarkeit. Dieser Glaube floss in die christliche Marienverehrung ein und wurde im Zeitalter der Entdeckungsfahrten weit über den Atlantik getragen. Auf Brava drücken die Schiffsnachbildungen die starke Verbindung der Bewohner mit der Seefahrt aus. Amerikanische Walfangboote warben hier früher Mannschaften an, viele Insulaner emigrierten per

Schiff in die Vereinigten Staaten von Amerika. Beim Johannisfest verkleiden sich Dorfbewohner als Seemänner, Kapitäne und Schiffsköche und stellen schicksalhafte Ereignisse nach, die sich auf hoher See ereignet haben. Dann wird mit Musik und Tanz ausgelassen gefeiert. Junge Menschen springen über Johannisfeuer in der Hoffnung, der Wunsch, den sie dabei äußern, möge in Erfüllung gehen. Auch auf **Santo Antão** und **São Vicente** wird das Johannisfest inbrünstig begangen. Bei der Colá steht hier ein imaginäres Schiff im Mittelpunkt. Dieses wird durch den Vortänzer repräsentiert, der – mit einem bunt geschmückten ›Segelschiff‹ kostümiert – sich Wellen und widrigen Winden stellt.

Natal/Fim do Ano

Zu Weihnachten (Natal) sind es vornehmlich die Blasorchester, die überall zum Marsch aufblasen. Am Heiligabend ziehen sie durch die Straßen. Jede Gruppe verfügt über einen Tanzsaal, oft angeschlossen an ein Restaurant, wo zu Silvester schließlich ein rauschender Ball das Jahr ausklingen lässt.

Um als Tourist dabei zu sein, lohnt es sich, ein wenig herumzufragen. In den großen Städten feiern die Menschen auf der Straße, speziell in **Mindelo**, wo es in der Rua Lisboa und der Avenida Amílcar Cabral immer hoch her geht. Die Party beginnt nach Mitternacht und dauert bis zur Morgendämmerung an.

Tanz darf zu den flotten Klängen der Kapverden-Musik nicht fehlen

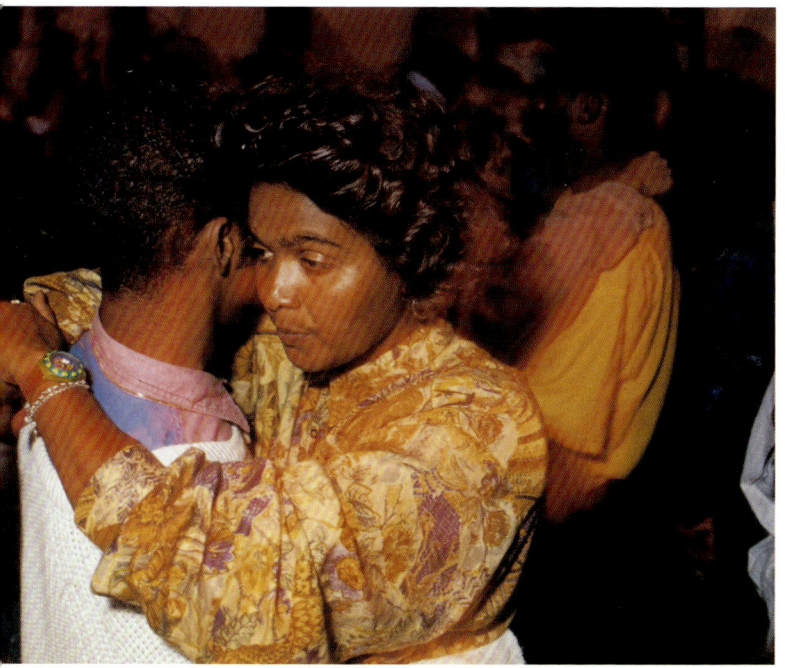

Reiseinfos von A bis Z

Apotheke

Auf jeder Insel gibt es Apotheken (far-mácias). Ein ausreichendes Sortiment bieten sie aber nur in den größeren Städten. Auf kleinen Inseln ist die Versorgung schlecht, die Mitnahme einer Reiseapotheke daher ratsam. Darin sollten zumindest enthalten sein: Pflaster, ein leichtes Mittel gegen Durchfall, ausreichend starker Sonnenschutz, persönliche Medikamente.

Ärztliche Versorgung

Über gut ausgestattete Krankenhäuser verfügen nur Praia und Mindelo. Ansonsten gibt es auf jeder Insel Gesundheitszentren (centro de saúde).

Impfungen sind für Einreisende aus Europa nicht vorgeschrieben. Impfungen gegen Cholera und/oder Gelbfieber müssen Einreisende aus Ländern mit entsprechenden Seuchenproblemen vorweisen. Generell werden Maßnahmen gegen Typhus/Paratyphus, Polio, Tetanus und Hepatitis A empfohlen. Genauere Informationen geben die Gesundheitsämter im Heimatland.

Malaria

Zwischen September und November besteht auf Santiago ein geringes Malariarisiko. Auf eine chemische Prophylaxe kann jedoch verzichtet werden. Angemessener Mückenschutz ist dann allerdings ratsam. Tritt während besagter Zeit Fieber auf, ist sofort ein Arzt aufzusuchen.

Magenverstimmungen und Durchfall

Aufgrund der evtl. ungewohnten Speisen oder hygienisch nicht ganz ein-wandfreier Zustände sind dies die häufigsten Erkrankungen, die sich mit leichten Mitteln bekämpfen lassen. Diese sollte man von zu Hause mitnehmen.

Versicherungen

Alle ärztlichen Behandlungen und Medikamente in Kap Verde müssen vom Patienten bezahlt werden. Die gesetzlichen Krankenkassen übernehmen die Kosten nicht. Empfehlenswert ist der Abschluss einer privaten Reisekrankenversicherung.

Betteln

Besonders auf Santiago und in Mindelo betteln viele Kinder. Auch wenn es schwerfällt, sollte man nichts geben. Wer helfen möchte, kann sich in Bezug auf Geld- oder Sachspenden an Schulen, den Gemeindepfarrer oder an Gesundheitszentren wenden. Verbandszeug, Werkzeug, Mal- und Schreibsachen, Papier, warme Kleidung für Kinder in den Bergen, Fußballtrikots werden immer gerne genommen. Diese Aufzählung soll nur als Anregung dienen.

Diplomatische Vertretungen

... von Deutschland
Honorarkonsulat
Av. da O.U.A.
CP 327, Praia
Tel. 00238 262 31 00, -02
Fax 00238 262 31 03

Alle Abwicklungen laufen jedoch über die Botschaft in Senegal:

Ambassade d'Allemagne
20, av. Pasteur
B.P. 2100 Dakar/Senegal
Tel. 00221 33 889 48 84
Fax 00221 33 822 52 99

Notfallnummer: 00221/77 638 64 41
www.dakar.diplo.de

... von Österreich

Für Kap Verde ist die österreichische Botschaft in Senegal zuständig:
Ambassade de l'Autriche
18, rue Émile Zola
B.P. 3247 Dakar/Senegal
Tel. 00221 33 849 40 00
Fax 00221 33 849 43 70
dakar-ob@bmaa.gv.at

... von der Schweiz
Consulado da Suiça
Fazenda, Ed. Gestobra
C.P. 876 Praia
Tel. 00238 261 98 68
Fax 00238 261 98 68

Alle Abwicklungen laufen jedoch über die Botschaft in Senegal:
Ambassade de Suisse
Rue René N'Diaye/Angle Rue Seydou Nourou Tall
B.P. 1772 Dakar/Senegal
Tel. 00221 33 823 05 90
Fax 00221 33 822 36 57
www.eda.admin.ch/dakar

Diplomatische Vertretungen von Kap Verde

... in Deutschland
Botschaft der Republik Kap Verde
Stavanger Str. 16
10439 Berlin
Tel. 030 20 45 09 55
Fax 030 20 45 09 66
info@embassy-capeverde.de
www.embassy-capeverde.de

... in Österreich
Botschaft der Republik Kap Verde
Schwindgasse 20
1040 Wien
Tel 01 503 87 27, Fax 01 503 87 29
embcvienna@nnweb.at

... in der Schweiz
Botschaft der Republik Kap Verde
Ave. Blanc 47
1202 Genève
Tel. 022 731 33 36
Fax 022 731 35 40
cap.vert@bluewin.ch

Elektrizität

Die Spannungswerte entsprechen denen in Europa: 220 V Wechselspannung bei 50 Hz. Auch werden die gleichen Stecker benutzt. Größere Orte betreiben meist einen Dieselgenerator, der rund um die Uhr läuft. In ländlichen Gebieten werden die Generatoren teilweise nachts bis zum frühen Morgen abgestellt.

Stromausfälle kommen öfter vor. Die Mitnahme von Kerzen oder einer Taschenlampe ist ratsam.

Feiertage

1. Jan.: Neujahrsfest (Ano Novo)
13. Jan.: Tag der Demokratie (Dia da Democracia)
20. Jan.: Heldengedenktag und Tag der Ermordung von Amílcar Cabral (Dia dos Heróis Nacionais)
1. Mai: Tag der Arbeit (Dia do Trabalhador)
1. Juni: Internationaler Kindertag (Dia Internacional da Criança)
5. Juli: Tag der Unabhängigkeit (Dia da Independência)
15. Aug.: Mariä Himmelfahrt (Assunção de Nossa Senhora)

Reiseinfos

1. Nov.: Allerheiligen (Todos-os-Santos)
25. Dez.: Weihnachten (Natal)

Variable Feiertage

Dazu gehören der Karnevalsdienstag (Terça-feira de Carnaval), der Aschermittwoch (Quarta-feira de Cinzas) und Karfreitag (Sexta-feira Santa).

Fast jede Gemeinde auf den Inseln hat ihren eigenen offiziellen Feiertag. So begeht Praia am 19. Mai den Stadtfeiertag (Dia de Município).

Reisekosten

Die Kapverden sind kein Billigreiseland. Preise für Unterkünfte, Restaurantbesuche, Ausflüge, Sportangebote usw. sind durchaus mit Europa zu vergleichen. Auf Sal und Boavista liegen sie im Schnitt etwas höher, auf abgelegenen, ländlich geprägten Inseln etwas niedriger.

Restaurantbesuch

Ein Hauptgericht kostet 600–1500 ECV je nach Kategorie, Meeresfrüchte oder Langusten ab 1800 ECV. Die im Buch angegebenen Preise beziehen sich auf ein Hauptgericht ohne Getränke.

Getränke

Flasche Wein im Restaurant ab 800 ECV, Bier oder Cola (0,3 l) 100–150 ECV (in *mercearias* evtl. etwas günstiger), Tasse Kaffee 80–100 ECV

Verkehrsmittel

Fahrt per Aluguer auf Sal von Santa Maria nach Espargos ca. 100 ECV, Taxifahrt das Zehnfache; Fährpassagen um 1200 ECV je nach Strecke; Inlandflüge 50–100 €; organisierte Inselrundfahrt auf Sal im Pick-up halbtägig ca. 3000 ECV, ganztägig ca. 5000 ECV

FKK

Nacktbaden ist in Kap Verde nicht üblich. ›Oben ohne‹ praktizieren fast ausschließlich Touristinnen. Es wird innerhalb der Hotelanlagen und an den Stränden der Ferienorte toleriert.

Geld

Währung ist der **Kapverdische Escudo** (Escudo Cabo Verde, ECV oder CVE). Er ist zu einem festen Wechselkurs an den Euro gebunden: 100 ECV = 0,91 €.

Umtausch ist nur im Land selbst möglich. Die Ein- und Ausfuhr der kapverdischen Währung ist verboten. Banken tauschen Bargeld und Reiseschecks. Unabhängig vom Wert wird pro Reisescheck eine Gebühr von 1000 ECV erhoben.

Größere Hotels und Autovermietungen akzeptieren Kreditkarten (meist nur VISA und Eurocard). An manchen Bankautomaten lässt sich Bargeld mit VISA-Karten abheben, nicht aber mit Eurocard. EC-Karten werden nirgends angenommen.

Im Umlauf sind Münzen von 1, 5, 10, 20, 50, 100 ECV und Noten von 200, 500, 1000, 2000 und 5000 ECV. Kleingeld ist meist Mangelware, weshalb es sich empfiehlt, dieses zu sammeln. Fast überall kann inzwischen mit Euros gezahlt werden. Hotels, Autovermietungen und Taxifahrer erwarten oft die Zahlung in Euro und weisen gar keinen Preis in ECV mehr aus.

Notruf

Polizei: 132
Medizinischer Notdienst: 130
Vor Ort wendet man sich in Notfällen an die jeweilige Feuerwehr, Polizei oder Krankenstation:

Boavista
Feuerwehr: 251 11 41
Krankenstation: 251 11 67
Polizei: 251 11 32

Brava
Feuerwehr: 283 13 13
Krankenstation: 283 11 30
Polizei: 283 11 32

Fogo/Mosteiros
Feuerwehr: 283 11 38
Krankenstation: 283 10 34
Polizei: 283 10 73

São Filipe
Feuerwehr: 281 13 13
Krankenstation: 281 11 30
Polizei: 281 11 32

Maio
Feuerwehr: 255 11 34
Krankenstation: 255 11 30
Polizei: 255 11 32

Sal
Feuerwehr: 241 11 31
Krankenstation: 242 11 30
Polizei: 242 11 32

Santiago/Calheta
Feuerwehr: 273 11 32
Krankenstation: 273 11 30

Praia
Feuerwehr: 261 27 27
Krankenhaus: 261 24 62
Polizei: 262 13 32

Santa Catarina (Assomada)
Feuerwehr: 265 11 94
Krankenstation: 265 11 30
Polizei: 265 11 32

São Domingos
Feuerwehr: 268 12 40
Krankenstation: 268 11 30
Keine Polizeistation

Santa Cruz
Feuerwehr: 269 13 13
Krankenstation: 269 13 30
Polizei: 269 13 32

Tarrafal
Feuerwehr: 266 11 16
Krankenstation: 266 11 30
Polizei: 266 11 32

Santo Antão/Paúl
Krankenstation: 223 11 30
Polizei: 223 12 92

Ponta do Sol
Krankenstation: 225 11 30
Polizei: 225 11 32

Porto Novo
Feuerwehr: 222 12 23
Krankenstation: 222 11 30
Polizei: 222 11 32

Ribeira Grande
Krankenstation: 225 11 30
Polizei: 225 11 32

São Nicolau
Feuerwehr: 236 11 62
Krankenstation: 235 11 30
Polizei: 235 11 32

São Vicente
Feuerwehr: 232 52 31
Krankenhaus: 232 73 55
Polizei: 231 46 31

Öffnungszeiten

Banken: in der Regel Mo–Fr 8–14 Uhr.
Geschäfte: in der Regel Mo–Fr 8–12.30 und 14/15–18/19 und Sa 8.30/9–12/13 Uhr, So und feiertags geschlossen.
Restaurants: mittags ca. 12.30–14.30, abends ca. 19–22 Uhr. Essen gibt es in kleineren Lokalen oft nur nach persönlicher Vorbestellung.

Post

Öffnungszeiten
Postämter öffnen in der Regel Mo–Fr 8–12 und 14.30–17.30 Uhr.
Porto
Briefe bis 20 g sowie Postkarten kosten nach Europa 60 ECV.

Post nach Europa ist etwa 14 Tage unterwegs. Am schnellsten geht es, wenn Briefe oder Postkarten am Flughafen in Sal oder in der Hauptpost von Praia/Santiago abgegeben werden.

Radio und TV

Radio
Sendezeiten und Sendefrequenzen der Deutschen Welle kann man der Broschüre DW-KOMPAKT entnehmen, anzufordern bei: Deutsche Welle, Kurt-Schumacher-Str. 3, 53113 Bonn, Tel. 0228 429 32 08, Fax 0228 429 32 20.

Auf Cabo Verde gibt es derzeit ca. 12 Sender im UKW-Bereich. Zur vollen Stunde werden Nachrichten auf Portugiesisch gebracht. Ansonsten sorgt das Radio für viel einheimische Musik, aber auch internationale Hits und Musik aus Süd- und Mittelamerika.

Fernsehen
Der nationale Sender RTC (Radio Televisão Caboverdiana) sendet auf Portugiesisch und Kriolu. Der portugiesische Sender RTP Africa konzentriert sich auf Nachrichten und Sport. Bei beiden Sendern stammen die meisten Beiträge aus Portugal oder Brasilien. Spielfilme werden jeweils im Original mit portugiesischen Untertiteln gezeigt. Bei den Einheimischen sehr beliebt sind brasilianische Seifenopern (Novelas). Größere Hotels verfügen über Satellitenanlagen, mit denen europäische Sender empfangen werden können.

Reisende mit Handicap

Die Einrichtungen für Rollstuhlfahrer sind denkbar schlecht, Reisen auf den Inseln für sie mit erheblichen Mühen verbunden und mit öffentlichen Verkehrsmitteln *(aluguers)* praktisch nicht durchführbar. Die einzige Möglichkeit besteht darin, sich einen Aluguer privat anzumieten.

Sicherheit

Cabo Verde ist, verglichen z. B. mit einigen afrikanischen Ländern, ein sicheres Reiseland. Die politische Lage gilt als stabil. Auf Kleinkriminalität sollte man allerdings vorbereitet sein.

Diebstahl
Geld, Wertsachen, Reiseunterlagen und Papiere sollten sicher verstaut werden, wenn möglich im Hotelsafe. Erhöhte Vorsicht ist in Santa Maria (Sal) und in den großen Städten Praia und Mindelo geboten, insbesondere nachts. Jeder Diebstahl sollte bei der Polizei angezeigt werden.

Gefährliche Tiere
In Kap Verde gibt es weder Schlangen oder andere giftige Tiere. Unangenehm ist der Biss eines etwa 20 cm langen auffälligen, doch sehr scheuen Hundertfüßlers. Vereinzelt sind auf Santiago Skorpione gesehen worden; auch sie sind sehr selten und scheu.

Souvenirs

Afrikanische Händler verkaufen in Santa Maria (Sal), Sal Rei (Boavista) sowie auf anderen Inseln in den größeren Städten Schmuck, Holzschnitzereien und andere Souvenirs. Diese stammen allerdings nicht von den Kap-

Afrikanische Wurzeln hat das Brettspiel Oril

verden, sondern vom westafrikanischen Festland.

Ein wertvolles und typisches Souvenir von Kap Verde sind hingegen baumwollene traditionelle *panos* (s. S. 87). Besonders schöne gibt es in der Co-operativa de Artesanato in São Domingos auf Santiago (s. S. 222). Dort sind auch geschmackvolle Töpferwaren und Keramikarbeiten erhältlich. Aufwendige Webarbeiten und Wandteppiche kann man im Centro Nacional

Das Angebot der Souvenirhändler ist farbenfroh

de Artesanato in Mindelo erstehen. Auf Boavista gibt es authentische Keramik in der Escola de Olaria in Rabil.

Auf Fogo schnitzen die Kinder Teller, Schalen oder Aschenbecher aus Vulkangestein. Sie verkaufen direkt in Chã das Caldeiras an Touristen. Wein von Fogo oder *grogue* von Santo Antão könnten auch zu Hause schmecken.

Eine beliebte Freizeitbeschäftigung der Kapverdianer ist das ursprünglich aus Afrika stammende **Brettspiel Oril** (kriolu: *urim*), das als eines der ältesten strategischen Spiele der Welt gilt. Es wird in Souvenirläden etwa auf Sal angeboten.

Sprache

Offizielle Amtssprache von Kap Verde ist Portugiesisch, das fast überall verstanden wird und in dem Speisekarten, Fahrpläne usw. abgefasst sind. Es ist empfehlenswert, sich vor der Reise Grundkenntnisse anzueignen, wenn man das Land auf eigene Faust erkun-

den will. Mit Deutsch allein ist die Verständigung schwierig. Auf Sal und Boavista reichen Englischkenntnisse aus. Auf anderen Inseln wird Englisch in größeren Hotels und Restaurants, die auf Touristen eingestellt sind, verstanden. Davon abgesehen sind in der Bevölkerung Fremdsprachenkenntnisse (meist Englisch oder Französisch) weit verbreitet, da viele eine Zeit lang im Ausland gelebt haben.

Als Umgangssprache benutzen die meisten Einheimischen Kriolu (s. S. 79), das dem Portugiesischen zwar vom Wortschatz her ähnelt, doch ist die Aussprache völlig anders. Da es keine einheitliche Schrift oder Grammatik gibt, sondern auf jeder Insel anders gesprochen wird, ist Kriolu für Reisende, die sich nur vorübergehend in Kap Verde aufhalten, praktisch nicht zu erlernen. Kurse, die einige Grundbegriffe vermitteln, werden in manchen Hotels angeboten.

Verkehrssprachen im internationalen Geschäftsleben sind Englisch und Französisch.

Telefonieren

In jedem größeren Ort gibt es öffentliche **Kartentelefone**. Die Karten sind in Postämtern sowie außerdem manchmal auch in kleinen Läden oder Restaurants erhältlich. Es gibt Karten für 275 ECV und für 750 ECV. Ein Gespräch nach Europa kostet ca. 300 ECV pro Minute. Die billige Karte eignet sich also nur für Gespräche innerhalb des Landes. Bei Telefonaten von einem **Postamt** aus wird eine Mindestzeit von drei Minuten berechnet, auch wenn das Gespräch kürzer war. Die Qualität der Verbindungen ist im Allgemeinen gut.

Europäische **Mobiltelefone** wählen sich meist unproblematisch in das kapverdische Netz ein. Genauere Hinweise erteilt der eigene Netzanbieter. Die Kosten sind jedoch sehr hoch, auch für angenommene Gespräche. Bei innerkapverdischen Mobilfunk-Gesprächen ist die Landesvorwahl 00238 mitzuwählen.

Internationale Vorwahlen
Kap Verde: 00238
Deutschland: 0049
Österreich: 0043
Schweiz: 0041

Gespräche nach Kap Verde
Hierfür wählt man erst die Landesvorwahl, dann direkt die siebenstellige Teilnehmernummer, denn gesonderte Ortsvorwahlen gibt es in Kap Verde nicht.

Trinkgeld

Im Restaurant sollte man für einen guten Service etwa 5 %, maximal 10 % des Rechnungsbetrags als Trinkgeld zuschlagen. In einfachen Lokalen ist es allerdings nicht üblich, ein Trinkgeld zu geben.

Umgangsformen

Im Allgemeinen geht es auf den Kapverden eher beschaulich zu. Gerade in Restaurants ist manchmal mit längeren Wartezeiten zu rechnen.

Auf Banken und auf der Post wird alles akribisch genau geprüft. Es ist angebracht, darauf gelassen zu reagieren. Bei Gesprächen kommt man nicht sofort zum Punkt. Häufig wird zunächst einmal ein längerer Smalltalk veranstaltet. Worum es eigentlich geht, wird dann ganz beiläufig erwähnt.

Wasser

Auf keinen Fall sollte man Leitungswasser trinken. Auch zum Zähneputzen empfiehlt sich Tafel- oder Mineralwasser aus Flaschen.

In einfachen Kneipen wird hin und wieder Leitungswasser bei Tisch serviert. Daher sollte man bei ›stillem Wasser‹ immer unbedingt darauf achten, ob die Flasche noch originalverschlossen ist.

Zeit

MEZ minus 2 Stunden, während unserer Sommerzeit minus 3 Stunden.

Zeitungen

Internationale Zeitungen und Zeitschriften sind in Kap Verde kaum zu bekommen und wenn, dann fast nur auf Sal. Nationale Zeitungen sind die wöchentlich erscheinenden »A Semana« und »Expresso das Ilhas«. Auch nach diesen muss man im Handel suchen, am ehesten sind sie an Flughäfen erhältlich.

Panorama – Daten, Essays, Hintergründe

Sprung ins kühle Nass am Strand von Santa Maria, Insel Sal

Lage und Fläche: Kap Verde liegt bei 15 bis 17° Nord und 23 bis 25° West vor der Küste Senegals. Boavista, die östlichste Insel, ist ungefähr 600 km von Dakar entfernt. Von den Kanarischen Inseln trennen die Kapverden etwa 1500 km. Die Landfläche des Archipels beträgt 4033 km². Von den neun bewohnten Inseln ist Santiago mit 991 km² die größte. Es folgen Santo Antão (779 km²), Boavista (620 km²), Fogo (476 km²), São Nicolau (338 km²), Maio (269 km²), São Vicente (227 km²), Sal (216 km²) und Brava (64 km²). Außerdem gibt es noch die unbewohnten Inseln Santa Luzia (37 km²), Branco, Raso und Ilhéus do Rombo.

Hauptstadt: Praia (Santiago) mit rund 110 000 Einwohnern

Einwohner: Rund 435 000, davon etwa 235 000 auf der Hauptinsel Santiago. Es folgen São Vicente (68 000), Santo Antão (47 000), Fogo (37 000), Sal (15 000), São Nicolau (14 000), Maio und Brava (je 6800) und Boavista (4200).

Sprache: Amtssprache ist Portugiesisch, als Verkehrssprache ist Kriolu üblich.

Landesflagge: Die Grundfarbe der Flagge von Kap Verde ist blau, das für die Weite von Himmel und Meer steht. Ein weiß-rot-weißer Querstreifen symbolisiert den Weg zur Unabhängigkeit: Weiß bedeutet Frieden, Rot die Hoffnung. Zehn Sterne, für die neun bewohnten Inseln und Santa Luzia, bilden über dem Streifen einen Kreis.

Geografie und Natur

Mit 2829 m ist der Pico de Fogo die höchste Erhebung von Kap Verde. Santiago, Fogo, Brava, Santo Antão und São Nicolau sind gebirgig und stark zerklüftet, die übrigen Inseln eher flach mit kilometerlangen, goldgelben Sandstränden.

Die Kapverdischen Inseln sind vulkanischen Ursprungs. In den Küstenebenen wächst eine schüttere Akaziensavanne. Eine Strauchvegetation, der Federbusch, gedeiht in den etwas feuchteren Gebirgszonen. Die Fauna setzt sich vorwiegend aus Vögeln und Eidechsen zusammen.

Größtes Umweltproblem der Kapverden ist die Erosion, die auch die Wasserknappheit mit verschuldet. Ursachen sind die jahrhundertelange Abholzung und die Überweidung. Zahlreiche Programme haben den Erhalt bzw. die Wiederherstellung der natürlichen Vegetationsdecke zum Ziel. Große Aufforstungsprojekte und Programme zum Erhalt der natürlichen Vegetation sorgen jetzt für einen besseren Wasserhaushalt der Inseln.

Geschichte

Cabo Verde, Grünes Kap, nannten die portugiesischen Seefahrer die Landspitze bei Dakar, weil sie dort nach langer Fahrt entlang der Saharaküste wieder auf üppige Vegetation trafen. Der Name wurde auf die davor liegenden Ilhas do Cabo Verde übertragen, obwohl diese niemals wirklich grün waren. Ab 1461 nahm Portugal die damals unbewohnten Kapverdischen Inseln in Besitz. In der Folgezeit wurden zahlreiche Sklaven aus Westafrika auf den Archipel geholt. Santiago war im 16./17. Jahrhundert Drehscheibe des internationalen Sklavenhandels. 1810 geriet der Brasilienhandel unter englische Kontrolle, wodurch auch die Kapverden einen Aufschwung erlebten. Sie exportierten Salz und Kaffee. In der ersten Hälfte des 20. Jahrhunderts ging es wirtschaftlich bergab. Die Kolonialzeit neigte sich ihrem Ende entgegen.

Staat und Verwaltung

Seit 1975 ist die Republik Kap Verde (port.: Cabo Verde; kriolu: Kapu Verdi) unabhängig. Präsident und Parlament werden demokratisch gewählt. Der Archipel ist in zwei Verwaltungsdistrikte unterteilt: Barlavento im Norden (São Vicente, Santo Antão, São Nicolau, Sal und Boavista) sowie Sotavento im Süden (Santiago, Fogo, Brava, Maio).

Wirtschaft und Tourismus

Die meisten Beschäftigten (ca. 35 %) sind in der Landwirtschaft tätig. Deren Anteil am Bruttoinlandsprodukt (BIP) liegt bei nur 12 % – ein grober Anhaltspunkt, da auf dem Land noch viel Tauschhandel stattfindet. Mais, Bohnen, Ziegenfleisch und Ziegenkäse werden für den Eigenbedarf produziert, Bananen und Zuckerrohrschnaps (*grogue*) exportiert. Der Fischfang hat handwerklichen Charakter. Exportiert werden Thunfisch und Langusten. An Industrie (22 % des BIP) sind Textil- und Schuhherstellung sowie Fischverarbeitung von einiger Bedeutung. Ein wichtiger Wirtschaftsfaktor sind auch die Überweisungen der im Ausland lebenden Emigranten (20 % des BIP). Rund die Hälfte des Exports macht der Verkauf von Treibstoff an ausländische Schiffe und Flugzeuge aus, vor allem auf Sal.

Der Anteil des Dienstleistungssektors (vorwiegend Tourismus) am BIP beträgt 66 %. Etwa 180 000 Ausländer besuchen pro Jahr die Inselgruppe, vorwiegend Italiener (30 %), Portugiesen (20 %), Deutsche (8 %) und Südafrikaner (5 %). Die meisten Unterkünfte befinden sich auf Sal, Boavista und Santiago. Wandertourismus findet vor allem auf Santo Antão und Fogo statt. Ein großes Problem ist die Arbeitslosigkeit. Offiziell beträgt sie 21 %, inoffizielle Schätzungen sprechen von bis zu 50 %.

Bevölkerung

Die kreolische Bevölkerung hat ihre Wurzeln in Portugal wie auch in Westafrika. Heute leben zahlreiche kapverdische Emigranten in den USA oder den Niederlanden. Andererseits kommen viele Afrikaner auf der Suche nach Arbeit auf die Inseln. Mit etwa 108 Einwohnern pro km^2 sind die Kapverden mäßig dicht besiedelt. Die meisten Menschen (rund 54 % der Gesamtbevölkerung) leben auf der Hauptinsel Santiago. Während 40 % der Kapverdianer jünger als 14 Jahre sind, beträgt der Anteil der über 65-Jährigen nur knapp 7 %.

Religion

Etwa 90 % der Bevölkerung sind römisch-katholisch, etwa 5 % gehören der Freikirche der Nazarener an. Weitere 5 % verteilen sich auf andere Freikirchen und Mormonen.

Entdeckungszeit

1456 Der Venezianer Aloisio Cadamosto sichtet möglicherweise als erster Europäer die Kapverden.

1461 Prinz Heinrich der Seefahrer schickt António de Noli und Diogo Gomes los, um die Ost- und Südinseln für Portugal in Besitz zu nehmen. 1461/62 entdeckt Diogo Afonso die nördlichen Inseln.

1462 Die ersten portugiesischen Siedler lassen sich auf Santiago nieder, dessen südliche Hälfte dem Genueser António de Noli als Lehen zugesprochen wird. Er gründet dort Ribeira Grande. Diogo Gomes erhält den Norden Santiagos, der sich allerdings wenig erfolgreich entwickelt.

1466 Die ersten afrikanischen Sklaven werden als Arbeitskräfte nach Santiago und Fogo geholt.

1494 Spanien und Portugal teilen die Welt im Vertrag von Tordesillas unter sich auf. Die Grenze verläuft in Nord-Süd-Richtung durch den Atlantik. Das erst 1498 von Kolumbus entdeckte Brasilien ragt so weit nach Osten, dass es Portugal zufällt. Von jetzt an sind die Kapverden eine wichtige Versorgungsstation auf dem Weg nach Südamerika.

Drehscheibe des Sklavenhandels

1533 Ribeira Grande erhält vom portugiesischen König den mit zahlreichen Privilegien verbundenen Titel Cidade. Zehntausende von Sklaven werden von hier aus nach Portugal, Spanien und Südamerika verschifft.

1585 Der englische Korsar Francis Drake überfällt Ribeira Grande; Stadt und Kathedrale werden geplündert. Um bei künftigen Angriffen besser gerüstet zu sein, wird eine gewaltige Festung errichtet.

Archipel im Abseits

1640 Portugal befreit sich von der spanischen Herrschaft und gewinnt den folgenden Unabhängigkeitskrieg mit englischer Unterstützung. Im Gegenzug muss Lissabon wiederholt Zugeständnisse an England machen. So werden 1642 englischen Händlern vertraglich die gleichen Rechte in den portugiesischen Überseebesitzungen zugestanden.

1645 Ribeira Grande verliert das königliche Monopol auf den Handel mit Westafrika, der Sklavenmarkt auf Santiago wird geschlossen.

1687 Per königlichem Dekret dürfen keine Baumwollstoffe (*panos*) an Ausländer verkauft werden. Ein schwunghafter illegaler Handel mit englischen und französischen Sklaveneinkäufern setzt in Praia ein.

1693	Einweihung der Kathedrale von Ribeira Grande.
1712	Im Verlauf des Spanischen Erbfolgekriegs, in den Portugal verwickelt ist, rauben französische Truppen Ribeira Grande aus.
1754	Bischof Pedro Valente, dem das Verhalten der Priesterschaft in der Hauptstadt grundlegend missfällt, gibt die Kathedrale in Ribeira Grande endgültig auf. Er verlegt seinen Sitz nach Santo Antão.
1757	Minister Pombal, der die Regierungsgeschäfte in Lissabon mit harter Hand führt und zahlreiche Reformen durchsetzt, überträgt das Monopol auf den Außenhandel der Kapverden an die Companhia do Pará e Maranhão, um privates Kapital anzuziehen.
1769	Der Gouverneur der Kapverden verlegt seinen Sitz von Ribeira Grande nach Praia. In der Folgezeit übersiedeln weitere öffentliche Institutionen und viele Privatleute ebenfalls in die aufstrebende Handelsstadt.
1773–1776	Fast die Hälfte der Inselbevölkerung stirbt während einer anhaltenden Dürre. Hungerkatastrophen treten von nun an regelmäßig im Abstand von wenigen Jahrzehnten auf.

Aufschwung und Blütezeit

1780	Die Monopolgesellschaften werden wieder aufgelöst, der Handel mit den Kolonien völlig freigegeben.
1790	Auf São Nicolau werden die ersten, aus Brasilien importierten Kaffeesträucher gepflanzt.
1794	Die Besiedelung des bis dahin unbewohnten São Vicente setzt ein.
1808	Gouverneur António de Lencastre nimmt eine grundlegende Neustrukturierung von Praia in Angriff, das sich inzwischen zur bedeutendsten Stadt der Kapverden entwickelt hat.
1810	Während der Napoleonischen Kriege lässt sich Großbritannien vertraglich das Vorrecht auf den Handel mit Portugal und Brasilien einräumen. Unter weitgehend englischer Kontrolle erleben die Inseln einen unverhofften wirtschaftlichen Aufschwung.
1830	Die Salzproduktion auf der bis dahin unbesiedelten Insel Sal wird aufgenommen. Gleichzeitig beginnt der Export von Kaffee nach Lissabon. Mitte des 19. Jh. hat sich der kapverdische Kaffee bereits einen festen Platz auf dem portugiesischen Markt erobert.

1838	Die Engländer beginnen mit dem Ausbau von Mindelo als Versorgungsstation für Schiffe auf dem Weg von und nach Brasilien.
1854	Portugal verbietet den Handel mit Sklaven.
1858	Praia wird zur neuen Hauptstadt des Archipels erklärt.
1866	Auf São Nicolau wird ein Priesterseminar eingerichtet, das sich rasch zum geistigen Zentrum der Kapverden entwickelt.
1876	Die private Sklavenhaltung wird endgültig abgeschafft; die freigelassenen Sklaven bleiben aber noch zwei Jahre unter ›Aufsicht‹.

Ende der Kolonialzeit

um 1900	Die Weltmarktpreise für Kaffee sinken dramatisch. In den folgenden Jahrzehnten bricht die Produktion auf den Kapverden ein. Auch mit dem Hafen von Mindelo geht es bergab, da sich zunehmend die Konkurrenz von Las Palmas und Dakar bemerkbar macht.
1926	In Lissabon ergreifen die Streitkräfte die Macht. António de Oliveira Salazar wird Finanzminister.
1932	Salazar wird Premierminister und errichtet in Portugal eine diktatorische Herrschaft.
1939	Während der Zeit des Apartheidregimes erlauben die Kapverden (auch nach der Unabhängigkeit) im Gegensatz zu allen anderen afrikanischen Ländern das Zwischenlanden südafrikanischer Flugzeuge.
ab 1949	In Tarrafal auf der Insel Santiago wird ein Konzentrationslager für politische Gegner des Salazar-Regimes eingerichtet.
1951	Der Kolonialstatus der Kapverden ist offiziell beendet. Die Inseln sind nun eine Überseeprovinz Portugals.
1956	In Guinea-Bissau wird die PAIGC (Afrikanische Partei für die Unabhängigkeit Guineas und der Kapverden) gegründet mit dem Ziel, die beiden Territorien zu einem unabhängigen Land zu vereinen.
1961	Die Kapverdianer erhalten die vollen portugiesischen Bürgerrechte.
1963	Funktionäre der PAIGC treffen sich heimlich in Dakar, um die Ausweitung des Kolonialkriegs gegen Portugal auf die Kapverden zu beschließen. Es kommt jedoch nicht zu einer Verwirklichung dieses Plans.

| 1973 | Amílcar Cabral, charismatischer Führer der PAIGC, wird unter mysteriösen Umständen in Conakry ermordet. |

| 1974 | Mit der Nelkenrevolution endet die Diktatur in Portugal. Ein halbes Jahr später beginnen Verhandlungen zwischen Lissabon und der PAIGC, die eine Unabhängigkeit der Kapverden zum Ziel haben. Zum Ende des Jahres nimmt eine Übergangsregierung in Praia ihre Arbeit auf, der ein Generalsekretär der Vereinten Nationen zur Seite steht. |

| 1975 | Am 30. Juni finden die ersten Parlamentswahlen statt. Das Parlament erklärt umgehend die Unabhängigkeit der Republik Cabo Verde. |

Seit der Unabhängigkeit

| 1976 | Die PAIGC verstaatlicht die Bank, den internationalen Flughafen auf Sal, die nationale Fluggesellschaft, Schifffahrtslinien und Häfen. |

| 1980 | Cabo Verde erhält seine erste Verfassung, die PAIGC wird darin als Einheitspartei benannt. In Guinea-Bissau kommt es zum Staatsstreich gegen die dort ebenfalls regierende PAIGC. Der kapverdische Zweig der Partei spaltet sich unter dem neuen Namen PAICV ab. Ein Jahr später zerbricht die seit der Unabhängigkeit bestehende Union zwischen den beiden Ländern. |

| 1990/91 | Die sozialistische PAICV gibt 1990 ihren Status der Einheitspartei auf. Im selben Jahr formiert sich die MPD (Bewegung für die Demokratie), von Großgrundbesitzern und wohlhabenden Emigranten unterstützt. Mit gewaltigem Stimmenvorsprung entscheidet die MPD 1991 die ersten freien Wahlen auf den Kapverden für sich. |

| 1995 | Der Vulkan Pico auf Fogo bricht am 2. April aus, erst Ende des Monats lässt die Aktivität nach. 1300 Menschen werden obdachlos. |

| 2001 | Nach zehn Jahren kommt es erneut zum Regierungswechsel. Die Mehrheit der Stimmen entfällt nun wieder auf die PAICV, die seither unangefochten regiert. |

| 2004 | Laut UNO-Klassifikation steigen die Kapverden von den ärmsten Entwicklungsländern in die mittlere Einkommensgruppe auf. |

| 2005 | Der internationale Flughafen in Praia geht in Betrieb. Zwei Jahre später erhält auch Boavista einen internationalen Airport. |

| 2008/09 | Auf Boavista eröffnet ein weiteres Großhotel der Riu-Kette. Ein Resort der Superlative mit über 3000 Betten ist auf der Insel Sal im Bau. |

Und immer scheint die Sonne – Tourismus auf den Kapverden

Die Regierung von Kap Verde sieht im Tourismus das wichtigste wirtschaftliche Standbein der Zukunft. Im Trend liegt der Bau von Resorts, in die sich Leute mit dem nötigen Kleingeld einkaufen können.

Geschätzte 180 000 Urlauber besuchen pro Jahr die Inselgruppe. Wichtigste Ferieninsel ist Sal mit seinen langen Sandstränden, die für Surfer paradiesische Bedingungen bieten. Auch Taucher kommen angesichts einer tropischen Unterwasserfauna voll auf ihre Kosten. Boavista, das ebenfalls traumhafte Strände besitzt, und das kleinere Maio sollen jetzt erschlossen werden.

Touristen in Zahlen

Den Löwenanteil der ausländischen Inselbesucher stellen mit rund 30 % die Italiener, gefolgt von den Portugiesen (20 %). Deutsche Touristen stehen mit 8 % zwar an dritter Stelle, sind damit aber bei weitem nicht so zahlreich vertreten wie auf anderen Ferieninseln, etwa auf Mallorca oder den Kanaren, wo sie gemeinsam mit den Briten den Tourismus mehrheitlich prägen. Letztere waren bis vor wenigen Jahren auf den Kapverden gar so in der Minderzahl, dass sie sich statistisch kaum erfassen ließen. Allerdings beginnen die Briten jetzt die Kapverden zu entdecken, während sich die Italiener eher auf dem Rückzug befinden.

Floridarisierung der Kapverden?

Touristen, die in Hotels absteigen, werden gegenüber den sogenannten ›Residenten‹ (dauerhaft oder mehrere

Monate im Jahr auf den Kapverden lebende Langzeittouristen) bald in der Minderheit sein. Eine Lebensstilgemeinschaft aus rüstigen Ruheständlern, allen voran Briten, erobert die Inseln, ebenso wie sie es zuvor beispielsweise mit der spanischen Costa del Sol, mit Lanzarote und Fuerteventura (Kanarische Inseln) oder – auf amerikanische Verhältnisse übertragen – mit Florida getan hat. Sozialwissenschaftler sprechen in diesem Zusammenhang bereits von ›Floridarisierung‹. Auf Sal etwa entsteht bei Santa Maria derzeit das Vila Verde Resort: eine Ferienanlage der Superlative mit über 3000 Gästebetten, die nach Angaben des Betreibers Tecnicil, der größten privaten kapverdischen Investitionsfirma, an eine Kolonialstadt aus alten Zeiten erinnern wird. Umweltfreundlich soll alles sein: Die Stromversorgung erfolgt durch Solarenergie, und die Bewohner

sollen lieber die Fußwege benutzen, als mit dem Auto durch die 15 ha große Anlage zu fahren. Zwei Drittel der Fläche sind außerdem für Grünanlagen mit einheimischem Pflanzenbestand reserviert. Das Angebot an zum Verkauf stehenden Wohneinheiten im Vila Verde Resort richtet sich vor allem an Interessenten aus Großbritannien, Deutschland, Schweden, Dänemark und Irland. Die Zahl der auf Sal zur Verfügung stehenden Betten wird sich damit verdoppeln. Und dies ist nicht die einzige im Bau befindliche Anlage dieser Art.

Dem Aufgebot an Touristen stehen 15 000 feste Inselbewohner gegenüber – übrigens auch mit steigender Tendenz, denn Sal wirkt innerhalb der Kapverden und in den benachbarten Ländern des afrikanischen Kontinents wegen der hier entstehenden Arbeitsplätze wie ein Magnet. Bald dürften

53

Anfänge des Kapverden-Tourismus

Vor den Touristen kamen die Crews der Fluggesellschaften. In der Zeit des Apartheidregimes durfte die South African Airways (SAA) den afrikanischen Kontinent nicht überfliegen. Man behalf sich mit Großraumflugzeugen des Typs Boeing 747, die nur einen Zwischenstopp auf dem Weg nach Europa benötigten; den legte man auf Sal ein. Die portugiesische Kolonialregierung und – nach der Unabhängigkeit – der Staat Kap Verde erteilten die Genehmigung dazu gerne, gegen harte Devisen. Die Crews übernachteten im Hotel Morabeza in Santa Maria, das Anfang der 1970er-Jahre gebaut wurde und in dem die SAA ständig 40 Zimmer reserviert hielt. 1986 kam das Novotel (heute Belorizonte) hinzu. Auch hier stiegen zunächst vorwiegend Airline-Crews ab, z. B. aus dem damals mitten im Bürgerkrieg befindlichen Angola oder aus Kuba, das die dortige marxistische Partei MPLA unterstützte. Die sowjetische Aeroflot betrieb ab 1989 in Santa Maria gar ein eigenes Hotel (heute Sab Sab). Mit dem Ende des Kalten Krieges ließ das Interesse der Sowjetunion und Kubas am Flughafen auf Sal schlagartig nach. Ab 1990, als der erste Schritt zur Aufhebung der Apartheid eingeleitet war, durfte die SAA wieder direkt über Afrika fliegen. Damit ging die Ära des ›Crew-Tourismus‹ zu Ende. Italienische Reiseveranstalter begannen die Insel Sal zu entdecken. Ihnen folgten andere Nationalitäten.

sich also auf der mit 216 km² nicht allzu großen Insel – bei einer mittleren Belegungsquote der Gästebetten von 80 % – stets rund 100 Menschen pro Quadratkilometer tummeln. Diese Zahl klingt zwar zunächst nicht gewaltig, doch ist zu bedenken, dass Sal fast ausschließlich wüstenhafte Landschaften aufweist und praktisch sämtliche Lebensmittel und anderen Güter importiert werden müssen.

Startschuss zur Erschließung

Vergleichsweise ruhig geht es – noch – auf Boavista zu, wo auf 620 km² Fläche rund 4200 Menschen leben. Mit knapp 7 Einwohnern pro Quadratkilometer ist die Insel also extrem dünn besiedelt. Doch die insgesamt rund 50 km langen Sandstrände locken Investoren an. Schon jetzt gibt es 1200 Gästebetten, die sich auf 12 (meist kleinere) Hotels und Pensionen verteilen. Allein die vier im Bau befindlichen Anlagen werden diese Kapazität in absehbarer Zeit verdoppeln. Innerhalb der nächsten 20 Jahre hoffen die Verantwortlichen auf einen Ausbau auf 30 000 Betten. Der neue, 2007 eingeweihte internationale Flughafen soll es möglich machen. Rund eine Million Touristen würden dann pro Jahr allein Boavista besuchen – vorausgesetzt dieses Szenario wird jemals Wirklichkeit.

Speziell auf Maio rechnet man offenbar vorwiegend mit zahlungskräftigen Langzeiturlaubern, die sich als Zweitwohnsitz ein Apartment oder einen Bungalow auf der Insel leisten. Hotels dürfen nicht mehr als 20 Zimmer haben, und insgesamt sollen ›nur‹ 6500 Betten genehmigt werden. Dennoch eine beträchtliche Zahl für eine Insel, auf der bislang 6800 Menschen leben.

Languste, Wal und Tropenfisch – was sich im Meer so tummelt

Schnorchler und Taucher kommen rund um die Kapverden voll auf ihre Kosten. Die Meeresfauna gestaltet sich hier besonders vielfältig.

Die Artenzusammensetzung ist tropischer als auf gleicher geografischer Breite am afrikanischen Festland. An der Westküste Afrikas kommt es im Winter zu einer aufwärts gerichteten Strömung, die kaltes Wasser an die Oberfläche spült. Dort kann die Wassertemperatur dann um bis zu 10 °C sinken. Die Kapverdischen Inseln liegen jedoch schon so weit im Westen, dass die winterlichen Umwälzungen an der Küste keine Rolle mehr spielen. Der eigentlich kühles Wasser aus Norden bringende Kanarenstrom ist bei Kap Verde schon reichlich erwärmt. Zu-dem liegt der Archipel im Einflussbereich des beginnenden, warmen Äquatorialstroms. Ausgesprochene Korallenriffe gibt es zwar nicht, dafür sind die Gewässer nicht warm genug. Doch überziehen kleinere, von Krustenanemonen durchsetzte Korallenkolonien die Felswände. In ihrer Einzigartigkeit haben sie für Meeresbiologen sogar im weltweiten Kontext Bedeutung.

Farbenfrohe Tropenfische

Wer den Blick unter Wasser richtet, ob mit Tauchgerät, Schnorchel oder an Bord eines Glasbodenboots, bekommt eine bunte Fischwelt zu sehen. Grüngelb schimmert der Westafrikanische

Im Meer um die Kapverden sind verschiedenste Fischarten heimisch

Frischen Fisch direkt vom Boot gibt es in der Bucht von Tarrafal, Santiago

Kaiserfisch. Die verschiedensten Rot- und Violetttöne weist der Papageienfisch auf. Gelb-schwarz zeigen sich die Falterfische. Zahlreich sind auch Riffbarsche vertreten. Eine endemische (nur bei den Inseln vorkommende) Art ist der Kapverden-Riffbarsch. Als Jungfisch gelb mit blauer Rückenflosse wird er im Erwachsenenalter schwarz und bekommt eine weiße Schwanzflosse.

Die Großen im Meer

Ein beliebter Speisefisch auf den Kapverden ist der Thunfisch, den die einheimischen Fischer noch mit handwerklichen Methoden aus dem Wasser holen. Mit ihren kleinen, offenen Booten, die nur zwischen 4 und 8 m lang sind, ›ernten‹ sie die Küstengewässer ab. Rund 1400 solcher Boote zählt die Fangflotte der Kapverden. Auf mehreren Inseln wird Thunfisch in Konserven eingedost und hat als eines der wenigen Exportprodukte des Landes einige Bedeutung.

Thunfisch gibt es in den verschiedensten Arten und Größen. Vergleichsweise bescheidene Ausmaße haben der Unechte Bonito und der Weiße Thunfisch mit maximal 1 m Länge und 30 kg Gewicht. Besonders auffällig ist der Gelbflossenthun mit der gelben Färbung seiner Flossen. Der Rote Thunfisch schließlich kann bis zu 3 m Länge und ein Gewicht von 200 bis 300 kg erreichen.

Mit solchen Dimensionen sind die Thune auch für Hochseeangler interessant. Einen besonderen Reiz stellt für sie aber der Blaue Marlin dar. Dieser schnelle und wehrhafte Fisch kann über 4 m lang werden und über 700 kg wiegen. Die schwersten auf den Kapverden gefangenen Exemplare wogen um 500 kg. Hochsaison für den Blauen Marlin ist März bis Oktober. Einige mit ihm verwandte Speerfischarten sind ebenfalls rund um den Archipel herum heimisch, außerdem verschiedene Hai-arten wie Tiger-, Hammer- und Riffhai. Die Haie kommen jedoch nur selten in die Nähe der Küsten. Ob der Hochsee-angelsport, auch unter der Bezeichnung Big Game Fishing bekannt, zur Dezimierung der genannten Arten beiträgt, ist umstritten. Jedenfalls steigen immer mehr Hochseeangler auf die ›sanfte‹ Art des Fischens um, indem sie die Tiere lediglich fangen, fotografieren und dann wieder freilassen.

Langusten – begehrte Delikatessen

In untermeerischen Felsspalten in Küstennähe leben Langusten, auch Stachelhummer genannt. Sie gehören zur Familie der Krebstiere, haben aber keine Scheren. Echte Hummer gibt es bei den Kapverden nicht. Nach einer erheblichen Erhöhung der Fangquoten in den 1990er-Jahren gelten die Bestände heute als dezimiert. Daher musste bereits eine sommerliche Schonzeit für Langusten eingerichtet werden (Juli bis September). Dennoch wird kräftig weiter exportiert. In Palmeira auf der Insel Sal werden die Langusten bis zum Ausfliegen nach Portugal, Spanien oder Frankreich in Sammelbecken gehalten. Auch auf den Inseln steht die begehrte Delikatesse häufig auf den Speisekarten und ist aus touristischer Sicht gar nicht einmal teuer, wenn auch für Einheimische mittlerweile unerschwinglich. Unterschieden wird zwischen der in größeren Tiefen lebenden *lagosta rosa* (Rosa Languste), die in Fallen gefangen wird, und der im Flachwasser heimischen *lagosta verde* (Grüne Languste). Letztere holen Taucher per Hand aus dem Wasser. Höhere Preise erzielt jedoch die Rosa Languste.

Whale-Watching im Trend

Im 19. Jh. und bis ins 20. Jh. hinein waren die Kapverden ein ertragreiches Fanggebiet für Buckelwale. Viele Walfänger kamen damals aus Nordamerika und verweilten monatelang in den Gewässern des Archipels. Sie trafen regelmäßig Hunderte dieser Tiere an. Buckelwale kommen in den Wintermonaten von ihren sommerlichen Nahrungsgründen in der Arktis zu den Kapverdischen Inseln um sich zu paaren. Heute sind sie weitaus seltener, aber durchaus wieder zu beobachten – auf Sal etwa von Januar bis Mai in der Bucht von Murdeira. Noch größer ist die Chance, Buckelwale zu Gesicht zu bekommen, bei Boavista. Insgesamt zählten die Biologen 16 Arten von Walen und den sehr viel häufigeren Delfinen, die regelmäßig an den Inseln vorbeiziehen. Von der Küste aus sind Delfine wie Wale allerdings recht selten auszumachen, man muss dazu schon aufs Meer hinausfahren.

Im Internet zum Thema
www.tauchbasen.net: Enthält Links zu rund zehn Tauchbasen auf den Kapverden, die sich über die Inseln Sal, Boavista und Santiago verteilen. Einige davon sind deutschsprachig (s. auch bei den jeweiligen Ortsbeschreibungen). **www.walecv.com:** Seite des Whale-Watching-Anbieters Alsatour, der die schweizerische Wissenschaftlerin Beatrice Jann unterstützt. Die Passagiere der mehrwöchigen Segeltörns nehmen aktiv an den Forschungsarbeiten teil.

Nicht in die Suppe!
Meeresschildkröten in Gefahr

Tausende von Meeresschildkröten bevölkern die Gewässer der Kapverden. Wegen ihres Fleisches, des Schildpatts und des Leders sind sie immer noch gefährdet. Doch die Schutzmaßnahmen beginnen zu greifen.

Fünf Arten von Meeresschildkröten gibt es bei den Kapverdischen Inseln: Die Echte sowie die Unechte Karettschildkröte, die Lederschildkröte, die Suppenschildkröte und die Bastardschildkröte. Nur die Weibchen kommen zur Eiablage Ende Mai bis Ende September an Land. Ansonsten leben die Tiere in den Weiten des Atlantiks. Die Gesamtpopulation bei den Kapverden schätzen Meeresbiologen auf über 3000, womit sie die zweitgrößte weltweit nach Florida wäre. Die Schildkröten bevorzugen die östlichen Inseln Sal, Boavista und Maio, wo es noch Sandstrände gibt, die kaum oder gar nicht erschlossen sind. Zwei Drittel der Tiere legen ihre Eier an den ruhigen Stränden von Boavista ab.

Unechte Karettschildkröte

Häufigste Schildkrötenart auf Cabo Verde ist die Unechte Karettschildkröte. Die anderen Arten suchen die Inseln nur in sehr geringer Zahl auf. Im Durchschnitt wird die Unechte Karettschildkröte 1,50 m lang und wiegt 150 kg. Ihr Panzer ist schwach gewölbt, an der Oberseite braun und unten gelblich. Nach der Befruch-

Die Unechte Karettschildkröte ist die häufigste Schildkrötenart auf den Kapverden

tung, die im offenen Meer stattfindet, legen die weiblichen Tiere ihre Eier (zwischen 40 und 190 Stück je von der Größe eines Golfballs) am Strand ihrer Geburt ab. Zu diesem Zweck graben sie etwa 60 cm tiefe Sandgruben oberhalb der Gezeitenzone, was rund zwei Stunden in Anspruch nimmt. Dann kehren sie ins Wasser zurück, ohne jemals zu erfahren, was aus ihrem Nachwuchs wird.

Für diesen beginnt jetzt eine gefährliche Zeit. Viele Gelege werden unabsichtlich zerstört. Dringend bitten daher Naturschützer und Behörden, während der Fortpflanzungssaison (s. o.) nicht mit Jeeps oder Quads über Strände zu fahren. Ist das Nest unversehrt geblieben, schlüpfen daraus nach 48 bis 60 Tagen – ebenfalls nachts – Dutzende von Jungtieren. Sofort streben sie hektisch zum Meer, wobei sie sich am Glitzern der Sterne und des Mondes auf dem Wasser orientieren. Lichter einer Stadt im Landesinneren können die jungen Schildkröten so verwirren, dass sie in die falsche Richtung laufen. Aber auch wenn sie das Meer erreichen, lauern noch viele Gefahren auf die heranwachsenden Tiere. Nur eine von 1000 Unechten Karettschildkröten, so wird geschätzt, gelangt zur Geschlechtsreife, die mit 15 bis 30 Jahren eintritt.

Weitere Arten

Die Echte Karettschildkröte ist viel kleiner und leichter als die Unechte. Sie wird im Durchschnitt nur 50 cm lang. Ihr Panzer liefert das echte Schildpatt, eine durchsichtige, sehr gut zu bearbeitende Hornmasse, deren Verwendung allerdings heute international geächtet ist. So wurde jegliche Einfuhr von Schildpattprodukten (wie auch von Schildkrötenleder, -fleisch usw.) in die EU-Länder und die Schweiz verboten. Auch Kap Verde hat ein entsprechendes Gesetz erlassen und internationale Abkommen zum Schutz der Meeresschildkröten unterzeichnet.

Am größten von allen Meeresschildkröten wird die Lederschildkröte. Sie erreicht über 2 m Panzerlänge und mehr als 500 kg Gewicht. Ihre Nahrung besteht aus Fischen, Krebsen, Weichtieren, aber auch Algen. 80 bis 100 Eier legen die Weibchen in Sandgruben.

Ebenfalls recht groß wird die Suppenschildkröte. Mit ihrem Gewicht von rund 200 kg ist sie außerhalb des Wassers ziemlich unbeholfen und hat Schwierigkeiten zu atmen. Werden die Tiere an Land gehalten, sterben sie meist an Erschöpfung.

Die kleinste Meeresschildkröte ist die Bastardschildkröte. Sie kann leicht mit der Unechten Karettschildkröte verwechselt werden. Ihr Panzer ist jedoch olivfarben.

Geschichte der Jagd

Schon im 15. Jh. begann die Jagd auf Schildkröten bei den Kapverden. Damals galt ihr Fleisch als Heilmittel gegen Lepra. Später ging es dann mehr um Luxusgüter wie Kämme, Schnallen aus Schildpatt oder Lederwaren. Als Delikatesse werden in einschlägigen Kreisen immer noch die Eier der Suppenschildkröte gehandelt. Andererseits jagen ärmere Kapverdianer vereinzelt bis heute Schildkröten, um mit dem Fleisch ihre Familien zu ernähren. Die Tiere sind für die Fänger eine leichte Beute. Im Sommer, bei ruhiger See, nehmen sie gern an der Wasseroberfläche ein Sonnenbad. Dann braucht man sie einfach nur ›einzusammeln‹.

Der Schutz hat Zukunft

Kurioserweise wurde erst vor wenigen Jahren entdeckt, dass die kleine, sehr abgelegene Praia de Ervatão im Südosten von Boavista der mit Abstand wichtigste Eiablageplatz für die Unechte Karettschildkröte ist. Auch auf Sal gibt es bedeutende Brutplätze, allen voran die Baía do Algodoeiro und die Ponta Preta. Die Strände von Santa Maria, früher ebenfalls sehr wichtig für die Fortpflanzung der Art, suchen die Schildkröten hingegen nicht mehr auf, seit dort der Tourismus für nächtliche Beleuchtung und Unruhe sorgt.

Inzwischen bemüht sich die Gruppe Natura 2000 unter Leitung des Biologieprofessors Dr. Luis Felipe López von der Universität Las Palmas (Gran Canaria) um den Schutz der Praia de Ervatão und anderer noch ungestörter Strände, bildet einheimische Wissenschaftler zu Schildkrötenspezialisten

Empfohlener Verhaltenskodex beim Turtle-Watching

So wenig Geräusche wie möglich machen, langsam bewegen.

Keinen Tieren nähern, die ihre Eier noch nicht abgelegt haben.

Ansonsten nur von hinten nähern, dabei nah am Boden bleiben.

Sofort entfernen, wenn das Tier Anzeichen von Stress zeigt.

Taschenlampe möglichst wenig gebrauchen, niemals einer Schildkröte direkt ins Gesicht leuchten.

Nicht mit Blitzlicht fotografieren, auch nicht die Nester, die sehr lichtempfindlich sind.

Niemals Schildkröten, Eier oder Nester anfassen.

Die Beobachtungsdauer sollte auf 30 Minuten begrenzt bleiben.

aus und erforscht allgemein das Vorkommen und Verhalten von Meeresschildkröten bei den Kapverden. Einige Tiere wurden mit Miniaturfunkgeräten markiert, die via Satellit geortet werden können, um die Wanderungen nachzuvollziehen, die jedes einzelne Individuum im Laufe seines Lebens rund um den Atlantik vollziehen kann, bevor es zur Fortpflanzung zu den Inseln zurückkehrt.

Turtle-Watching

Um den Meeresschildkröten ein weitgehend ungestörtes Dasein zu ermöglichen und zugleich den Tourismus auf Cabo Verde zu fördern, arbeitet Natura 2000 seit dem Jahr 2006 eng mit dem WWF (World Wide Fund for Nature) zusammen. Gemeinsam konnte ein ökotouristisches Programm entwickelt werden, das die Beobachtung von Schildkröten (engl. *turtle*) einschließt. Als entscheidend gilt dabei die Einbeziehung der Bevölkerung vor Ort. Wenn durch Turtle-Watching Arbeitsplätze entstehen, darauf setzt Natura 2000, werden sich die Einheimischen auch für den Schutz der Tiere und den Erhalt ihres Lebensraums engagieren. Immer mehr junge Leute aus Boavista erklären sich freiwillig dazu bereit, bei der Rettung von frisch geschlüpften Schildkröten zu helfen, die den Weg ins Meer nicht alleine finden oder deren Nester die Flut zu zerstören droht. Einige von ihnen finden schon jetzt ihr Auskommen dadurch, Touristen zu den Eiablagestätten zu begleiten. Tickets für nächtliche Exkursionen mit qualifizierter Führung gibt es in Hotels und autorisierten Reisebüros. Um unkontrolliertes Turtle-Watching zu verhindern, lassen die Gemeinden die Strände überwachen.

Immer wieder Mais – Spezialitäten der Kapverden

Mais ist Nahrungsmittel Nr. 1 auf den Kapverden. Vor allem auf Santiago werden Täler und Hänge von der Küste bis in die Berge mit Mais bestellt, er scheint geradezu überall zu gedeihen.

Aktivitäten im Zusammenhang mit dem Anbau von Mais und seiner Zubereitung charakterisieren das kreolische Lebensgefühl: Kinder vertreiben gefräßige Vögel mit der Schleuder, Bauern brechen mit der Hacke den Boden zur Aussaat auf, Frauen singen bei der Zubereitung der Cachupa, dem kapverdischen Nationalgericht. Mais ist bei jeder Mahlzeit dabei, vom Frühstück bis zum Abendessen.

Kein Reis, kein Weizen

Vergeblich hatten die Portugiesen versucht, auf Santiago Weizen und Reis heimisch zu machen. Diese Getreide kommen hier nicht zur Reife, denn die wenigen, aber heftigen Niederschläge fallen zur falschen Jahreszeit, nämlich im Sommer. Im Winter und Frühjahr, zur Zeit der Aussaat, ist es zu trocken. Erst durch den Mais konnte man den Archipel zu einem Produktionsgebiet für Nahrungsmittel machen, um die portugiesischen Entdeckungsfahrer und Handelsstützpunkte in Afrika zu versorgen. Später exportierten die Kapverden im großen Stil Mais auf die Insel Madeira.

Zutaten für das kapverdische Nationalgericht: die Cachupa

Aus der Neuen Welt

Als die Kapverden entdeckt wurden, war Mais in Europa noch unbekannt. Er ist in der Neuen Welt heimisch und wurde dort von den Indianern seit langer Zeit kultiviert. Kolumbus fand ihn schon bei seiner ersten Reise in Zentralamerika vor. In der Biografie des Entdeckers heißt es, am 5. November 1492 habe man ausgedehnte Plantagen »einer Art Weizen« gesehen, *mahiz* genannt. Rasch begann der Siegeszug des ertragreichen Getreides in Europa. Schon 1498 wurde Mais in Kastilien angebaut, von dort gelangte er vermutlich sehr bald auf die Kapverden. Heute können sich die Kapverden nicht einmal mehr selbst mit Mais versorgen. Selbst in regenreichen Jahren muss ein Großteil importiert werden. Ursachen dafür sind eine Verteuerung der Arbeitskraft gegenüber früheren, ausbeuterischen Zeiten und ein gewaltiger Anstieg der Bevölkerungszahl. Mancher lässt seinen Acker bereits brach liegen, da er bei öffentlichen Arbeiten auf leichtere Weise genug verdienen kann, um importierten Mais nach Belieben zu kaufen.

Rezept für Cachupa
Zutaten für 4 Personen:
250 g Maisgrieß (Polenta)
1/2 l Gemüsebrühe
1 Kochbanane
250 g Süßkartoffeln
250 g Gemüse (Weißkohl, Kürbis)
250 g gekochte weiße Bohnenkerne
250 g Fischfilet
1 Zwiebel
2 Knoblauchzehen
3 Lorbeerblätter
Olivenöl
Salz, Pfeffer, Piment

Banane, Süßkartoffeln, Weißkohl und Kürbis in mundgerechte Stücke schneiden. Zwiebel würfeln, Knoblauch in Scheiben schneiden. Beides in einer Deckelpfanne in Olivenöl andünsten, Gemüse und Lorbeerblätter hinzufügen. Kräftig mit Salz, Pfeffer und Piment würzen. Bei geschlossenem Deckel bei mittlerer Hitze dünsten. Inzwischen in einem Topf Gemüsebrühe aufkochen, Maisgrieß einstreuen, unter Rühren nochmals aufkochen lassen. Vom Herd ziehen und 15 Min. quellen lassen. Dem Gemüse nach 10 Min. die Bohnenkerne und das in Würfel geschnittene Fischfilet zufügen. Weitere 10 Min. gar ziehen lassen. Den Mais mit einer Gabel auflockern und unter die Gemüse-Fisch-Pfanne rühren.

Macht nur satt

Mais füllt zwar den Magen, hat aber einen geringen Nährwert. In Dürreperioden, wenn Mais praktisch das einzige verfügbare Nahrungsmittel war, trat auf den Kapverden immer wieder Pellagra auf, eine Vitaminmangelkrankheit, die zum Tod führen kann. In besseren Jahren waren genügend Bohnen und Ziegenmilch vorhanden. Frühzeitig lernten die Kapverdianer, den Mais in der Cachupa mit Bohnen und in den *papas de milho* (Maisbrei) mit Ziegenmilch zu kombinieren. Von der Entwicklungshilfe in Gang gesetzte Projekte sorgen heute dafür, dass genügend Gemüse angebaut, Fleisch und Eier produziert sowie Fisch gefangen wird, um eine ausgewogene Ernährung zu garantieren.

Knappes Nass –
vom Umgang mit dem Wasser

Die Passatwolken in den Bergen von Santo Antão bringen Feuchtigkeit ins Land

Wasserknappheit stellt auf den Kapverden heute eines der größten Probleme dar. Doch Not macht erfinderisch. Traditionelle und moderne Methoden helfen bei der Wassergewinnung.

Klimatisch gesehen liegen die Inseln die größte Zeit des Jahres im Bereich der Passatwinde. Nur im Sommer, wenn der Passatgürtel weiter nach Norden wandert, gelangen sie in die tropische Zone. Dann steigen die Luftmassen auf und es kann zu heftigen Regenfällen kommen. Häufig schüttet es den gesamten Jahresniederschlag an einem oder zwei Tagen vom Himmel. Solche Mengen kann die Landschaft nur bedingt aufnehmen. Das meiste Wasser geht verloren.

In Netzen aufgefangen

Die Passatwinde tragen Feuchtigkeit vom Meer herbei. Beim Aufsteigen an einem Gebirgszug kühlen sich die Luftmassen ab, dadurch sinkt die Aufnahmefähigkeit für Wasser. Manchmal regnet es dann sogar. Meist kommt es jedoch in einer Höhe zwischen 600 und 1200 m nur zur Nebelbildung. Die Vegetation kämmt die Feuchtigkeit aus der Luft und führt sie dem Grundwasser zu. Der Mensch kann dabei nachhelfen, indem er dünnmaschige Netze spannt. Diese übernehmen dann die Aufgabe der Pflanzendecke und sammeln das Wasser. Auf dem Monte Verde auf São Vicente sind solche Netze – allerdings in geringer Zahl – im Einsatz.

63

Meerwasserentsalzung

Auf den niedrigen Inseln bleiben Regen und Nebel fast völlig aus. Die einzige Möglichkeit, den steigenden Wasserbedarf auf den Urlaubsinseln Sal und Boavista zu decken, sind Meerwasserentsalzungsanlagen. Das Meerwasser wird verdampft, bei neueren Anlagen mit Hilfe von Sonnenenergie. Anschließend kondensiert der nun fast salzfreie Wasserdampf. Dieser wird in einem Rohrsystem gesammelt und erneut erhitzt. Ein mehrmaliges Durchlaufen des Kreislaufes ist notwendig. Für diese Methode werden große Flächen benötigt. Beim Erhitzen mit konventioneller Technik ist der Energieverbrauch enorm hoch. Preiswerter ist die Methode der Hyperfiltration. Wassermoleküle werden dabei durch eine halb durchlässige Membran gedrückt, die keine Salzionen durchlässt.

Fossiles Wasser

Auf den höheren, gebirgigen Inseln fällt im Prinzip ausreichend Niederschlag und gelangt durch die Vegetation in den Boden. Trotzdem fehlt es meist an ergiebigen Quellen. Gute Beispiele hierfür sind Fogo, Brava und São Nicolau. Der Passatwind staut sich an den Nordostseiten der Inselberge und gibt seine Feuchtigkeit ab. Doch das Wasser verschwindet scheinbar spurlos. Ursache dafür ist der Aufbau der Gesteinsschichten. Die obersten Lagen bestehen meist aus lockeren, durchlässigen Tuffen und Lapilliablagerungen (ähnlich dem Bimsstein) mit geringer Speicherfähigkeit für Wasser. Erst in größeren Tiefen liegen feste, wasserundurchlässige Basalte. In unterirdischen Senken und fossilen Tälern sammelt sich dort das Wasser. Wo eine solche Gesteinsschicht an die Oberfläche

Einheimische beim Wasserholen auf São Vicente

tritt, entspringt eine Quelle, oft erst auf Meereshöhe.

Mit Unterstützung der französischen Entwicklungshilfe wurde 1986 auf São Nicolau ein solches fossiles Tal entdeckt und angebohrt. Es befindet sich zwischen dem Monte Gordo und dem Monte Preto in Fajã de Cima. Das Tal liegt etwa 150 m unter der Erdoberfläche begraben, bedeckt von jüngerem Vulkangestein. Ein über 2 km langer Stollen führt waagerecht unter dem Monte Preto hindurch zu den Wasserreserven. Die so entstandene künstliche Quelle liefert auch heute noch 800 Kubikmeter Wasser am Tag. Der Ausstoß kann so reguliert werden, dass das Wasserreservoir nicht leer läuft, sondern durch Niederschlag mehr oder weniger auf gleichem Niveau bleibt.

Auch auf Fogo sind mit Unterstützung der GTZ (Deutsche Gesellschaft für Technische Zusammenarbeit) mehrere solcher unterirdischen Wasserspeicher angebohrt worden. Allerdings erfordern diese Brunnen leistungsstarke Pumpen, um das Wasser an die Erdoberfläche zu bringen.

Kanäle aus der Kolonialzeit

Auf stark zerklüfteten Inseln fließt das Wasser durch steile Täler zu schnell ins Meer ab. Für die Landwirtschaft kann es daher kaum genutzt werden. Die portugiesischen Kolonialherren legten daher vor allem auf Santo Antão zahlreiche, fast eben verlaufende schmale Kanäle (*levadas*) an. Dadurch war es möglich, das Wasser von Quellen und Flüssen im Gebirge aufzufangen und gezielt auf die Felder zu leiten. Einige dieser Levadas sind heute noch erhalten und in Benutzung.

Projekt Monte Gênebra
In den 1970er-Jahren wurde mit Unterstützung der deutschen Entwicklungshilfe ein **Bewässerungsprojekt** am Monte Gênebra auf Fogo eingerichtet. Das Wasser muss aus einer Quelle, die fast in Meereshöhe entspringt, auf eine Höhe von rund 300 m hinaufgepumpt werden. Immerhin 800 Kubikmeter Wasser sind auf diese Weise pro Tag zu gewinnen. Das reichte aus, um ursprünglich 15 ha Fläche zu bewässern. Eine regelrechte Oase entstand, in der Gemüse und Obst angebaut wurden – bis dahin wegen der Wasserknappheit im Süden Fogos unmöglich. Obwohl das Wasser wegen der hohen Pumpkosten etwa viermal so teuer war wie auf Santiago, wäre kostendeckendes Wirtschaften möglich gewesen. Bürokratische Schwierigkeiten führten allerdings fast zum Scheitern des staatlichen Projekts. Währenddessen pumpen jetzt mehrere private Betriebe – Zusammenschlüsse von Frauen, die als Familienoberhäupter fungieren, weil die Männer emigriert sind – erfolgreich Wasser aus küstennahen Quellen auf ihre Felder. Jetzt will das kapverdische Landwirtschaftsministerium das Projekt Monte Gênebra allerdings reaktivieren. Statt mit teurem Diesel soll das Wasser demnächst umweltfreundlich mit Solarstrom aus dem unterirdischen Becken gepumpt werden, auch ist ein großes Speicherbecken in Planung. Die 15 ha Bewässerungsfläche sollen dann an 30 bis 35 Landwirte aus der Umgebung verteilt werden.

Schatten der Vergangenheit – Wirtschaft und Emigration

Lange Zeit hing Kap Verde am Tropf der internationalen Entwicklungshilfe. Zahlreiche Auswanderer unterstützen bis heute ihre auf den Inseln verbliebenen Familien. Doch inzwischen können die Kapverdianer stolz auf die positiven Tendenzen in ihrem Land sein.

Die Entwicklungshilfe betrug 1999 noch knapp 24 % des Bruttoinlandsprodukts (BIP). Heute fließen kaum noch Gelder aus dem Ausland. Wichtige Geberländer wie Frankreich oder die Niederlande ziehen sich zurück. Deutschland war bis vor wenigen Jahren noch zweitgrößter Geber nach Portugal, förderte beispielsweise die handwerkliche Fischerei auf mehreren Inseln und unterstützte ein Naturschutzprogramm im Bereich der Caldeira auf Fogo. Doch die deutsche Entwicklungshilfe für Kap Verde lief 2007 aus. Denn seit 2004 wird Kap Verde von der UNO nicht mehr zu den ärmsten Entwicklungsländern gezählt, sondern zu denen mit mittlerem Einkommen. Damit entfallen auch Zuschüsse und zinslose Kredite von der Weltbank. Immer wieder werden Befürchtungen geäußert, ob das Land in Zukunft wirklich ohne die Fördermaßnahmen zurechtkommen wird. Doch die Chancen stehen derzeit dank privater Investitionen aus dem In- und Ausland recht gut.

Die Holzkohleproduktion auf den Kapverden gefährdet nicht mehr den Baumbestand

Immer wieder Auswanderungswellen

Bis heute sind die zahlreichen Emigranten ein bedeutender Wirtschaftsfaktor. Hungersnöte und die schlechte Versorgungslage sowie der kaum vorhandene Arbeitsmarkt führten lange Zeit immer wieder zu Auswanderungswellen. Auf den Kapverden sind rund 450 000 Menschen ansässig. Dem stehen 700 000 im Ausland – vorwiegend in den USA und in Portugal – lebende Kapverdianer gegenüber. Viele daheimgebliebene Familien können nur mit Hilfe von Überweisungen der Emigranten überleben. Schätzungen zufolge machen diese immer noch ca. 20 % des Bruttosozialprodukts der Kapverden aus.

Viele kapverdische Familien sind zerrissen. Jeder hat enge Verwandte, die im Ausland leben. Manche Emigranten kehren jetzt zurück, um ihr in der Ferne verdientes Geld in der Heimat zu investieren. Sie eröffnen Hotels, Geschäfte, Autovermietungen und Taxiunternehmen.

Wirtschaftsfaktor Wald

Dürrekatastrophen suchten die Kapverdischen Inseln in der Vergangenheit immer wieder heim. Mit ein Grund dafür scheint die großflächige Vernichtung der Pflanzendecke zu sein, die bereits mit den ersten Siedlern im 15. Jh. einsetzte. Schiffe, die auf den Inseln Station machten, wurden mit Brennholz ausgerüstet, Kalköfen damit befeuert. Zudem kochen viele Menschen bis heute auf dem Holzfeuer. Überweidung durch halb wild lebende Ziegen tat ein Übriges, um Wälder und Gebüsch zum Verschwinden zu bringen.

In den 1920er-Jahren begannen Aufforstungsprojekte. Diese wurden seit der Unabhängigkeit Kap Verdes mit internationaler Hilfe forciert betrieben. So sorgten deutsche und belgische Entwicklungshilfeprojekte auf Maio schon seit 1975 stetig für Aufforstung mit robusten Akazien, um die Wüstenbildung (Desertifikation) einzudämmen. Heute gibt es außer auf Maio auch auf Santiago, Santo Antão, São Nicolau und Fogo ausgedehnte Wälder aus Eukalyptus, Kiefern und verschiedenen Akazienarten. Die meisten dieser Bäume waren zwar ursprünglich auf den Kapverden nicht heimisch, können dafür aber forstwirtschaftlich genutzt werden. Als Wirtschaftsfaktor gewinnen sie immer mehr an Bedeutung, nicht nur als Bauholz, sondern vor allem für die Holzkohlegewinnung und damit als wichtige, preiswerte Energiequelle für die Bevölkerung.

Emigration in der Dichtung
Finaçon de Punoi Ramo

M ta djobé algen ki sa ta ba Merka
k'é pa mandá Maninho Ramo rakadu
ma kalsa dja ka ratxá fepu
kasaku dja ka ratxá fepu
kamisa dja ka ratxá fepu
silora dja ka ratxá fepu.

(Ich suche jemanden, der nach Amerika fährt / der Maninho Ramo ausrichten kann / dass meine Hose schon total zerrissen ist / meine Jacke schon total zerrissen ist / mein Hemd schon total zerrissen ist / meine Unterwäsche schon total zerrissen ist.)

Die Sobrados von São Filipe – so lebten die Kolonialherren

In großzügigen, zweistöckigen Herrenhäusern wohnten auf den Kapverden die portugiesischen Großgrundbesitzer. São Filipe auf Fogo ist die Stadt dieser Sobrados par excellence. Etwa 50 Häuser im Kolonialstil blieben dort erhalten. Aber auch auf Brava, Boavista (Sal Rei) und Sal (Santa Maria) gibt es schöne Beispiele.

Die Architektur der Sobrados passten die Bauherren dem Klima und den örtlichen Gegebenheiten an. So umgibt in der Regel eine weitläufige Holzveranda mit aufwendig geschnitztem Geländer das Obergeschoss. Festes Bauholz musste aus Portugal oder Westafrika importiert werden. Die Veranda ist oft überdacht, um die Sonnenstrahlen fernzuhalten. Pastellfar-

In São Filipe auf Fogo sind noch viele Häuser im Kolonialstil erhalten

bene Fassaden sind charakteristisch, wobei jedes Haus in einem anderen Ton gehalten ist. Rote Ziegel bedecken die Dächer, oft schließt eine Stuckatur die Fassade nach oben hin ab.

Zu ebener Erde befanden sich Ladenlokale, Lagerräume oder Büros. Denn der Hausherr war typischerweise nicht nur Grundbesitzer, sondern zugleich auch Geschäftsmann. Oben, in der Beletage, residierte die Herrschaft. Außerdem gab es einen luftigen Innenhof. Dort bereiteten die Bediensteten Nahrungsmittel für die Lagerung oder den direkten Verzehr zu. Eine Zisterne fing das Regenwasser auf. Zugleich diente der Patio aber auch als Ort der Entspannung. Ein zweiter, von hohen Bäumen beschatteter Hof fungierte häufig als Pferdestall.

Sommerhaus und Pferdezucht

Im Juli, August und September wurden die Sobrados in São Filipe verschlossen. Die herrschaftliche Familie flüchtete dann vor der sommerlichen Hitze in höhere Lagen, wo sie über ein weiteres Herrenhaus mit riesigen Ländereien, Obstplantagen und Pferdezucht verfügte. Für den Hausherren war es Ehrensache, einige Rassepferde zu halten, denn gleich ein ganzes Quartett von Heiligen (Sebastian, Philipp, Johannes, Petrus) wurde an den jeweili-

gen Festtagen mit Pferderennen gefeiert. Vor allem aber züchtete man Pferde für den Export, sie waren überall an der afrikanischen Küste begehrt. Heute befinden sich die ländlichen Anwesen durchweg in ruinösem Zustand.

Die ersten Sobrados entstanden um 1750, die meisten stammen jedoch aus

Wohnen im Sobrado

Im Trend liegen kleine, familiäre Stadthotels, die in ehemaligen Herrenhäusern untergebracht sind. Nostalgisches Flair vereinen sie mit modernem Komfort:
Les Alizés: Sal, Santa Maria, Rua 1° de Junho, Tel. 242 14 46, Fax 242 10 08, lesalizes@cvtelecom.cv, DZ ca. 6300 ECV. Das renovierte Haus eines Salzhändlers mitten im Ort befindet sich unter französischer Leitung; s. auch S. 101.
Migrante Guest House: Boavista, Sal Rei, Av. Amílcar Cabral, Tel./Fax 251 11 43, www.migrante-guest house.com, DZ 80–120 €. Der Italiener Cristiano restaurierte dieses alte Handelshaus und verlieh ihm einen orientalischen Touch; s. auch S. 191.
Casa Renate: Fogo, São Filipe, Baixo da Igreja, Tel. 281 25 18, Fax 281 16 41, renatefogo@gmx.de, DZ 4000–5000 ECV. Das Stadthaus bei der Kirche bietet vier Zimmer mit Balkon und Meerblick. Das Frühstück serviert Renate in ihrem Bistro; s. auch S. 254.
Pousada Belavista: Fogo, São Filipe, Achada Pato, Tel 281 17 34, Fax 281 18 79, DZ 3000–3500 ECV. Die Zimmer dieses zentral gelegenen Sobrados sind äußerst geräumig und im portugiesischen Stil eingerichtet; s. auch S. 254.

dem 19. Jh. Ursprünglich waren nur Weiße im Besitz solcher Häuser. Ihre Familien waren oft schon kurz nach der Entdeckung der Kapverden aus Portugal gekommen und hatten vom König Landbesitz speziell auf Fogo zugeteilt bekommen. Eheschließungen fanden fast ausschließlich innerhalb des kleinen hellhäutigen Zirkels statt, der in den Salons der Obergeschosse verkehrte. Den farbigen Kindern des Hausherren, die dieser mit dem Personal zeugte, war meist nur der Zutritt zum Innenhof gestattet. Lediglich anlässlich der Festa de Santa Cruz am 3. Mai (s. S. 33) durften sie es wagen, die Treppe zu den oberen Räumlichkeiten hinaufzusteigen. Dennoch vermischte sich die Bevölkerung im Laufe der Zeit immer mehr, bis schließlich das Sprichwort aufkam: »Weiß ist, wer Geld hat.«

Die Herren verarmten und zogen weg

Als zu Beginn des 20. Jh. das Erbrecht geändert wurde, ging der Besitz nicht mehr wie bislang komplett an den ältesten Sohn über, sondern wurde zwischen allen Geschwistern aufgeteilt. In der Folgezeit verarmten die Herren zusehends, und die meisten kehrten spätestens nach der Unabhängigkeit den Kapverden den Rücken, um in Lissabon zu leben. Die Sobrados begannen zu verfallen. In jüngster Zeit erfahren sie jedoch eine erneute Würdigung als kulturelles Erbe. Seit 1990 stehen sie unter Denkmalschutz, und Veränderungen dürfen nur noch mit behördlicher Genehmigung vorgenommen werden. Immer mehr Stadthäuser in São Filipe und anderswo werden jetzt von Privatleuten oder der öffentlichen Hand restauriert.

Ribeira Grande – Drehscheibe des Sklavenhandels

Zitadelle von Ribeira Grande – Hochburg des Sklavenhandels im Atlantik

Aus Westafrika führten die portugiesischen Siedler – zunächst für den eigenen Bedarf – Sklaven auf die Kapverden ein. In Ribeira Grande (heute Cidade de Santiago oder Cidade Velha) entwickelte sich ein lukrativer Sklavenmarkt. Rund um den Atlantik, zunächst nach Portugal und Spanien, später nach Südamerika, wurde die menschliche Ware ›exportiert‹.

Wegen des heißen, trockenen Klimas waren die Kapverdischen Inseln nach ihrer Entdeckung im 15. Jh. für portugiesische Auswanderer wenig attraktiv. Zwar schickte Lissabon verurteilte Kriminelle nach Santiago, doch reichte die Zahl der Siedler nicht, um die Insel in ein blühendes landwirtschaftliches Produktionszentrum zu verwandeln,

wie man es sich erhofft hatte. Daher wurden Sklaven aus Afrika eingeführt. Ab 1466, als die Lehnsherren von Ribeira Grande von der portugiesischen Krone das Monopol auf den Guinea-Handel übertragen bekamen, setzte schließlich der Sklavenhandel im großen Stil ein.

Meist handelte es sich bei den verschleppten Afrikanern um Fula aus Guinea-Bissau, wo die Portugiesen Handelsstützpunkte entlang der Küste unterhielten. Die Fula waren Opfer der kriegerischen Gabu, die Gefangene gegen Stoffe, Schnaps, Waffen und andere Waren an die Portugiesen verkauften. Darüber hinaus erstreckte sich der Sklavenhandel auf die heutigen Staaten Senegal, Gambia, Guinea und Sierra Leone.

Landwirtschaft und Weberei

Die Sklaven wurden auf Santiago und Fogo – die anderen Inseln des Archipels blieben zunächst unbesiedelt – in der Landwirtschaft eingesetzt, um eingesalzenes Ziegenfleisch, später auch Zuckerrohrschnaps *(grogue)* sowie den aus Amerika eingeführten Mais zu produzieren. Diese Güter verkauften die Großgrundbesitzer an hier Station machende Schiffe. Vor allem aber pflanzte man Baumwolle an. Sie wurde anfangs roh exportiert. Später fertigten die Afrikaner nach ihrer Tradition Stoffe *(panos)* von hervorragender Qualität, die Sklavenhändler an der Guinea-Küste wiederum gegen menschliche Ware eintauschen konnten. Dort trugen Frauen der einheimischen Oberschicht gern die Panos, denn sie übertrafen in Qualität der Farben und Vielfalt der Muster die einheimischen Konkurrenzprodukte bei weitem.

Transatlantischer Sklavenhandel

Schon bald entwickelte sich Ribeira Grande zur Drehscheibe des Sklavenhandels im Atlantik. Neuankömmlinge wurden getauft und eingearbeitet, bis sie genügend Portugiesisch gelernt hatten, um Befehle zu verstehen. Dann exportierte man sie nach Madeira, Portugal und Spanien. Bald deckten sich auch spanische und portugiesische Schiffe auf dem Weg zu den südamerikanischen Kolonien mit Sklaven ein.

Werner Herzogs Film »Cobra Verde« thematisiert den transatlantischen Sklavenhandel

Die Kapitäne zahlten mit landwirtschaftlichen Produkten aus Amerika
wie Zucker, Baumwolle und Indigo.

Zehntausende von Sklaven sollen
über die Insel Santiago gehandelt worden sein. Genaue Zahlen sind nicht bekannt. Zu Beginn des 17. Jh. wurden
pro Jahr noch mindestens 500 Menschen auf dem ›Markt‹ von Ribeira
Grande verkauft, und obwohl der Höhepunkt bereits überschritten war, er-
zielte die portugiesische Krone damals
noch etwa drei Viertel ihrer Einnahmen aus der Kolonie Cabo Verde mit
dem Sklavenhandel.

Indirekte Beteiligung

1645 verloren die privilegierten Adli-
gen in Ribeira Grande durch ein kö-
nigliches Dekret das Monopol auf den
Handel mit Westafrika. Der Sklavenmarkt auf Santiago brach zusammen
und wurde bald darauf geschlossen.
Jetzt versorgten sich portugiesische
Handelsgesellschaften direkt an der
Guinea-Küste mit Sklaven.

Doch die Kapverden nahmen weiterhin – wenn auch indirekt – an dem
lukrativen Menschenhandel teil. Die
Nachfrage nach Panos an der Guinea-
Küste, der Goldküste und sogar in Brasilien war bis ins 19. Jh. hinein groß.
Englische und französische Menschen-
händler sahen sich zwecks Versorgung
der Kolonien in Nordamerika gezwun-
gen, auf der ›Einkaufsfahrt‹ nach
Afrika zunächst die Kapverden anzu-
laufen, um sich mit der wichtigsten
Währung im Sklavenhandel zu versorgen. Für 60 Panos (aus je sechs Stoffstreifen zusammengesetzt) erhielten
sie Ende des 17. Jh. einen Sklaven.
Während des 18. Jh. verkauften die
Portugiesen etwa 6000 Panos pro Jahr
an ausländische Sklavenhändler.

Lesetipps
Christian Delacampagne: Die
Geschichte der Sklaverei, München
2004. Eine aufrüttelnde Darstel-
lung aller Formen der Zwangs-
arbeit von den Anfängen in der
Antike bis zu den alarmierenden
Varianten der Gegenwart wie
erzwungene Prostitution oder
Rekrutierung von Kindersoldaten.
Robert Harms und Michael Müller:
Das Sklavenschiff, München 2007.
Die romanhafte Geschichte spielt
in der Handelswelt des 18. Jh. und
schildert eine Reise des Sklaven-
schiffs Diligent von Europa über
Afrika nach Amerika.
Adam Hochschild: Sprengt die
Ketten, Stuttgart 2007. Den
Kampf einer zunächst kleinen
Gruppe englischer Aktivisten Ende
des 18. Jh., der Jahrzehnte später
zur internationalen Ächtung der
Sklaverei führte, beschreibt der
Autor mitreißend und schockie-
rend.

Ende der Sklaverei

Im ausgehenden 18. Jh. zeichnete sich
mit der europäischen Aufklärung und
der Unabhängigkeit Nordamerikas das
Ende des internationalen Sklavenhandels ab. Doch erst 1854 wurde der Verkauf von Sklaven in Portugal abgeschafft, die private Sklavenhaltung
verbot dann ein Gesetz von 1876. Damals dürfte es auf den Kapverden bei
einer Gesamtbevölkerung von rund
56 000 Menschen noch etwa 4000 Sklaven gegeben haben. Häufig wurden
aus ehemaligen Sklaven nun Kleinst-
pächter, die weiterhin von ihren früheren Herren abhängig blieben.

Amílcar Cabral – Held der Unabhängigkeit

Amílcar Cabral ist Nationalheld sowohl von Kap Verde als auch von Guinea-Bissau. Viele Straßen tragen seinen Namen, und auch der internationale Flughafen von Sal ist nach ihm benannt. Cabral bereitete den Boden für die Unabhängigkeit Kap Verdes, die er selbst allerdings nicht mehr erlebte.

Geboren wurde Amílcar Cabral am 12. September 1924 in Bafatá, Guinea-Bissau. 1932 kam er mit seinen Eltern auf die Kapverden. Er wuchs in Zeiten des Krieges, der Dürre und des Hungers auf. Während seiner Jugendjahre verfasste Cabral Liebesgedichte und Kurzgeschichten. Sein Vater Juvenal war politisch interessiert und engagiert. Während des Salazar-Regimes schnellten die Lebenshaltungskosten in die Höhe. 1940 erschütterte eine Dürre die Inseln, mehr als 20 000 Menschen starben. Zwischen 1942 und 1948 verhungerten weitere rund 30 000 Kapverdianer. Zugleich wurden immer mehr portugiesische Soldaten auf dem Archipel stationiert, insbesondere in Mindelo, um diesen strategisch wichtigen Hafen zu sichern. Zusammenstöße mit der ortsansässigen Bevölkerung waren an der Tagesordnung.

Studium in Lissabon

In dieser Zeit besuchte Amílcar Cabral das Gymnasium in Mindelo. 1943 schloss er die weiterführende Schule ab, war voller Idealismus und überzeugt davon, dass sich die Lage bessern könne. 1945 ging er nach Lissabon, um Agrar- und Forstwissenschaft zu studieren. Das große Interesse des charmanten und eloquenten Studierenden galt den antifaschistischen Studentengruppen. Doch als Afrikaner in Portugal empfand er zugleich große Sehnsucht nach seiner Heimat.

Im Sommer 1949 kam Cabral für einen Ferienaufenthalt auf die Kapverden. Bei dieser Gelegenheit hielt er im Radio Reden über Landwirtschaft, Bodenerosion und andere naturgegebene Probleme. Nebenbei weckte er bei den Kapverdianern einen gewissen Stolz auf ihr eigenes Land. Ihm war es ein Anliegen, die Menschen zu informieren, damit sie wachsam blieben. Den Portugiesen gefielen diese Ansprachen nicht. Cabral erhielt ein Verbot, sich im Radio öffentlich zu äußern.

Zurück in Lissabon kam Amílcar Cabral mit Studenten aus den anderen portugiesischen Kolonien in Kontakt. Viele von ihnen engagierten sich in der demokratischen Jugendbewegung (MUD). Sie beabsichtigten, ein neues afrikanisches Selbstbewusstsein aufzubauen und den Kolonialismus zu beenden. Die Studenten formierten sich zum Zentrum für Afrikanische Studien, wo sie über die afrikanische Frage debattierten.

Amílcar Cabral 1970 auf Kuba

In Afrika aktiv

1950 beendete Amílcar Cabral sein Studium und ging zwei Jahre später als Agraringenieur nach Guinea-Bissau. Dort versuchte er, mehr Gleichberechtigung und Unabhängigkeit für die Afrikaner zu erringen. Doch für Portugal war er inzwischen gefährlich geworden. Die Verantwortlichen verbannten ihn nach Angola. Dort schloss er sich zunächst der MPLA, der angolanischen Freiheitsbewegung an. 1956 gründete er dann die Afrikanische Partei zur Unabhängigkeit von Guinea und Kap Verde, PAIGC (Partido Africano da Independência de Guiné e Cabo Verde). Die Lage spitzte sich nun zu. Zwischen 1960 und 1962 bereitete sich die PAIGC auf eine gewaltsame Auseinandersetzung mit Portugal vor. Dann begann ein Guerillakrieg, in dem die Partei materielle Unterstützung aus China und der Sowjetunion erhielt.

Ende und Neuanfang

Die Führungsriege der PAIGC bestand vorwiegend aus – meist in Portugal – gut ausgebildeten Kapverdianern. Die einfachen kämpfenden Soldaten hingegen stammten fast ausschließlich aus Guinea-Bissau. Diese Diskrepanz führte zu zahlreichen Reibereien innerhalb der Truppe. In den eigenen Reihen hatte Cabral daher nicht nur Anhänger, sondern auch viele erbitterte Feinde, die ihn gerne aus dem Weg geräumt hätten. Auch die portugiesische Geheimpolizei hätte ihn gerne tot gesehen.

1974 endete mit der Nelkenrevolution die Diktatur in Portugal. Am 5. Juli 1975 wurde die Unabhängigkeit von Kap Verde ausgerufen. Diesen Tag erlebte Amílcar Cabral nicht mehr. Er war 1973 in Conakry unter mysteriösen Umständen ermordet worden. Das Verbrechen wurde nie aufgeklärt.

Kap Verdes Einbindung in internationale Organisationen

ECOWAS (Westafrikanische Wirtschaftsgemeinschaft): Außer Kap Verde sind hier die Länder an der westafrikanischen Küste zwischen Senegal und Nigeria sowie Mali und Niger vertreten. Ziel ist die Schaffung eines möglichst autarken Binnenmarkts und einer gemeinsamen Währung (Eco). Die Freizügigkeit innerhalb dieser Ländergruppe wird von vielen Kapverdianern als zwiespältig erlebt, da sie eine starke Zuwanderung und damit Konkurrenz um die Arbeitsplätze im Tourismussektor zur Folge hat.

AU (Afrikanische Union): Die ganz Afrika außer Marokko umfassende Organisation entstand 2002 aus der OAU (Organisation für Afrikanische Einheit). Sie formierte sich nach dem Vorbild der Europäischen Union und schuf u. a. eine Eingreiftruppe, die Konfliktherde auf dem Kontinent – speziell in Ländern mit unrechtmäßigen Regimen – bereinigen soll.

CPLP (Gemeinschaft der portugiesischsprachigen Länder): Mitglieder sind Portugal sowie seine ehemaligen Kolonien, zu denen außer verschiedenen afrikanischen Ländern (Kap Verde, Guinea-Bissau, Angola, Mosambik, São Tomé und Principe) auch Brasilien und Ost-Timor zählen. Ziele der 1996 gegründeten CPLP sind die Zusammenarbeit auf politischem und wirtschaftlichem Gebiet sowie die Förderung der portugiesischen Sprache. Seit 2007 besteht eine Partnerschaft mit der EU.

Freikirchen und Mormonen – Alternativen zum Papst

Bis zum Beginn des 20. Jh. gab die römisch-katholische Kirche auf den Kapverden allein den Ton an. Noch heute sind ca. 85 % der Inselbewohner katholisch, doch mit rapide sinkender Tendenz. Katholische Priester klagen, seit der Unabhängigkeit von Portugal seien Gläubige in Scharen zu den aus Nordamerika importierten Freikirchen und Sekten abgewandert.

Schätzungsweise 5 % der kapverdischen Bevölkerung gehören heute der Freikirche der Nazarener an. Weitere 5 % verteilen sich auf Adventisten, Baptisten, Jehovas Zeugen und auf andere Glaubensgemeinschaften. Bei den tatsächlich praktizierenden Gläubigen dürfte der prozentuale Anteil der neuen Religionsgemeinschaften noch deutlich höher liegen. Seit einigen Jahren drängen vor allem die Mormonen nach Cabo Verde. Sie können bereits auf etwa 3000 Mitglieder zählen, etwa 40 Missionare aus den USA sind ständig hier unterwegs.

Neue Faszination

Worin besteht die Faszination in den importierten Kulten für die Kapver-

Kirchengebäude der Nazarener in Santo Antão

77

dianer? Zum einen gilt die katholische Kirche als Institution der portugiesischen Kolonialherren. Viele Inselbewohner wandten sich aus politischen Gründen von ihr ab. Aber auch die mangelnde Präsenz der katholischen Priester in der Vergangenheit spielt sicher eine Rolle. Mit der Schließung des Seminars von São Nicolau 1931 (s. S. 158) begann ein langsamer, folgenschwerer Niedergang des Klerus auf den Kapverdischen Inseln. Kirchen verwaisten und die bis dahin in großen Teilen einheimische Priesterschaft starb allmählich aus. Ab den 1940er-Jahren schickte die Salazar-Diktatur europäische Missionare auf die Inseln, darunter viele Kapuzinermönche aus Italien. Doch taten sich die Kapverdianer mit der Akzeptanz der weißen Priester schwer. Erst mit der Ernennung des ersten von den Kapverden stammenden Bischofs kurz vor der Unabhängigkeit der Inselgruppe setzte die katholische Kirche ein Zeichen. Bis heute ist sie jedoch auf ausländisches Personal angewiesen, wozu die antireligiöse Erziehung während der Regierungszeit der sozialistischen Einheitspartei (1975–1991) sicherlich ihren Beitrag lieferte.

Freikirchen und Mormonen – eine Definition

Bei Freikirchen handelt es sich – vom deutschsprachigen Raum aus betrachtet – um christliche Religionsgemeinschaften, die im Gegensatz zur katholischen und evangelischen Kirche keine Staats- oder Volkskirchen sind und sich nicht aus Kirchensteuern, sondern aus freiwilligen Beiträgen (die oft wesentlich höher liegen) finanzieren. In den USA spalteten sich viele Freikirchen von den reformierten Protestanten oder den Anglikanern ab.
Die 1830 in den USA durch Joseph Smith gegründete Religionsgemeinschaft der Mormonen hat ihren Hauptsitz in Salt Lake City und nennt sich offiziell Kirche Jesu Christi der Heiligen der letzten Tage. Ihre heilige Schrift ist neben der Bibel das Buch Mormon, das Smith angeblich von einem Engel übergeben wurde. Von den traditionellen christlichen Kirchen wird es nicht anerkannt. Die Lebensführung der Mormonen beruht auf strengen moralischen Regeln, die Familie und die Mission spielen zentrale Rollen.

Bürgernahe Rückkehrer aus Übersee

Zurückgekehrte Emigranten hingegen stellen häufig den Klerus der neuen Kulte. Die erste nichtkatholische Kirche auf den Kapverden wurde 1909 von João José Diaz in Vila Nova Sintra auf der Insel Brava errichtet. Er war in den USA zur Nazarenerkirche übergetreten. Diaz übersetzte die portugiesischen Kirchenlieder ins Kreolische und gewann damit die Herzen der einfachen Bevölkerung. 1936 kam Reverend Howard aus den USA, um für die Nazarener auch auf anderen Inseln zu missionieren. Bald scharte er eine große Zahl von Anhängern um sich. Heute sind die kräftig türkisblau gestrichenen Nazarenerkirchen auf den Kapverden ein vertrautes Bild. Die Nazarener sprechen gerade auch junge Leute an, denn sie zeichnen sich durch rege Aktivitäten in den Gemeinden aus und treten ausgesprochen bürgernah auf.

Kriolu oder Portugiesisch?
Zur Sprache auf den Kapverden

Immer öfter benutzen die Kapverdianer ihre Muttersprache, die bislang dem privaten Bereich vorbehalten war, in der Öffentlichkeit. Ob Kriolu eine Chance zur Schriftsprache und zum Gebrauch in Schulen und Behörden hat, wird die Zukunft zeigen.

1936 gab das Erscheinen der Zeitschrift »Claridade« dem eigenständigen intellektuellen Leben auf den Kapverden entscheidende Impulse, auch wenn viele Themen unter der Kolonialregierung noch behutsam angegangen werden mussten. Zuvor war die Literatur rein portugiesisch bzw. europäisch geprägt gewesen. Jetzt behandelten einheimische Schriftsteller Sujets von den Inseln. So liefern die nur neun Auflagen, die »Claridade« erlebte, heute wertvolle ethnologische Hinweise.

Mündliche Überlieferung – ein afrikanisches Erbe

Erstmals wurde in »Claridade« der Text eines kapverdischen Sprechgesangs (*finaçon*, s. S. 67) in der einheimischen Sprache Kriolu publiziert, ohne die Übersetzung ins Portugiesische gleich mitzuliefern. Die Kenntnis des Liedes setzten die Herausgeber bei der Leserschaft also ganz einfach voraus. Auf der mündlichen Weitergabe von Generation zu Generation basiert in Cabo

In den Medien dominiert noch Portugiesisch, als Umgangssprache dient längst Kriolu

Verde – wie in weiten Teilen Afrikas – ein Großteil der originären Kultur. Außerdem unterbanden die portugiesischen Kolonialbehörden – separatistische Tendenzen fürchtend – lange Zeit jeglichen schriftlichen Ausdruck in Kriolu. Im 19. Jh. wurde das Benutzen dieser Sprache in öffentlichen Einrichtungen, wie etwa in Schulen, komplett untersagt. Die höheren sozialen Schichten der kapverdischen Gesellschaft schlossen sich der Meinung der Portugiesen an, Kriolu sei ein bäuerlicher Dialekt ohne Grammatik und mit geringem Wortschatz. Dies ging so weit, dass sein Gebrauch in vielen Familien verboten war.

Von Sklaven erfunden

Afrikanische Sklaven, die verschiedener ethnischer Herkunft waren und unterschiedliche Muttersprachen hatten, entwickelten das Kriolu, um sich untereinander und im Kontakt mit den Portugiesen zu verständigen. Im Gegensatz zu Brasilien, wo sich unter ähnlichen Umständen das Portugiesische völlig durchsetzen konnte, entstand auf den Kapverden eine eigene Sprache, die sich im Wesentlichen vom Portugiesischen ableitet, aber auch afrikanische Einflüsse verrät. Diese zeigen sich weniger im Vokabular – nur ein paar afrikanische Wörter haben bis heute überlebt –, als vielmehr bei der Aussprache. Im Laufe der Zeit übernahmen die Nachkommen der europäischen Siedler Kriolu als Alltagssprache, während Portugiesisch gleichzeitig in Unterricht, Literatur und Behörden in Gebrauch blieb.

Auf den einzelnen Inseln bildeten sich Varianten heraus, die zu zwei Gruppen zusammengefasst werden. Auf den Barlovento-Inseln (Santiago,

Fogo, Brava und Maio) war die Sklaverei ausgeprägter. Respektvoll wurde dort der *senhor* mit *nhô* angeredet (*nhô Pedro, nhô Antão* usw.). Auf den Sotavento-Inseln hingegen bürgerte sich die Anrede *bocê* (von port. *você*, ursprünglich *vossa mercê* = euer Gnaden) ein. Bis heute drückt es die Ehrfurcht dem Höhergestellten gegenüber aus. Diese Eigenheit, alte Formen des Portugiesischen zu bewahren, die im modernen Portugal verschwunden sind, teilt das Kriolu mit dem brasilianischen Portugiesisch.

Die Sprache der Unabhängigkeit

Junge Intellektuelle und Politiker sehen Portugiesisch heute als aufgepfropfte Kolonialsprache an. Sie möchten Kriolu zur Amtssprache erheben und seinen Gebrauch in den Schulen durchsetzen. Erste Tendenzen dazu gab es schon in den 1930er-Jahren (s. o.). Verstärkt wurden diese durch die Unabhängigkeitsbewegung zwischen 1974 und 1976.

Die Tatsache, dass auf jeder Insel anders gesprochen wird, ist immer noch ein großes Hindernis dabei. Zwischen der Sprache von Santiago und derjenigen von Santo Antão sollen mindestens so große Unterschiede bestehen wie zwischen Portugiesisch und Spanisch. Nach zähen Verhandlungen, die sich seit 1979 über mehrere linguistische Kolloquien hinzogen und von der UNESCO gefördert wurden, konnte zumindest die strittige Frage der Schreibweise des Kriolu geklärt werden. 2005 erkannte die kapverdische Regierung offiziell das ALUPEC (Alfabeto Unificado para a Escrita do Caboverdiano) als gültig an. Es basiert auf dem lateinischen Alphabet. Geschrieben wird –

im Gegensatz zum Portugiesischen – wie man spricht, d. h. fast jeder Buchstabe entspricht exakt einem Laut und umgekehrt. Das bedeutet aber auch, dass jeder Kapverdianer – je nach geografischer und sozialer Herkunft sowie individueller Aussprache – unterschiedlich schreibt, jedenfalls solange das Kriolu noch nicht vereinheitlicht ist. Trotz der offiziellen Anerkennung wird ALUPEC bislang nur von Dichtern und Literaten sowie einigen Idealisten benutzt. Ansonsten bleibt Kriolu vorerst auf den mündlichen Gebrauch beschränkt. Als Umgangssprache hat es das Portugiesische inzwischen fast völlig verdrängt.

Zweisprachigkeit als Realität

Kap Verde gilt heute als zweisprachig. Allerdings trifft dies nicht auf alle Bevölkerungsgruppen zu. In Kriolu dürften sich wohl alle Kapverdianer ausdrücken können. Aufgrund der großen Unterschiede zwischen Stadt und Land gibt es allerdings neben denjenigen, die Portugiesisch perfekt in Sprache und Schrift beherrschen, viele, die es zwar verstehen, aber nicht richtig sprechen und schreiben können. Besonders unter den Älteren finden sich noch etliche Analphabeten, die Portugiesisch nur schlecht verstehen und sprechen.

Die Zweisprachigkeit hat zu einer Art doppelter Kultur geführt, sowohl was das Individuum als auch was die Gesellschaft anbetrifft. Dennoch wird sie weiterhin als einzig gangbarer Weg für Kap Verde gesehen. Das Portugiesische erleichtert internationale Kontakte durch die Einbindung in eine Sprachgemeinschaft, die mehrere Kontinente umspannt. Gleichzeitig soll Kriolu als nationale Sprache weiterentwickelt werden, um die verschiedenen Alters- und Bildungsgruppen zusammenzuführen.

ALUPEC und die Aussprache des Kriolu
Den Buchstaben c, der im Portugiesischen unterschiedlich ausgesprochen wird, gibt es im ALUPEC nicht. Ihn ersetzt das k (ausgesprochen wie im Deutschen) oder das s (›scharfes‹ s).
Das portugiesische ch (gesprochen sch) wird durch x ersetzt.
Wörter, die im Portugiesischen mit einem (unbetonten) e enden, enden im Kriolu mit einem ausgeprägten i.
Der Buchstabe h, der im Portugiesischen lautlos und damit eigentlich überflüssig ist, wurde im ALUPEC abgeschafft. Er kommt nur noch in den Kombinationen lh (gesprochen lj) und nh (gesprochen nj) vor.
Afrikanischen Ursprungs sind die im Portugiesischen nicht vorhandenen Doppellaute dj (gesprochen dsch) und tx (gesprochen tsch).
Der Buchstabe y existiert offiziell im ALUPEC nicht. Dennoch sieht man ihn recht häufig, denn er steht für das Wort und (gesprochen i).
Das n am Silbenende wird nicht ausgesprochen. Es zeigt nur an, dass der vorangehende Vokal nasaliert wird.
Endet ein Wort mit einem Vokal, wird meist die vorletzte Silbe betont. Ausnahmen zeigt ein Akzent über der betonten Silbe an. Steht hinten ein Konsonant, wird meist die letzte Silbe betont.

Musik ist auf den Kapverden allgegenwärtig. Sie begleitet religiöse Feste ebenso wie Wahlkämpfe. Man hört sie in Kneipen und Geschäften, im Aluguer oder am Strand. Die Palette reicht von der sentimentalen, mit dem portugiesischen Fado verwandten Morna bis hin zum afrikanisch inspirierten Batuko.

Meist ertönen aus den Lautsprechern einheimische Klänge, ist doch die Auswahl an hervorragenden kapverdischen Interpreten riesig. Importierte Popmusik kommt – wenn überhaupt – eher aus Brasilien oder der Karibik als

Entdeckungsfahrern und Missionaren im 15. Jh. auf die Kapverden getragen. Dagegen weisen profaner Tanz und Gesang weitaus häufiger auch afrikanische Elemente auf. Sie fanden zunächst Eingang in die Badiu-Kultur auf Santiago. In jüngerer Zeit breiteten sich diese Einflüsse auch auf den anderen Inseln aus, denn sie werden von vielen Kapverdianern als wichtiger Bestandteil einer neuen, stärker auf Afrika ausgerichteten Identität gesehen. Vielfach verschmolzen afrikanische und europäische Elemente zu einer ganz eigenständigen, kreolischen Komposition.

Kreolisches Lebensgefühl – die Musik

aus Nordamerika, Europa oder Afrika. Getanzt wird dazu auch auf den Kapverden nicht überall und spontan. Die viel beschriebenen, teilweise sehr erotischen tänzerischen Ausdrucksformen bekommt man als Tourist in der Regel nur auf organisierten Veranstaltungen, speziell in den großen Hotels, oder in der Diskothek zu sehen, mit viel Glück auch auf einem Volksfest.

Einflüsse aus Europa und Afrika

Die traditionellen Feste haben ihren Ursprung durchweg in Europa. Mittelalterliche Bräuche wurden von den

Morna-Star Cesária Évora

Dem Fado verwandt – die romantische Morna

Durch Cesária Évora weltberühmt wurde die Morna (von engl. *mourn* = trauern, klagen). Der langsame, sentimentale Gesang ist mit dem portugiesischen Fado verwandt, präsentiert sich aber leichter und weniger dramatisch, ähnlich wie die brasilianische Modinha. Letztere brachten die Besatzungen der Schiffe aus Boavista, die Salz nach Brasilien transportierten, auf die Kapverden. Auf Boavista entstand daraus Mitte des 19. Jh., also im Zeitalter der europäischen Romantik, die Morna. Dann nahm sich der Dichter und Komponist Eugénio Tavares (1867–1930) auf Brava der Morna an. Er komponierte zahlreiche Lieder, in denen er oft die Emigration thematisierte, und schrieb die Texte in kreolischer Sprache – wohl mit ein Grund für seine enorme Popularität. Um 1930 schließlich schuf der Komponist B. Léza in Mindelo die heute noch aktuelle Morna. Zu einem fast bewegungslosen Tanz interpretiert sie seine Nichte Cesária Évora unvergleichlich gut. Weitere bedeutende Morna-Sänger sind Bana, Bau und Celina Pereira.

Im Rhythmus der Coladeira

Mit der Morna verwandt ist die flottere Coladeira, die von den gleichen Saiteninstrumenten begleitet wird: *rabeça* (eine Violine), *viola* (mit der Gitarre verwandt) und *cavaquinho* (ähnlich der von portugiesischen Emigranten nach Hawaii gebrachten Ukulele).

Funaná-Tänzer in Santa Maria auf Sal

Hinzu können Akkordeon, Piano und Klarinette kommen. Die Texte der Coladeira sind ohne besonderen Anspruch, heiter bis fröhlich, manchmal auch humorvoll. In ihrer heutigen Form entstand sie in den 1960er-Jahren. Ähnlich wie die brasilianische Lambada lädt sie geradezu zum Tanzen oder Mitschwingen ein.

Batuko – Sprechgesang und Trommeltanz

Völlig anderer Herkunft ist der Batuko. In ihm manifestieren sich die afrikanischen Wurzeln der kapverdischen Kultur. Noch heute zelebrieren ihn die Badius anlässlich von Taufen, Hochzeiten und anderen Festen. Ausschließlich Frauen nehmen teil. Zu Beginn trägt eine ältere Frau mit viel Lebenserfahrung einen Sprechgesang vor, den Finaçon. Diese Sängerin gilt als Hüterin der Traditionen. Über Generationen hinweg geben die Frauen auf Santiago durch den Finaçon Geschichten, Ereignisse und moralische Regeln mündlich weiter, wie es ähnlich auch auf dem afrikanischen Kontinent üblich ist. Im Chor oder einzeln antworten andere Frauen, werfen sich improvisierte Verse sozialkritischen oder pikanten Inhalts wie Bälle gegenseitig zu. Für den Außenstehenden sind die Texte auch in Übersetzung nur schwer verständlich, da sich die Sängerinnen in Bildern und Metaphern ausdrücken.

Nach diesem Vortrag, der von der *viola* oder der *cimboa* (einem einsaitigen Instrument afrikanischen Ursprungs) begleitet wird, folgt mit der Chabetá der Höhepunkt des Batuko. Die im Kreis sitzenden Frauen schlagen mit den Handflächen rhythmisch auf ihre zusammengelegten und zwischen die Beine geklemmten Panos. Die gewebten Stoffstreifen dienen als Ersatz für Trommeln, die den Sklaven früher verboten waren. Eine der Frauen tritt in die Mitte, ihren Pano um die Hüften gebunden, und wiegt lasziv ihren Unterleib, schneller und schneller, bis sie sich in eine Art Trancezustand versetzt hat – eine Simulation des Liebesaktes. Ist sie erschöpft, tritt die nächste Tänzerin in den Ring.

Während der letzten Phase der Kolonialzeit, etwa ab den 1930er-Jahren, wurde der Batuko von weltlichen wie kirchlichen Autoritäten bekämpft. Auch durch Eindringen moderner Sitten und Gebräuche in die Badiu-Gemeinschaften verlor er seine soziale Funktion immer mehr. Zwar erlebte der Batuko bei der Bevölkerung seit der Unabhängigkeit der Kapverden eine gewisse Renaissance. Doch wird er heute vorwiegend auf Folkloreveranstaltungen vorgetragen, oft in verfälschter Form, mit aus Afrika importierten Trommeln und mit Männern als Tänzern.

Funaná – ein junger Tanz

Die Wurzeln des ebenfalls sehr afrikanisch wirkenden Funaná reichen nur bis zum Beginn des 20. Jh. zurück, als die *gaita* (ein zweireihiges Akkordeon) erstmals auf den Archipel gelangte. Eigentlich sollte sie das Harmonium in den Kirchen ersetzen, aber die Badiu-Kultur auf Santiago bemächtigte sich des Instruments und kombinierte es mit dem *ferro*, einem Eisenstab, auf dem der Musiker rhythmisch mit einem Messer kratzt. Lange war die flotte, mitreißende Tanzmusik auf die ländlichen Gebiete Santiagos beschränkt, wo sie zu Volksfesten und Hochzeiten nicht fehlen durfte. Den Städtern galt

der Funaná als gewöhnlich und ungebührlich erotisch. Auch befürchtete die Kolonialverwaltung, die an den frühen nordamerikanischen Blues erinnernden Texte würden in der für die Portugiesen nur schwer verständlichen Badiu-Sprache zur Rebellion aufrufen.

Kodé di Dona gilt als Vater des heutigen Funaná, der diesen auch während der Diskriminierung unter der Kolonialherrschaft am Leben erhielt. Seit der Unabhängigkeit steht der Funaná symbolisch für die kreolische Identität. In den 1980er-Jahren breitete er sich von Santiago aus auf alle Inseln aus. Die Gruppe Finaçon machte ihn auch international bekannt. Inzwischen haben zahlreiche Funaná-Bands die *gaita* durch das Keyboard ersetzt, den *ferro* durch Schlagzeug. Neuerdings kehren allerdings junge Musiker zum traditionellen Funaná zurück, allen voran die Gruppe Ferro Gaita.

Eigenständige Formensprachen – Malerei und Webkunst

Kunst und Kunsthandwerk von den Kapverden haben ihren Preis. Engagierte, um Authentizität bemühte Kreative schaffen wertvolle Einzelstücke.

Die zeitgenössischen Maler auf den Kapverden haben seit der Unabhängigkeit eine eigenständige Formensprache kreiert. Einerseits erinnert sie an naive europäische Malerei, andererseits machen sich Einflüsse aus Afrika sowie abstrakte Elemente bemerkbar. Eine starke Dynamik kennzeichnet ganz allgemein die Arbeiten.

An die Wand Gemaltes

Farbenfrohe, einprägsame Wandmalereien gibt es vielerorts an Hauswänden, aber auch als Dekoration in Restaurants und Geschäften zu entdecken. Symbolisch stellen sie entweder Landschaften oder Impressionen aus der Vergangenheit oder dem gegenwärtigen Alltag der Inselbewohner dar: Frauen mit Wassereimern auf dem Kopf, Fischer und Bauern bei ihrer Tätigkeit, Esel mit Lasten auf dem Rücken, Ochsen die Grogue-Mühlen antreiben, Emigranten bei der Abreise nach Übersee. Letztere thematisierte Domingos Luísa in seinem imposanten, 14 x 4 m großen Wandgemälde in der Abflughalle des Flughafens von Sal. Den von ihm verwendeten Stil beschreibt er als eine Mischung aus Kubismus und Realismus.

Solche und andere Motive findet man – in handlicher Größe zum Mitnehmen – auch auf Batiken, Gemälden und Zeichnungen, die in Galerien und Kneipen zum Verkauf angeboten werden. Weitere bekannte Maler sind die Brüder Manuel und Tchalé Figueira, Maria-Luisa Queirós, Leão Lopes, Kiki Lima, David Levy Lima, Dina Lima und Mito.

Gemusterte Tücher

Die kapverdische Weberei wurde schon vor Jahrhunderten für ihre Panos gerühmt, auf schmalen Webstühlen gefertigte Tuchstreifen. Ihren Ursprung hat diese Textilkunst in Westafrika, wo sie heute noch in ähnlicher Form in Guinea-Bissau zu finden ist. Von Sklaven wurde sie im 16. Jh. nach Santiago und Fogo gebracht. Dort ließen die portugiesischen Großgrundbesitzer Baumwolle anbauen, um die Panos als wichtige ›Währung‹ im Sklavenhandel in großer Zahl herstellen zu können.

Die festen, etwa 15 cm breiten Tuchstreifen färbte man mit Indigoblau oder dem Blau der Färberflechte *(urzela)* ein, um die verschiedensten Muster zu erzeugen. Das Weben war den Männern vorbehalten, die Frauen kümmerten sich hingegen um Ernte, Auskämmen und Spinnen der Baumwolle sowie um die Gewinnung der Naturfarben.

Jahrhundertelang wurden Panos nach Westafrika ausgeführt, wo sie traditionell von den Frauen entweder um den Hals oder um die Hüften geschlungen wurden. Oder aber sie trugen ihre Kinder darin auf dem Rücken. Für andere Verwendungszwecke fügte man die Streifen zu breiteren Stoffbahnen zusammen. Heute besinnen sich die Kapverdianer ihrer afrikanischen Wurzeln, damit lebt auch die Herstellung von Panos wieder auf.

Webkunst ganz modern

Auf den alten Techniken fußend hat sich in jüngerer Zeit eine neue Form von Webkunst entwickelt. Nach Bildvorlagen stellen einige Künstler schöne, vielfarbige Wandbehänge aus Schaf- oder Baumwolle her. Ihre Produktion nimmt je nach Größe mehrere Monate in Anspruch, dadurch erklärt sich der hohe Preis dieser Stücke.

Kaufadressen
Die meisten Souvenirläden führen lediglich preislich deutlich günstigeres Kunsthandwerk vom afrikanischen Kontinent (Schmuck, Schnitzereien, Batiken). Kapverdische Gemälde und Webarbeiten sind nur in wenigen, spezialisierten Geschäften zu bekommen.

Auf Sal
Sol e Sal, Santa Maria (s. S. 102). Panos, Blechspielzeug, Marmeladen, Kräutertees und Badesalz. Außerdem gibt es für Spätentschlossene im internationalen Abflugbereich des **Flughafens** wertvolle Batiken mit kapverdischen Motiven zu kaufen.

Auf Santiago
Art Gallery, Praia. Bilder und Skulpturen exklusiv von Domingos Luísa.
Cooperativa de Artesanato, São Domingos (s. S. 221). Besonders schöne Panos und hübsche Keramik.

Auf São Vicente
Centro Nacional de Artesanato, Mindelo (s. S. 149). Aufwendige Webarbeiten und Wandteppiche.

Unterwegs auf den Kapverdischen Inseln

Das fruchtbare Paúl-Tal auf der grünsten Kapverdischen Insel Santo Antão

Sal

Highlight!

Praia de Santa Maria: Der lange, glitzernd weiße Sandstrand von Santa Maria lockt Badeurlauber und Wassersportler nach Sal. Trotz einiger angrenzender Hotelanlagen ist er noch lange nicht überfüllt, jeder findet eine ruhige Ecke. S. 93

Auf Entdeckungstour

Salinenbecken und Salzkrater: Durch heiße, staubige Landschaft führt ein Spaziergang, um die alten Salinen von Santa Maria zu erkunden. Bei einem Bad in der Sole lässt sich die Salzproduktion im Krater von Pedra Lume hautnah erleben. S. 98

Buracona

Palmeira

Pedra Lume

Salinenbecken und Salzkrater

Ponta Preta

Santa Maria

Praia de Santa Maria

Kultur & Sehenswertes

Ponta Preta: Die felsige Landzunge an der Westküste von Sal säumen schier endlose Sandstrände. Windsurfer finden sich gerne hier ein, um die kräftig anrollende Brandung zu nutzen. Ein Strandlokal ist der ideale Ort, um den Sonnenuntergang zu genießen. S. 93

Buracona: Vulkanischen Ursprungs sind die bizarren Felsbecken in der Baía de Buracona. Besonders attraktiv wirkt das Olho Azul, das ›blaue Auge‹, ein Loch im Felsen, unter dem das Meer gurgelt. S. 108

Aktiv & Kreativ

Surfen: Sal ist ein Mekka für Surfer, die über Erfahrung auf dem Brett verfügen. Kitesurfer lassen an der Costa de Fragata ihre Drachen steigen. S. 102

Tauchen: Die Unterwasserwelt der Kapverden ist vielfältig und tropisch bunt. Selbst Korallenkolonien gibt es vor Sal zu entdecken. S. 103

Genießen & Atmosphäre

Café Cultural: Auf der Praça Marcelo Leitão, dem zentralen Platz von Santa Maria, stellt das Café Tische ins Freie. Es gibt leckeres Essen, Kuchen und frisch gepresste Obstsäfte. S. 102

Palmeira: In dem bunten Hafenort sind die Einheimischen weitgehend unter sich. In mehreren Lokalen werden fangfrischer Fisch und Langusten serviert. S. 108

Abends & Nachts

Pub Calema: Der Klassiker unter den Nachtlokalen von Santa Maria ist abends immer gut besucht. Surfer wie Nichtsurfer wissen die kommunikative Atmosphäre zu schätzen. S. 104

Pub Titanic: Im Tanzlokal des Hotels Odjo d'Água in Santa Maria sind auch externe Gäste gern gesehen. Wer Livemusik liebt und dazu eine gediegene Atmosphäre schätzt, ist hier goldrichtig. S. 104

Sal – Passatwind und Strände

Auf dem internationalen Flughafen von Sal landen die meisten Besucher. Viele bleiben auch gleich auf der Insel, denn sie bietet fraglos die beste touristische Infrastruktur des Archipels.

In die Lebenswelt der Einheimischen taucht ein, wer einen Ausflug durch wüstenhafte Landschaft in die zentral gelegene Stadt Espargos unternimmt, wo es ein paar einfachere Unterkünfte gibt. Praktisch gar nicht vom Tourismus entdeckt wurde der Hafen- und Fi-scherort Palmeira, dessen Atmosphäre heiter und gelassen wirkt. In der Nähe locken die Felsbecken von Buracona zum Schwimmen und Schauen. Die winzige Fischersiedlung Pedra Lume an der Ostküste glänzt durch den Salz-krater, in dem man wohltuende Sole-bäder nehmen kann. Völlig einsam ist hingegen der unbesiedelte Norden der Insel, der sich Jeep- und Quadfahrern auf einsamen Pisten erschließt.

Santa Maria ▶ Karte 2, R6

Die wichtigste Touristensiedlung der gesamten Kapverden ist Santa Maria (17 000 Einw.). Vom 5-Sterne-Hotel internationalen Zuschnitts bis zur einfachen Pension findet sich hier für jeden Geldbeutel die passende Unterkunft. Mit dem stetigen, kräftig wehenden Passatwind ist Santa Maria ein Paradies für Wind- und Kitesurfer. Tauchern erschließt sich eine tropische Meeres-fauna. Im Ort selbst warten zahlreiche Restaurants und Geschäfte auf Kundschaft. Nirgendwo in Kap Verde halten sich so viele Europäer auf wie hier. Dennoch besteht Gelegenheit, am Lebensrhythmus der Einheimischen teilzuhaben. Trotz reger Bautätigkeit und immer wieder neuer Ferienanlagen und Apartmenthäuser kommt hier nicht das Gefühl auf, in seelenlosem Massentourismus zu versinken.

Stadtzentrum

Praça Marcelo Leitão 1

Der quadratische Platz markiert das Zentrum von Santa Maria. Auf Sitzbänken lässt sich die Morgensonne genießen. Kinder vergnügen sich beim

Ballspielen und Radfahren. Flankiert wird die Praça von zwei alten, ehemals herrschaftlichen Kaufmannshäusern, von denen eines heute das **Centro Cultural** 2 , das staatliche Kulturzentrum von Sal, beherbergt. Auch in der angrenzenden Rua 15 de Agosto wurden einige schöne, ehrwürdige Stadthäuser renoviert.

Igreja Santa Maria das Dores 3

Die katholische Kirche mit ihrem hohen Turm erhebt sich an der Rua 1° de Junho, der bedeutendsten Achse von Santa Maria, an der sich auch Geschäfte und Restaurants häufen. Sie stammt aus der Gründungszeit des Ortes (1. Hälfte 19. Jh.) und ist der Schmerzensreichen Muttergottes geweiht. Ihr Inneres ist äußerst schlicht gestaltet. Allerdings erweist sich der Altar als Kleinod der Holzschnitzkunst, und das Allerheiligste ist eine wertvolle Einlegearbeit.

Igreja Nazarena 4

Mit der Nazarenerkirche an der Rua Amílcar Cabral besitzt Santa Maria ein weiteres Gotteshaus jüngeren Datums (20. Jh.). Umrahmungen von Fenstern und Türen sind im für die Nazarener typischen Türkisgrün gehalten. Jenseits der Rua Amílcar Cabral, die als Durchgangsstraße dient, befindet sich ein einheimisches Wohnviertel mit vielen kleinen, einstöckigen Häusern. Hier bieten auf den Straßen Marktfrauen ihre Ware feil und in winzigen Läden und Kneipen lässt sich authentische Atmosphäre schnuppern.

Ponta Preta

An der Westküste ragt in Fußgängerentfernung von Santa Maria (ca. 45 Min., am Strand entlang auch länger) die felsige Landzunge Ponta Preta in den Atlantik. Zu beiden Seiten dehnt sich kilometerlanger Sandstrand aus. Richtung Süden ist er bereits touristisch erschlossen, dort befinden sich die großen Hotelanlagen Riu Funaná und Riu Garopa. Weiter nördlich, in der Baía do Algodoeiro, ist der Strand noch unbebaut und praktisch menschenleer. Allerdings bestehen auch hier Bauvorhaben.

Zum Baden sind die Strände der Westküste eher ungeeignet. Aber Surfer kommen zwischen Oktober und Juni gerne her, um die kräftig anrollende Brandung in Verbindung mit dem dann meist ablandigen Wind zu nutzen. Der Wellenspot ist mittlerweile geradezu legendär. In den Jahren 2007 und 2008 wurde an der Ponta Preta im Rahmen des PWA Worldcup der mit einem Preisgeld von 30 000 € dotierte Windsurf Wave Event ausgetragen.

Baden & Beachen

Praia de Santa Maria !

Der breite, helle Sandstrand ist für zahlreiche Urlauber immer noch der Hauptgrund, nach Sal zu reisen. Auf einer Länge von rund 2 km bietet er zwischen dem Ortszentrum und der Ponta do Sinó – der Südwestspitze von Sal mit Leuchtturm – trotz mehrerer dahinter gelegener Ferienanlagen, Restaurants, Surf- und Tauchbasen reichlich Platz. Großenteils ist er durch eine Fußgängerpromenade erschlossen.

Baden ist hier meist möglich, denn die Bucht von Santa Maria ist gegen die aus Nordosten heranrollende Brandung gut geschützt. Der Passatwind weht allerdings oft recht heftig über den Strand, sodass viele Urlauber ihr Sonnenbad doch lieber auf der windgeschützten Terrasse ihrer Hotelanlage genießen.

Lieblingsort

Fischersteg in Santa Maria

Ein alter Hafenkai trennt Stadtzentrum und Hotelviertel. Hier am Cais de Pesca landen die Fischer ihren Fang an, meist am frühen Nachmittag. Zahlreiche Neugierige finden sich ein, um das Spektakel mitzuerleben. Nirgendwo sonst kann man Thunfisch und anderes Meeresgetier so frisch erwerben. Von Land her ›bewacht‹ das Waagehaus, die alte Casa da Balança, den Steg. In dem sorgsam restaurierten Gebäude wurde früher das Salz, das den Hafen verließ, gewogen. Heute birgt es einen afrikanischen Souvenirladen und ein kleines Café.

Praia António de Sousa

Dieser schmalere Strand schließt sich östlich an Santa Maria an. Zwar kann er es an Schönheit nicht ganz mit den Stränden im Westen des Ortes aufnehmen, aber er bietet hervorragende Bedingungen für Surfer und Taucher mit den dazu passenden Schulen, Basen und Unterkünften.

Übernachten

Im Tropenstil – **Oásis Atlântico Belorizonte** 1: Praia de Santa Maria, Tel. 242 10 90, Fax 242 12 20, www.oasis atlantico.com, DZ 12000–15000 ECV. Die Bungalows in tropischer Holzbauweise stehen von Palmen umgeben im Dünensand direkt hinter dem Strand. Man wohnt individuell, was insbesondere Familien zu schätzen wissen.

Komfortabler sind die Zimmer im Hauptgebäude mit Blick auf den Pool. Geboten wird ein gutes Halbpensionsbuffet sowie mehrmals abendliche Animation. Auch pauschal über Veranstalter buchbar, all-inclusive ist möglich, aber nicht Pflicht.

Der Klassiker – **Morabeza** 2: Praia de Santa Maria, Tel. 242 10 20, www.hotelmorabeza.com, DZ 9000–15500 ECV, pauschal mit Flug ab 1200 € pro Person. Das gediegene 4-Sterne-Haus entstand Anfang der 1970er-Jahre als erstes Hotel vor Ort. Nach wie vor besticht es durch seine strandnahe, ruhige und doch relativ zentrale Lage. Alle Zimmer orientieren sich Richtung Meer. Für Wohlbefinden und Unterhaltung sorgen diverse Fitness- und Massageangebote sowie unterschiedliche Animationsprogramme. Die Bar ist am frühen Abend ein beliebter Treffpunkt für ein internationales Publikum.

Santa Maria

0 75 150 m

Sehenswert
1 Praça Marcelo Leitão
2 Centro Cultural
3 Santa Maria das Dores
4 Igreja Nazarena
5 und 6 Salinen

Übernachten
1 Oásis Atlântico
2 Morabeza
3 Riu Funaná & Riu Garopa
4 Odjo d'Água
5 Sab Sab Sal
6 Sobrado
7 Les Alizés
8 Santa Maria Beach
9 Residencial Nha Terra
10 Residencial Alternativa

Essen & Trinken
1 Atlantis
2 Ponta Preta
3 Barracuda

4 Américo's
5 Crêtcheu
6 Funaná
7 Turifogo
8 Café Kreol

Einkaufen
1 Mercado Municipal
2 Centro de Artesanato
3 Sol e Sal
4 Akuaba Arte Decor

Aktiv & Kreativ
1 Planet Windsurfing
2 Pro Atlantic
3 Neptunus
4 Ilan Voyager

Abends & Nachts
1 Pub Calema
2 Chill-@UT Café
3 O Pirata
4 Tam Tam Bar

Praia António de Sousa

Bewährte Hotelkette – **Riu Funaná & Riu Garopa** 3: Cabocan Lote A2/A3; Riu Funaná: Tel. 242 90 60, Fax 242 90 88; Riu Garopa: Tel. 242 90 40, Fax 242 90 41; www.riu.com; nur pauschal über TUI, all-inclusive und in Euro zahlbar. DZ mit Flug ab Deutschland ab 1000 € pro Woche und Person. Die mit fünf Sternen dekorierten, nebeneinander gelegenen Clubhotels bieten eine ansprechende Architektur. Von Weitem wirken sie wie eine nordafrikanische Stadt mit Türmen, Mauern, Gassen und Palmen. Weitere Pluspunkte sind die zahlreichen Sportmöglichkeiten und das gutes Essen.

Optischer Leckerbissen – **Odjo d'Água** 4: Rua 15 de Agosto, Tel. 242 14 00 und 242 14 14, Fax 242 14 30, www. odjodagua.net; DZ 8500–16500 ECV; pauschal mit Flug pro Person ab 860 €/ Woche. Das zentral gelegene Hotel ist im Stil eines andalusischen Gutshofes

gestaltet. Am schönsten sind die Zimmer im Obergeschoss mit Balkon sowie in den Nebengebäuden mit Meerblick. Gebadet wird im begrünten Poolbereich oder am eigenen Strandabschnitt. Spezialitätenrestaurant und Musikbar.

Sportorientiert – **Sab Sab Sal** 5: Praia António de Sousa, Tel. 242 13 00, Fax 242 13 02, sabsab_reservas@hotmail. com, DZ ab 10000 ECV. Ursprünglich wurde das Hotel von der sowjetischen Fluglinie Aeroflot geführt, heute steht es gänzlich renoviert unter neuer Leitung. Der Pool ist in einen weitläufigen Garten eingebettet. Die Unterkunft ist insbesondere für Surfer und Taucher nicht nur praktikabel, sondern auch recht komfortabel.

Kolonialstil – **Sobrado** 6: Tel. 242 17 20, Fax 242 17 15, www.hotelsobrado. com; DZ ca. 50 €, Suite ca. 70 €; pauschal mit Flug pro Person ab 780 €/Wo-

Auf Entdeckungstour

Das weiße Gold – zu den Salinen-becken und Salzkratern von Sal

Sal, Salz, war früher so sehr gefragt, dass die ganze Insel danach benannt wurde. Diese Tour führt zu den Relikten einer bedeutenden Industrie.

Zeit: ein Tag, wegen der starken Nachmittagshitze auch zwei Vormittage

Planung: In die aufgelassenen Salinen **5** / **6** von Santa Maria gelangt man vom Ort aus zu Fuß. Die Anfahrt nach Pedra Lume erfolgt per Mietwagen, Taxi oder Aluguer.

Start: Santa Maria (Praça Marcelo Leitão)

Windräder in Santa Maria

Auf der Praça Marcelo Leitão, dem zentralen Platz von Santa Maria, wurde ein hölzernes Windrad aufgestellt, das einst Meerwasser in die Salzpfannen der Stadt pumpte. Diese befanden sich allerdings nicht im Ortskern, sondern westlich und östlich davon. So stand das Windrad ursprünglich zwischen der Praia de Santa Maria und den angrenzenden Salinenbecken. Das Wasser wurde aus Brunnen gefördert, die man in die feuchten Salzwiesen hinter dem Sandstrand grub. Diese sind inzwischen komplett mit Hotels bebaut. Nur vor dem Hotel Morabeza erinnert ein weiteres restauriertes Windrad noch an die Zeit der Salzgewinnung. Die Salinen westlich von Santa Maria sind mit einiger Phantasie noch auszumachen, doch werden auch sie jetzt zügig mit Ferienanlagen in zweiter Reihe hinter dem Strand bebaut.

Die Salinen von Santa Maria ließ der portugiesische Geschäftsmann Manuel António Martins um das Jahr 1830 anlegen. Martins gilt zugleich auch als Gründer des Ortes. Brasilien war bis 1887 Hauptabnehmer des Salzes. Es wurde dort als Beimischung zu Viehfutter sowie für die Haltbarmachung von Fleisch und Fisch benötigt. Hohe Schutzzölle für importiertes Salz ließen diesen Markt dann aber zusammenbrechen. Zu einem erneuten Aufschwung kam es Anfang des 20. Jh., als Belgisch-Kongo als Markt erschlossen wurde, das heutige Zaire. Dieser Abnehmer fiel 1960 mit der Unabhängigkeit Zaires von Belgien weg.

In den 1980er-Jahren schließlich kam die Salzproduktion in Santa Maria völlig zum Erliegen. Für die Konservierung von Lebensmitteln war Salz dank der fortgeschrittenen Kühltechnik kaum noch nötig.

Salinengelände hinter der Costa da Fragata

Vereinzelte private Salzgewinnung findet bis heute in den Salinas nordöstlich von Santa Maria statt, zwischen dem Ort und der Costa da Fragata. Diese Salinen liegen recht weit vom Hafenkai von Santa Maria entfernt. Da die Haltung von Lasteseln und Maultieren wegen des Futtermangels problematisch war, richtete Manuel António Martins 1830 die erste Eisenbahnlinie auf damals noch portugiesischem Territorium ein. Die Wagen hatten Mast und Segel und wurden durch den stetig kräftig wehenden Passatwind angetrieben. Sie konnten jeweils ein bis zwei Tonnen Salz befördern. Als Segel dienten Jutesäcke.

Die Bahn funktionierte bis in die 1950er-Jahre. Dann allerdings übernahmen Traktoren die Aufgabe des Salztransports bis zur Stilllegung der Salinen 1984.

Um zu den Salinen hinter der Costa da Fragata zu gelangen, läuft man in Santa Maria zunächst zum Postamt am östliche Ende der Rua Amílcar Cabral und hält sich von dort in nordöstlicher Richtung auf einer der Fahrspuren, die durch ein eher planlos angelegtes Neubaugebiet führen. Anschließend lässt man Wellblechhütten, die als Viehställe dienen, rechts liegen. Nach etwa 20 Min. Gehzeit sind die ehemaligen Salzpfannen erreicht, die meist so trocken sind, dass man auf den Salzkrusten nach Belieben herumlaufen kann. Dieser Spaziergang lässt sich erweitern, indem man bis zur Costa da Fragata an der Ostküste wandert (30 Min. ab Santa Maria), wo Kitesurfer ihr Eldorado finden. Im Bogen kann es dann am Meer entlang über die Ponta do Leme Velho, die Südostspitze von Sal, in weiteren 1,5 Std. zurück nach Santa Maria gehen.

Salzkrater von Pedra Lume

In einem Vulkankrater bei Pedra Lume liegen sehr sehenswerte Salzpfannen. Sie sind von einem Parkplatz aus durch einen kurzen Fußgängertunnel zugänglich. Dahinter sind etwa 10 Min. auf einem breiten, bequemen Weg abzusteigen. Unterwegs gewinnt man von einem gemauerten Miradouro einen schönen Überblick.

Der Kraterboden befindet sich knapp unter Meeresniveau. Salzwasser dringt durch poröses Gestein in die Salzpfannen. Je nach Wasserstand kann man in der Lake baden, die aufgrund ihres hohen spezifischen Gewichts eine enorme Tragfähigkeit hat. Das Salz bleibt anschließend – wie von Einheimischen empfohlen – am besten auf der Haut, auf die es einen beruhigenden Einfluss hat. Wer mag, kann es aber auch im am Weg liegenden Badehaus abduschen (100 ECV/1 €). Dort werden diverse Thalasso-Anwendungen (9–16 €) mit Salinensalz angeboten, z. B. Peeling oder Massage mit aromatischen Ölen. Anschließend kann man auf einem Sonnendeck im Liegestuhl entspannen oder in der angeschlossenen Bar einen Kräutertee genießen. Ein kleiner Shop hält Salinensalz für Badeanwendungen daheim bereit.

Seilbahn und Salzverladestation

Erschlossen wurden die Salinen von Pedra Lume Ende des 18. Jh. durch Manuel António Martins, der auf Boavista lebte. 1804 ließ er den Tunnel durch die Kraterwand bohren, um leichter an das Salz zu gelangen. Im Jahr 1919 erwarb die französische Firma Les Salines do Cap-Vert die Salzpfannen. Sie installierte die heute noch vorhandene Lastenseilbahn, die theoretisch 25 t Salz pro Stunde vom Krater zum rund 1 km entfernten Hafen transportieren kann. Seit den 1930er-Jahren nahm der Salzexport jedoch stetig ab. 1984 wurden die Seilbahn und die Verladestation am Hafen schließlich stillgelegt. Letztere ist inzwischen halb verfallen und dient als beliebtes Fotomotiv.

Salzbecken auf dem Kratergrund bei Pedra Lume

che. Im Stil eines traditionellen Stadthauses neu erbaut, liegt dieses Hotel in einem Neubaugebiet am Ortseingang, gefällt aber durch die großen und angenehmen Zimmer. Bar und Restaurant befinden sich ebenfalls im Haus, und auch ins Zentrum von Santa Maria ist es nicht weit. Hübscher Garten mit Pool sowie Spa-Bereich.

Mit Flair – **Les Alizés** 7 : Rua 1°de Junho, Tel. 242 14 46, Fax 242 10 08, les alizes@cvtelecom.cv, DZ ca. 6500 ECV. Charmante Pension unter französischer Leitung in einem zentral gelegenen alten Handelshaus: wunderschön in klassischem Altrosa gehalten, mit umlaufendem weißem Balkon und Dachterrasse. Wer mitten im Geschehen sein und zugleich stilvoll wohnen möchte, ist hier goldrichtig.

Surfer (fast) unter sich – **Santa Maria Beach** 8 : Rua 15 de Agosto, Tel. 242 14 50, Fax 242 14 78, santamaria_beach@ yahoo.com.br, DZ um 5500 ECV. Die vorwiegend von Surfern gebuchte Unterkunft liegt hinter der Praia António de Sousa. Am schönsten sind die Zimmer mit Balkon und Meerblick.

Individuell – **Residencial Nha Terra** 9 : 1°de Junho, Tel. 242 11 09, Fax 242 15 34. Freundliches Haus am Westrand des Zentrums. Empfehlenswert sind die Zimmer mit Meerblick. Kleine, hübsche Poolanlage. DZ 4700–5500 ECV.

Für Traveller – **Residencial Alternativa** 10 : Rua Amílcar Cabral, Tel. 242 12 16, Fax 242 11 65, DZ 2300–3400 ECV. Preiswerteste Unterkunft in Santa Maria. Alle Zimmer mit eigenem Bad, sonst ist der Standard sehr einfach.

Essen & Trinken

Lecker essen am Strand – **Atlantis** 1 : Praia de Santa Maria, Tel. 242 18 79, tgl. geöffnet, Hauptgerichte 900–1200 ECV, Langusten 2000 ECV, kleine Mittagsgerichte/Salate ab 500 ECV. Das moderne Restaurant vor dem Hotel Belorizonte steht unter der Leitung des Franzosen Patrick Heintz und zeichnet sich durch gute Küche und angenehmen Service aus.

Surferszene – **Ponta Preta** 2 : Tel. 992 36 90, Hauptgerichte 900–1200 EVC. Einsam steht das schlichte Strandlokal mit schattiger Terrasse an der gleichnamigen Landspitze. Ideal zum Beobachten der Surfkünstler in der nahen Brandungszone, wunderschön zum Sonnenuntergang.

Schöne Adresse für Fisch – **Barracuda** 3 : Rua 15 de Agosto, Tel. 242 17 49 u. 993 70 10, Mo Ruhetag, Hauptgerichte um 800 ECV. Gehobenes Fischrestaurant mit geräumiger, überdachter Terrasse direkt am Strand. Es empfiehlt sich die Reservierung am Vortag bzw. mittags für den Abend.

Seit Jahren bewährt – **Américo's** 4 : Rua 1° de Junho, Tel. 242 10 11, tgl. geöffnet, Hauptgerichte ab 750 ECV. Besonderer Beliebtheit erfreut sich die Terrasse im Obergeschoss. Reichhaltiges Angebot an kapverdischen und portugiesischen Gerichten, darunter die berühmte *cataplana*, ein Schmortopf mit Meeresfrüchten.

Italiener am Meer – **Crêtcheu** 5 : Cais de Pesca, Tel. 242 12 66, nur abends geöffnet, Gerichte ab 750 ECV. Auf der luftigen Terrasse neben dem alten Waagehaus genießt man den Meerblick und speist italienisch: Nudelgerichte, Pizza, Carpaccio vom Thunfisch.

Hier ist Musik angesagt – **Funaná** 6 : Praia de Santa Maria, Tel. 242 10 68, tgl. geöffnet, Hauptgerichte 6–20 €. Der Klassiker am Strand, in der Nähe des Hotels Morabeza. Abends Musik und Tanz, am Do, Fr und Sa Buffet.

Immer einen Abstecher wert – **Turifogo »Zum Fischermann«** 7 : Rua Amílcar Cabral, Tel. 991 76 00, tgl. 18–23 Uhr, Hauptgerichte ab 600 ECV, Languste

Unser Tipp

Café Cultural

Im ›Kulturcafé‹ an der Praça Marcelo Leitão, das dem örtlichen Centro Cultural **2** angeschlossen ist, gibt es Eis, Kuchen und frisch gepresste Fruchtsäfte. Aber auch ›richtige‹ Mahlzeiten werden serviert (Hauptgerichte 750–1200 ECV). Als besonders empfehlenswert gilt die *cachupa*. Originell ist auch, dass die Tische draußen auf dem Platz die Form der einzelnen Inseln von Kap Verde haben.

ab 1800 ECV. Bewährtes Lokal unter deutscher Leitung am westlichen Ortseingang mit großer Auswahl an Fischgerichten und Meeresfrüchten. Auf der begrünten Terrasse sitzt man in netter Atmosphäre, häufig Livemusik.
Authentisch – **Café Kreol 8**: Travessa Patrice Lumumba, Tel. 242 17 74, Mittagsgerichte um 500 ECV, Hauptgerichte 700–850 ECV. Das winzige, witzige Lokal unter einheimischer Leitung gibt es schon ewig. Es ist eine Mischung aus Eiscafé, Bar und Restaurant. Die nette kleine Terrasse dient als beliebter Treffpunkt.

Einkaufen

Markt – **Mercado Municipal 1**: Rua 15 de Agosto, tgl. 9–18 Uhr. Obst- und Gemüsehändler sind in der kleinen städtischen Markthalle in der Minderheit. Die meisten Stände werden von afrikanischen Händlern betrieben, die ihre Souvenirs in allen europäischen Sprachen anpreisen.

Insel-Kunsthandwerk – **Centro de Artesanato 2**: Rua 1° de Junho. In einem restaurierten Stadthaus logiert das staatliche Kunsthandwerkszentrum, in das eine Töpferwerkstatt mit Verkauf integriert ist. Außerdem gibt es eine gute Auswahl an kapverdischer Musik.
Alternative Mitbringsel – **Sol e Sal 3**: Rua 1° de Junho. Im Erdgeschoss der Pension Les Alizés verkauft der kleine, aber feine Laden Spielautos und -motorräder aus Blechdosen, exotische Marmeladen, Kräuter und Kräutertees, Badesalz aus Pedra Lume sowie die selten erhältlichen *panos*. Alle Produkte stammen von den Kapverdischen Inseln.
Dekoratives aus Afrika – **Akuaba Arte Decor 4**: an der Straße zum Cais de Pesca, Mo–Sa 9–12.30, 15.30–20 Uhr. Eine besondere Adresse für Souvenirs vom Schwarzen Kontinent. Beachtung verdienen die geschnitzten Masken, aber auch der schöne Schmuck und die Batiktextilien.

Aktiv & Kreativ

Surfen – **Planet Windsurfing 1**: Praia António de Sousa, Tel. 242 15 75, in Deutschland 0881 927 71 17, Fax 927 71 19, www.planetwindsurfing.com, Nov.– April. Die Surfschule unter deutscher Leitung mit dem bewährten Team um Pezi Huber und Willy Klose bietet ca. 70 Boards. Private Unterrichtsstunde mit Ausrüstung im Windsurfen 50 €, im Kitesurfen 60 €.
Surfen – **Surf Zone:** Praia de Santa Maria, Hotel Morabeza Beach Club **2**, Tel. 982 79 10, www.surfcaboverde.com. Mehrsprachiges Team. Kurse für Anfänger und Fortgeschrittene. 35 Boards, Kitesurfen und Wellenreiten.
Surfen – **Club Mistral:** Praia de Santa Maria, beim Restaurant Atlantis **1**, Tel. 993 47 99, www.club-mistral.com.

In vielen Ländern vertretene Gruppe. Vielseitiges Angebot, mehrsprachig.

Tauchen – **Pro Atlantic** : Praia António de Sousa, Tel. 991 29 14, www.cabo-verde.de. Die Basis unter deutscher Leitung blickt auf eine langjährige Erfahrung auf Sal zurück. Ausrüstung wird gegen geringe Gebühr komplett gestellt. Tauchgänge und Kurse vom Anfänger bis zum Profi, z. B. 1 Tauchgang 35 €, 6 Tauchgänge 198 €.

Tauchen – **Scuba Caribe:** Ponta Preta, www.scubacaribe.com. Die Basis am Strand vor den Clubhotels Riu Funaná & Riu Garopa wird von internationalen Tauchlehrern geführt; englisch- und deutschsprachig.

Tauchen – **Manta Diving Centre:** Praia de Santa Maria, Hotel Oásis Atlântico Belorizonte , Tel. 242 15 40, www.mantadivingcenter.cv. Kurse für Anfänger und Fortgeschrittene, auch auf Deutsch. Ausfahrten auch nachts.

Ausflüge – **Planeta Cabo Verde Turismo:** Rua 15 de Agosto (nahe Hotel Sab Sab Sal), Tel. 242 15 75, Fax 242 17 27, info@planeta-caboverde.com. Ausflüge auf Sal und zu anderen Inseln.

Glasbodenboot – **Neptunus** : Tel. 999 42 00. Einstündige Ausfahrten zur Beobachtung der Meeresfauna an den Schiffswracks ›Santo Antão‹ und ›Bolana‹ ab dem Cais de Pesca, max. 24 Passagiere, pro Person 3300 ECV. Auch nächtliche Exkursionen (4100 ECV).

Nach Boavista – **Ilan Voyager** : Ganztägige Bootsausflüge ab dem Cais de Pesca zur Nachbarinsel mit dem Trimaran ›Ilan Voyager‹ für max. 8 Passagiere, einschließlich Inselrundfahrt. Überfahrt ca. 1 Std.; es besteht die Chance, Wale oder Delfine zu beobachten. Buchbar im Hotel Morabeza (s. o.), für Hotelgäste 13 000 ECV/120 €, sonst 15 000 ECV/140 €, Kinder halber Preis, Zahlung per Kreditkarte möglich.

Wellen und Wind: Einer der besten Surfspots der Welt ist die Ponta Preta

Abends & Nachts

Caipirinha & Co. – **Pub Calema 1**: Rua 1° de Junho. Surfer wie Nichtsurfer wissen die gemütliche, kommunikative Bar zu schätzen. Beliebt sind die Cocktails, allen voran die aus Brasilien »importierte« Caipirinha.

›Der‹ Treff – **Chill-@UT Café 2**: Rua 1° de Junho. Die enge Musikbar sucht irgendwann am Abend jeder auf, der sehen und gesehen werden möchte.

Zum Kennenlernen – **O Pirata 3**: am westlichen Ortseingang, tgl. 23–ca. 4 Uhr. Der urig eingerichtete, einer alten Karavelle nachempfundene Disco-Pub ist zugleich Pizzeria. Junges, kontaktfreudiges Publikum.

Gediegen – **Pub Titanic:** Rua 15 de Agosto. Das Tanzlokal im Untergeschoss des Hotels Odjo d'Água 4 bietet gepflegte Unterhaltung bei Livemusik. Auch Nicht-Hotelgäste finden sich gern hier ein.

Vielfältig – **Tam Tam Bar 4**: Rua Amílcar Cabral. Eine bunte Mischung verschiedener Nationalitäten findet sich auf der Terrasse ein, um den Tag bei einem Drink ausklingen zu lassen.

Infos & Termine

Infos

Städtischer Kiosk auf der Praça Marcelo Leitão. Hier ist gegen Gebühr eine Inselkarte mit Stadtplänen von Santa Maria und Espargos erhältlich, die ausführliche Beschreibungen und Abbildungen verschiedener auf Sal vorkommender Vogelarten enthält; interessant für Bird-Watcher, die auf eigene Faust losziehen wollen.

Termine

Festival da Praia de Santa Maria: Zwei Tage und Nächte um den 15. September wird ein großes Musikfestival am Strand veranstaltet. Seit einigen Jahren Höhepunkt der Festivitäten auf Sal mit nationalen und internationalen Gruppen.

Verkehr

Aluguer und Taxi: am Ortseingang bei der Bar Lourdes/Parada. *Passagem* nach Espargos 100 ECV.

Mietwagen: Alucar, im Hotel Morabeza, Tel. 242 11 11, Fax 242 11 87, alu carslrc@cvtelecom.cv; ab ca. 6500 ECV/ 60 € pro Tag. Auch in anderen Hotels gibt es Mietwagenstationen.

Fahrräder: Viele Ferienanlagen verleihen gegen Gebühr Fahrräder an ihre Gäste. Auch an der Praia de Santa Maria gibt es Verleihfirmen.

Murdeira ▶ Karte 2, R 5

Die wüstenhafte Landschaft zwischen Santa Maria und Espargos ist kaum besiedelt. Als einzige Ausnahme ist die kleine Feriensiedlung Murdeira an der Westküste in der halbkreisförmigen Bucht zu nennen. Einen gewachsenen Ort gibt es jedoch nicht, sondern lediglich einen älteren und einen neueren Bungalowkomplex. Die Wohneinheiten befinden sich großenteils in Privatbesitz, lediglich ein kleinerer Teil wird als Aparthotel betrieben.

Baden & Beachen

Praia do Cascalho

Zwischen den beiden Komplexen der Feriensiedlung Murdeira liegt diese fast vollständig durch Felsbarrieren vom Meer abgetrennte kleine Bucht mit schmalem Sandstrand und angrenzendem Parkplatz, die fast wie ein künstlich angelegtes Becken wirkt. Sicheres Baden ist hier bei fast jeder Wetterlage möglich.

Baía da Murdeira

Die geräumige Bucht ist in ihrem Nordteil in zahlreiche kleine Strände gegliedert. Diese sind alle über eine nicht beschilderte Piste in Richtung auf den markanten Monte Leão (auch Rabo de Junco; 165 m) hin zu erreichen. Das Meer ist hier meist recht ruhig, da die Strände auf der windabgewandten Seite der Insel liegen.

Calheta Funda

Unmittelbar südlich der Baía da Murdeira liegt inmitten von Felsriffen die kleinere Sandbucht Calheta Funda. Sie ist über eine Piste (von der Hauptstraße Santa Maria–Espargos ausgeschildert) zu erreichen. Durch vorgelagerte Felsen ist der Strand geschützt und für Kinder zum Baden geeignet.

Übernachten

Einsam in der Bucht – **Murdeira Village:** Tel. 241 25 50, Fax 241 16 05, turimsal@cvtelecom.cv, Apartment für 2 Personen 8000 ECV. Die in einen Garten eingebettete Bungalowanlage verfügt über einen großen Pool mit Kinderbecken, ein Restaurant und einen Minimarkt für Selbstversorger.

Espargos ► Karte 2, R 5

In Espargos (8000 Einw.) lässt sich eine authentische Atmosphäre abseits vom Tourismus erleben. Auch bietet es sich an, hier zu übernachten, wenn man am nächsten Tag auf eine andere Insel weiterreisen möchte. Vom Ortseingang führt die breite Rua 5 de Julho Richtung Norden zur Praça 12 de Setembro mit der wichtigsten Kirche der Stadt, der Igreja Nazarena. Wie bei den Gotteshäusern der Nazarener üblich, ist sie kräftig türkisblau gestri-

chen. An der Straße entlang weiter nordwärts und dann schräg links gelangt man zur Pracinha de Quebrada, einem dreieckigen Platz. Im Schatten gewaltiger Akazien treffen sich dort Männer zum Kartenspiel.

Namengebend für den Ort war der wilde Spargel (port. *espargos*), der ringsum nach den seltenen sommerlichen Regenfällen aus dem Boden schießt. Espargos ist nur wenige Jahrzehnte alt. Die Siedlung entwickelte sich aus einer Gruppe von Baracken, die in der Nähe des Flughafens gegen Ende des Zweiten Weltkriegs errichtet worden waren. Seither ist der Ort kräftig gewachsen, aber auch die sozialen Unterschiede haben zugenommen. Richtung Osten entstand ein moderner, relativ wohlhabend wirkender Stadtteil mit Geschäften, Bars und Restaurants. In anderen Wohnvierteln an der Peripherie hingegen leben Einwanderer von anderen Inseln und dem afrikanischen Kontinent unter recht einfachen Bedingungen.

Ausflüge

Terra Boa und Baía de Fiura

Nördlich von Espargos erstreckt sich ein fast menschenleeres Gebiet, das sich Jeepfahrern erschließt. Um auf die dortigen, staubigen Pisten zu gelangen, fährt man durch Espargos auf der Rua 5 de Julho geradeaus, über die Pracinha de Quebrada hinweg zur Rua 8 de Março. Auf ihr geht es nordwärts. Kurz vor einer großen Kreuzung, bei einer öffentlichen Wasserstelle, zweigt links eine Piste ab. Sie schwenkt gleich darauf wieder nach Norden. Im Osten erhebt sich nun weithin sichtbar eine Vulkanreihe, angeführt vom höchsten Berg der Insel, dem Monte Grande (406 m). Im Westen ragt der Monte Leste (263 m) bei Buracona (S. 108) auf.

Der breite, in gutem Zustand befindliche Fahrweg führt auf die Oase Terra Boa zu. Dort bauen die Bewohner des Ortes Palmeira traditionell Kohl, Mais, Bohnen und anderes Gemüse an. Ein Tag Regen pro Jahr reicht ihnen aus, um erfolgreich eine Ernte einzufahren.

Jenseits von Terra Boa bieten sich zwei Abstecher zur rauen Nordküste an. Man kann zunächst der breiten Hauptpiste nordwärts folgen. Jetzt wird die Landschaft abrupt trocken. Je nach Lage der Luftschichten kann es hier zum Phänomen der Fata Morgana kommen: Große Seen scheinen sich vor dem Betrachter auszubreiten, überdimensionale Akazien wiegen sich im Wind, eventuell vorausfahrende Jeeps sehen aus wie doppelstöckige Busse. Im Norden ist inmitten einer kargen Steinwüste ein kleiner spitzer Berg, der Morrinho de Açúcar, zu erkennen. Bei der Erhebung handelt es sich um einen ehemaligen Vulkanschlot, der in seiner Gesamtheit aus schön herausgebildeten Basaltsäulen besteht. Die Piste gabelt sich hier. Rechts geht es nur zu einem Steinbruch. Bleibt zu hoffen, dass der Morrinho de Açúcar ihm nicht zum Opfer fällt. Halblinks, also eher geradeaus, führt der Fahrweg noch ein Stück weiter, wird aber undeutlicher. Es folgt eine weitere Gabelung. Links gelangt man in Richtung Meer, gleich darauf endet die Piste. Wenige Schritte durch eine Steinwüste sind es noch zur Küste. Bizarres, schwarzes Lavagestein und permanent starker Seegang sind hier die Sehenswürdigkeiten.

Der zweite Abstecher führt zur Ponta Norte, der Nordspitze von Sal. Nördlich von Terra Boa zweigt von der Hauptpiste ein zunächst undeutlicher sandiger Fahrweg nach rechts (Osten) ab. Zur Orientierung kann ein Windrad dienen, das links der Hauptpiste steht. Der Verlauf des Nebenfahrwegs wird vorübergehend sehr undeutlich, denn der Sand ist hier staubartig fein und wird leicht verweht. An dieser Stelle befand sich einst der Grund eines heute ausgetrockneten Sees. Die Fahrspuren bleiben stets östlich des Morrinho de Açúcar und vereinen sich bald zu einer deutlicheren Piste. Es folgt eine eindeutige Gabelung, beide Spuren treffen aber wieder zusammen.

Kurz vor dem Ziel fächern sich die Spuren abermals auf. Hier sucht man sich den besten Weg, bis eine deutliche Schotterpiste erreicht ist, die direkt zum zerfallenen Leuchtturm (*farol*) an der Ponta Norte führt. Einsam steht die Ruine in geradezu mystisch anmutender Atmosphäre. Mittlerweile ersetzt den Farol jedoch ein solarbetriebenes modernes Leuchtfeuer. Südöstlich vom Leuchtturm liegt die Baía de Fiúra.

Caletinha

Um den Monte Curral, den auffälligen 107 m hohen ›Antennenhügel‹ von Espargos, führt eine Pflasterstraße. Nordöstlich der Stadt dienen niedrige Wellblechhütten als Viehställe. Die Piste nach Caletinha führt rechts daran vorbei, die Oase Terra Boa lässt man links liegen. Zunächst führt der undeutliche Fahrweg stets auf den Monte Grande (252 m) zu, biegt aber vor dem Berg nach Osten ab. Die Sandpiste endet an der Ostküste, an der Bucht Caletinha. Ein kleiner Sandstrand ist der durch den Nordostpassat stetig aufgewühlten See ausgesetzt. Zum Baden ist die Stelle nicht geeignet.

Übernachten

Erstes Haus am Platz – **Atlântico:** Rua Amílcar Cabral, Tel. 241 12 10, Fax 241 15 22, hotelatlantico@cvtelecom.cv, DZ 4400 €. Weitläufige 3-Sterne-Anlage im Motelstil in Flughafennähe. Allerdings verfügen hier nicht alle Zimmer über warmes Wasser. Das Restaurant bietet gutes, landestypisches Essen (Hauptgerichte um 700 ECV).

Nett und ordentlich – **Residencial Casa Angela:** Rua B. Leza/Rua Abel Djassy 20, Tel. 241 13 27, DZ 3500 ECV. Das gepflegte Haus in der Nähe der Pracinha Quebrada befindet sich unter kapverdisch-portugiesischer Leitung. Im Restaurant wird landestypische Küche serviert (Hauptgerichte ab 600 ECV).

Einheimische Gäste überwiegen – **Residencial Central:** Rua 5 de Julho, Tel. 241 11 13 und 241 13 66, Fax 241 16 10, central@cvtelecom.cv, DZ 3500 ECV. Einfache, zentrale Unterkunft. Einige Zimmer verfügen über einen Balkon, ansonsten gibt es eine Dachterrasse.

Essen & Trinken

Klassisch – **Salinas:** Rua 5 de Julho, Tel. 241 17 99, Hauptgerichte 700–900 ECV, Languste um 1400 ECV. Sehr gepflegtes Lokal mit Fischspezialitäten.

Kommunikativ – **Sivy:** Praça 12 de Setembro, Tel. 241 41 23, Hauptgerichte ab 500 ECV. In der Bar, die auch Tische ins Freie stellt, treffen sich die Einheimischen. Das kleine Restaurant nebenan bietet ordentliche Küche.

Einkaufen

Musik – **Tropical Dance:** Rua 5 de Julho. Gute CD-Auswahl mit vielen kapverdischen Interpreten.

Infos

Flüge: TACV, Büro im Flughafen, Tel. 241 12 68, Fax 241 13 20. TAP Air Portugal, Büro im Flughafen, Tel. 241 11 95, Fax 241 13 87.

Unser Tipp

Esplanada Bom Dia

Das unkomplizierte Lokal gegenüber vom Hotel Atlântico ist der netteste Treffpunkt in Espargos. Man sitzt bei einem Drink auf der bunt gefliesten Terrasse und isst dazu leckere Kleinigkeiten, wie etwa *percebes* (Entenmuscheln) oder *cachupa* (Eintopf). (Largo Hotel Atlântico: Tel. 241 14 00, tgl. ab ca. 11 Uhr).

Mietwagen: Alucar, Tel. 242 11 87.
Aluguer: Praça Abilio Duarte. *Passagem* nach Santa Maria 100 ECV.
Taxi: Taxistand am Flughafen, nach Santa Maria ca. 10 €, Nachtzuschlag 30 %.

Pedra Lume ► Karte 2, R 5

Der winzige Ort wirkt meist wie ausgestorben. Dennoch leben hier ein paar Bewohner vor allem vom Fischfang. Es gibt sogar einen winzigen, pittoresken Fischerhafen, in dem die kleinen offenen Boote liegen. Nach dem Willen italienischer Investoren und der Inselregierung soll es mit der Ruhe aber bald vorbei sein. Ein riesiges Resort mit Golfplatz ist bei Pedra Lume geplant.

Pedra Lume ist, wenn man so will, der geschichtsträchtigste Ort auf Sal. Jahrhundertelang verirrten sich kaum mehr als ein paar Schildkrötenfänger auf die wüstenhafte Insel, bis Ende 18./Anfang 19. Jh. die Salzvorkommen erschlossen wurden (s. S. 98). Von 1835 stammt die kleine weiße Capela Nossa Senhora da Piedade, deren Äußeres seither praktisch unverändert blieb.

Essen & Trinken

Ausflugslokal – **Cadamosto:** Tel. 241 22 10, Hauptgerichte ab ca. 700 ECV. Das Ausflugslokal punktet durch die überdachte Terrasse am Meer. Spezialisiert ist es auf Gegrilltes aller Art. Seinen Namen trägt das Restaurant nach einem venezianischen Seefahrer, der die Kapverden im Jahre 1456 in portugiesischem Auftrag entdeckte.

Infos

Aluguer und Taxi: Von Espargos fahren sporadisch Aluguers nach Pedra Lume. Für die Rückfahrt am besten schon in Espargos Taxi bestellen (ca. 500 ECV bis Espargos).

Palmeira ▶ Karte 2, R 5

Hier befindet sich der Haupthafen der Insel. Sämtliche Güter, die nicht auf dem Luftweg nach Sal kommen, werden in Palmeira angelandet, insbesondere der Treibstoff für die Fluggesellschaften. So bilden Öltanks der Firmen Enacol und Shell den Hintergrund des gepflegten Strandes. Dennoch besitzt Palmeira ein Flair, wie es sonst auf Sal nirgendwo zu finden ist. Jenseits der Tanklager verbirgt sich ein authentischer Hafenort. An der Hauptstraße steht die völlig intakte Markthalle, wo wirklich noch Bauern Gemüse verkaufen. In der Bucht neben dem eigentlichen Haupthafen liegen die Fischerboote. Stets ankern hier auch einige Segeljachten. Oberhalb der Fischereimole steht die hübsche Capela de São José an einem mit Kopfsteinen gepflasterten Platz. Dort kann man sich auf der Mauer über der Bucht niederlassen und in Ruhe die beschauliche Atmosphäre genießen.

Buracona

Kaum eine Inselrundfahrt lässt Buracona aus. In Felsbecken vulkanischen Ursprungs haben sich dort kleine Tümpel oberhalb des Meeresspiegels gebildet, deren Wasser bei Flut auf natürliche Weise ausgetauscht wird. Angrenzende Gesteinsflächen bieten sich zum Sonnenbaden an. Buracona ist damit nicht nur ein schöner Badeplatz (vorausgesetzt, die Brandung schwappt nicht zu kräftig in die Becken), sondern besitzt als besondere Attraktion das ›blaue Auge‹, ein Loch im Felsen, unter dem der Atlantik gurgelt. Um die Mittagszeit fallen die Sonnenstrahlen bis zum Wasser hinunter, das dadurch tiefblau aufblitzt.

Von Palmeira führt eine ausgeschilderte Piste, die kurz vor der Hafeneinfahrt beim Zollamt rechts abzweigt, entlang der Küste zum 6 km entfernten Buracona. Zu Fuß ist die völlig einsam vor der Kulisse des Vulkankegels Monte Leste (263 m) gelegene Felsbucht in etwa 1,5 Std. vom Ort aus zu erreichen. Da es auf dem Parkplatz von Buracona wiederholt zu Autoaufbrüchen gekommen ist, rät die örtliche Polizei, nichts im Leihwagen liegen zu lassen.

Die Unterwasserwelt vor Buracona gilt übrigens als einer der besten Tauchspots weltweit. Die Tauchbasen von Santa Maria fahren ihre Gäste bevorzugt per Boot hierher, um Sandbänke, untermeerische Höhlen und Schiffswracks zu erkunden.

Praia Fontona

Am Ortseingang von Palmeira zweigt am Shell-Tanklager eine Piste in Richtung Süden zur Praia Fontona ab. Der Strand liegt in einer geschützten Bucht. Hier badet es sich doch angenehmer als am Strand im Hafenbecken von Palmeira. Im Hinterland der Praia

Fontona liegt eine landwirtschaftlich genutzte Oase mit Dattel- und Kokospalmen.

Essen & Trinken

Chillig – **El Cantinho da Palmeira:** in einer Seitenstraße zwischen Markthalle und Hafenstrand, Hauptgerichte 800–1500 ECV. Das kleine Lokal mit seiner netten Atmosphäre und einigen wenigen Tischen vor dem Haus ist äußerst begehrt.

Frisch aus dem Meer – **Nôs Pimba:** am Ortseingang, Tel. 241 23 19, Hauptgerichte ab ca. 600 ECV. Das am Wochenende von einheimischen Ausflüglern gern frequentierte, sympathische Lokal ist auf Meeresfrüchte spezialisiert. Wer hier keinen Tisch bekommt, findet auf der Hauptstraße mit dem Lagosta und dem La Garopa zwei weitere Restaurants mit ganz ähnlichem Angebot.

Abends & Nachts

Wie in allen Hafenorten, so verteilen sich auch in den Gassen von Palmeira etliche Bars.

Locker – **Capricórnio:** bei der Capela de São José. Die überdachte Terrasse mit Hafenblick ist maritim dekoriert. Stets ertönt fetzige Musik.

Infos & Termine

Termine

Festa de São José: 19. März. Am Tag des hl. Joseph feiert Palmeira ein buntes Volksfest mit Messe in der gleichnamigen Kapelle und Prozession.

Verkehr

Aluguer: Sporadischer Aluguerverkehr von und nach Espargos.
Fähre: Einmal wöchentlich Autofähre der STM Lines, die zwischen verschiedenen Inseln pendelt.

Idealer Badeplatz bei ruhiger See: das ›blaue Auge‹ von Buracona

Boavista

Highlight!

Praia de Santa Mónica: Viele halten den hellsandigen, praktisch menschenleeren Strand für den schönsten der Kapverden. Schon die Anfahrt per Jeep ist ein Erlebnis. Baden gestaltet sich allerdings wegen Brandung und Unterströmungen unmöglich. S. 127

Auf Entdeckungstour

Lagunen zwischen Dünen: Feuchtgebiete von internationalem Rang sind die Strandseen im Südosten der Insel Boavista. Auf einer Geländewagenfahrt durch dieses einsame Gebiet lassen sich Palmenoasen, eine bizarre Salzflora und seltene Vogelarten entdecken. S. 130

Capela Nossa
Senhora de Fátima
Sal Rei
Praia do Estoril
Rabil
Praia de Ervatão
Praia de Santa Mónica
Lagunen zwischen Dünen

Kultur & Sehenswertes

Capela Nossa Senhora de Fátima: Morbider Charme umgibt die auf einer Felskuppe thronende Wallfahrtskapelle, zu der über die Klippen von Sal Rei ein kurzer Spaziergang führt. S. 116

Escola de Olaria: Das alte Handwerk der Töpferei wurde in Rabil neu belebt. In der Keramikerschule wird alles von Hand und ohne die Verwendung einer Drehscheibe gefertigt. S. 123

Aktiv & Kreativ

Turtle-Watching: Einer der weltweit bedeutendsten Eiablageplätze der Unechten Karettschildkröte liegt an Boavistas Ostküste, an der Praia de Ervatão. S. 121

Quad-Exkursionen: Mit dem vierrädrigen Geländemoped kann man die grandiose Insellandschaft auch abseits der wenigen Straßen erkunden. Exkursionen führen über goldene Dünen und rote Vulkanerde. S. 121

Genießen & Atmosphäre

Tortuga Beach Club: Das geräumige Terrassenlokal an der Praia do Estoril vermietet windgeschützte Sonnenliegen. Zwischendurch bestellt man einen kühlen Drink oder original italienische Pasta. S. 116

Restaurant Naida: Hier geht es noch klassisch zu. Ohne Vorbestellung kein Essen, aber wenn man rechtzeitig seine Wahl trifft, holt die Köchin alles frisch vom Markt in Sal Rei. S. 119

Abends & Nachts

Kanta Morna Café: Im ehemaligen Domizil eines Salzhändlers, dem Migrante Guest House in Sal Rei, lädt das Café zum Entspannen ein. Die Atmosphäre ist szenig, oft gibt es Livemusik. S. 121

Pub Makena: Wer dazugehören will, findet sich irgendwann am Abend in der schummrigen Musikkneipe neben der Markthalle in Sal Rei ein. S. 121

Boavista – die Sandinsel

Landschaftlich noch fast unberührt präsentiert sich Boavista mit seinen schier endlosen Dünenstränden, Palmenoasen und Steinwüsten. In der geschützten Bucht der Hafen- und Hauptstadt Sal Rei ist das Meer meist spiegelglatt. Das lockt Badende und Surfer an die hellsandige Praia de Estoril, die hier auch eine Reihe sehr sympathischer familiärer Unterkünfte finden können. Nach Süden schließt sich die lange Praia da Chave an, die erst allmählich mit weitläufigen Hotelanlagen bebaut wird. Strandwanderer haben den Küstenstreifen großenteils für sich allein.

Infobox

Auf Boavista gibt es keine Touristeninformationsstelle. Auf der privaten Internetseite www.boavistaexperience.com findet man interessante Infos auf Englisch.

Verkehr

Charterflüge der TUIfly fliegen Boavista von Deutschland aus an (s. S. 20). Ansonsten ist die Insel per Inlandflug mit Propellermaschinen der TACV zu erreichen (z. B. tgl. ab Sal). Einmal wöchentlich läuft eine Autofähre der STM Lines, die verschiedene Kapverden-Inseln miteinander verbindet, Sal Rei an. An Airport und Hafen warten jeweils genügend Aluguers, die Taxidienste übernehmen (maximal 10 € Fahrkosten je nach Lage des Hotels). Als Sammeltaxi verkehren die Aluguers nur selten. Die Insel erkundet man besser per Mietwagen (mehrere örtliche Anbieter in Sal Rei).

Zweiter nennenswerter Ort auf dem dünn besiedelten Boavista ist das landeinwärts über einem fruchtbaren Oasental thronende Rabil. Das Leben geht hier noch einen ruhigen Gang, auch wenn der nahe gelegene Besuchermagnet, die weiß glitzernde Wüste von Viana, immer mehr Tagestouristen anlockt.

Sahara ›light‹ bieten Abenteuerfahrten per Jeep oder Quad zu den einsamen Stränden des Südens und Ostens. Hier finden Meeresschildkröten noch ruhige Plätze zur Fortpflanzung, seltene Vogelarten umkreisen Felseilande und Lagunen und eine karge, aber bemerkenswerte Flora macht sich hinter den Dünen breit. Baden ist allerdings wegen oft heftiger Brandung und unberechenbarer Unterströmungen nicht möglich.

Sal Rei ▶ Karte 2, R 9

Der aufkeimende Tourismus ist in der Hauptstadt Sal Rei (2200 Einw.) unübersehbar. Rings um den recht überschaubaren Ortskern wird viel gebaut, wobei die meisten Anlagen nicht als Hotels geplant sind, sondern als Apartmenthäuser, deren Wohneinheiten an Europäer verkauft werden sollen. Einige Unterkünfte im Zentrum und an der südlich angrenzenden Praia de Estoril können über Reiseveranstalter gebucht werden. Aber auch Individualtraveller werden hier fündig, denn es gibt einige einfache Pensionen.

Die Bucht von Sal Rei ist durch eine vorgelagerte Insel geschützt. An der Praia de Estoril lässt es sich vergleichsweise gefahrlos baden. Auch Wind- und Kitesurfer sowie Taucher treffen in Sal Rei gute Bedingungen an.

Geschichte

Im 19. Jahrhundert war Sal Rei jahrzehntelang die wirtschaftlich bedeutendste Stadt der Kapverden. Um 1810 entstanden hier große Handelshäuser, zumeist von Engländern geführt, weshalb der damals aufstrebende Ort auch zunächst Porto Inglês, englischer Hafen, genannt wurde. Erst 1820 erfolgte die Umbenennung in Sal Rei. Der Export von Kalk, Salz, Baumwolle, Vieh und dem Naturfarbstoff der Färberflechte (*urzela*) florierte. Doch ab 1860 versandeten die Salinen von Sal Rei und Ende des 19. Jahrhunderts lösten künstliche Anilinfarben die Naturfarbstoffe ab. Zu Beginn des 20. Jahrhunderts wurde der Baumwollanbau auf Boavista aufgegeben, bedingt durch gefallene Weltmarktpreise. Was blieb, war die Kalkindustrie, deren Niedergang in den 1940er- und 1950er-Jahren Sal Rei in einen Dornröschenschlaf verfallen ließ, aus dem es erst heute wieder erwacht.

Largo Santa Isabel 1

Den geräumigen, rechteckigen Platz im Zentrum von Sal Rei zieren zwei Pavillons. Einer, die **Esplanada Silva** 1, serviert auf einer großen, schattigen Terrasse Getränke und ist ein guter Standort, um das Geschehen ringsum in Ruhe zu verfolgen. Am Nordostrand des Largo gibt es einen großzügigen Kinderspielplatz.

An der meerwärtigen Seite erhebt sich gegenüber der Kirche – gut an dem breiten Balkon zu erkennen – die **Casa Ben Oliel** 2, das ehemalige Haus einer jüdischen Händlerfamilie. Die Ben Oliels flüchteten 1850 aus Rabat nach Boavista und investierten vor allem in die Kalkindustrie. Zwei große Frachtschiffe transportierten im Auftrag der Familie regelmäßig Kalk, aber auch Ziegeln, Fleisch und Ziegenkäse nach Mindelo und Praia.

Die breite Front der **Igreja de Santa Isabel** 3 beherrscht seit 1857 den Largo. Im Kolonialstil mit barocker Fas-

Farbenfroh zeigt sich die katholische Pfarrkirche von Sal Rei

Sal Rei

sade erbaut, wirkt die katholische Kirche auf den Betrachter vor allem durch die Bemalung: Ocker kombiniert mit einem strahlenden Hellblau um Fenster und Türen sowie an den Kanten der klotzigen Türme. In den frühen Abendstunden ist das Gotteshaus häufig geöffnet. Sein Inneres wirkt sehr schlicht. Auf der Kanzel erhebt sich eine Figur der Jungfrau von Fátima (s. S. 116), die durch die Familie Ben Oliel höchste Verehrung erfuhr.

Avenida dos Pescadores und Cais

Am Meer entlang verläuft die Avenida dos Pescadores. Von hier aus genießt man den Blick zum vorgelagerten Eiland Ilhéu de Sal Rei (s. S. 118). Der **Cais** 4, der alte Hafenkai aus dem 19. Jh., war der erste seiner Art auf den Kapverden. Nördlich angrenzend befindet sich eine kleine Bootswerft. Die Fischerboote werden dort komplett von Hand mit altertümlich wirkenden Werkzeugen gezimmert. Für Kiel, Planken oder Spanten finden verschiedene Holzsorten Verwendung.

Vom alten Hafenkai aus lohnt es, auf der Avenida Richtung Norden entlang dem Stadtstrand zu spazieren. Zum Baden ist er kaum geeignet, denn er ist recht schmutzig. Fischer ziehen hier ihre Boote an Land.

Dahinter befindet sich die öffentliche Badeanstalt (balneário sentina), die vielen Bewohnern der Stadt das private Badezimmer ersetzt. Die Straße macht hier der Bezeichnung ›Avenida‹ alle Ehre: Sie ist breit und wird von hohen Akazien gesäumt, in deren Schatten Frauen frisch gefangenen Fisch verkaufen. Knallbunt sind die meist einstöckigen Häuser der Fischer gestrichen, jedes in einer anderen Farbe.

Vom Ende der Avenida dos Pescadores blickt man hinüber zum modernen Hafen. Er wird von fünf Windrädern dominiert, die Sal Rei mit Strom versorgen. An dem Betonkai legen Versorgungsschiffe und die Inselfähre an. Sofern diese nicht gerade ankommt, ist das Hafengelände verschlossen.

Salinas Antigas 5

Im Nordosten führt eine Straße aus Sal Rei heraus, vorbei an den ehemaligen Salinen. Das vereinzelt hier noch bis 1979 gewonnene Salz war von ›könig-

licher‹ Qualität, daher der Name der Stadt (port. *sal*, Salz; *rei*, König). Bis zu 600 Arbeiter sollen auf dem Höhepunkt der Salzproduktion im 19. Jh. in den Salinen tätig gewesen sein.

Meerwärts vorgelagert ist die schmale Praia da Cruz. Derzeit werden die Salzpfannen recht zügig mit Apartmenthäusern zugebaut. Die Straße endet am Marine Club Boavista, einem italienischen Ferienclub. Er liegt unterhalb von Sal Reis Hausberg, der Rochinha. Vorgelagert ist dem Club eine kleine, öffentlich zugängliche Badebucht.

Cemitério Judéu

Unmittelbar vor der Clubanlage, am Parkplatz, befindet sich der von einer Steinmauer umgebene Cemitério Judéu. Auf dem winzigen jüdischen Friedhof ruhen mehrere Mitglieder der Familie Ben Oliel. Mit David Ben Oliel, der 1950 verstarb, endete die Dynastie.

Nebenan steht in einer hufeisenförmigen Anlage der steinerne Sarkophag der an Gelbfieber verstorbenen Engländerin Julia Maria Louisa Pettin-

gal (1825–1845). Sie war die Tochter von Charles Pettingal, einem Mitglied in der portugiesisch-britischen Kommission zur Abschaffung der Sklaverei. Deren Sitz war ab 1843 Boavista. Juden und auch Anglikaner durften damals nicht auf katholischen Friedhöfen beigesetzt werden.

Praia de Estoril

Schönster Strand von Sal Rei ist die südlich angrenzende Praia de Estoril (auch Praia de Carlota), die nach Süden in die Praia da Chave (s. S. 122) übergeht. Diese Strandzone ist ca. 10 km lang. Mehrere Strandclubs verleihen in ihren windgeschützten Arealen Strandliegen (ca. 8 € pro Tag) und sorgen mit Bars und Restaurants fürs leibliche Wohl.

Hier drängt sich ein Strandspaziergang geradezu auf. Unterwegs lassen sich in den angrenzenden Dünen mit etwas Glück versteinerte Korallen entdecken. Nach ca. 2 Std. ist die ehemalige Ziegelei mit dem Hotel Parque das Dunas (s. S. 123) erreicht, von wo man entweder umkehren oder sich ein Taxi bestellen kann.

Unser Tipp

Tortuga Beach Club...

...ist ein überdachtes Terrassenlokal mit angeschlossener Surfbasis (Tel. 251 13 92) an der Praia de Estoril. Auf der Karte stehen italienische Pasta und leckere Tagesgerichte, z. B. *cabrito* (Zicklein) zu attraktiven Preisen (600–700 ECV). Auf dem abgegrenzten Bereich am Strand kann man Sonnenschirme und Liegen auch als Nichtsurfer anmieten (je 8 € pro Tag bzw. 40 € pro Woche). Abends schmeckt in der lockeren Atmosphäre die Caipirinha gleich doppelt gut.

Capela Nossa Senhora de Fátima **7**

Nördlich des Marine Clubs Boavista erhebt sich oberhalb der Felsküste die Ruine der Capela Nossa Senhora de Fátima. Man benutzt den gepflasterten Fußweg, der links vor dem (nicht öffentlich zugänglichen) Feriendorf beginnt und an den Klippen entlang die Anlage umgeht. An deren rückwärtigem Ausgang trifft man auf einen deutlich erkennbaren Pfad, dem man weiter parallel zu Küste folgt.

Nach ca. 10 Min. ist die ehemalige Kapelle erreicht. Sie thront auf einer natürlichen Felskuppe. Eine breite, mit Basaltgeröll gepflasterte Treppe führt hinauf. Dem von einer eigentümlichen Atmosphäre umwitterten Natursteinbau fehlen heute sowohl das Dach als auch Portal und Fenster. Auch die Altarnische ist leer. Zu Füßen der Ruine steht das verfallene Pfarrhaus. Einige zum katholischen Glauben übergetretenen Nachkommen der Ben Oliels ließen das Gotteshaus 1930 nach einer Pilgerreise zu dem portugiesischen Wallfahrtsort Fátima erbauen. Doch schon 1948, nach dem Aussterben dieses Familienzweigs, wurde die Kapelle dem Verfall preisgegeben.

Wrack der Cabo de Santa Maria

Vor dem Marine Club Boavista fährt oder läuft man auf einer Piste, die Bergkuppe Rochinha zur Linken, am ehemaligen katholischen, jetzt aufgelösten Friedhof von Sal Rei vorbei (hin und zurück ist mit 4 Std. zu rechnen). Hinter einer Linkskurve hält man sich an einer Gabelung rechts. Links käme man auch hier zur Ruine der Fátima-Kapelle. Über eine öde Fläche, auf der nur wenige Ziegen ihr karges Auskommen finden, geht es nordwärts. An einer weiteren Gabelung – unmittelbar nachdem eine flache Senke durchquert wurde – fährt man rechts auf der undeutlicheren Spur. Wer sich die Weiterfahrt auf der von nun an recht holprigen Piste nicht zutraut, sollte spätestens hier, 3 km ab dem Marine Club, den Wagen abstellen.

Bald kommt das Wrack des spanischen Frachtschiffs Cabo de Santa Maria in Sicht. Es liegt unmittelbar vor dem brandungsumtosten Strand von Boa Esperança. Die Piste beschreibt einen Bogen nach rechts und entfernt sich ein wenig von der Küste. Einen mit Flugsand bedeckten Hang hinab geht es dann wieder aufs Meer zu. Kurz vor Erreichen des Strandes passiert die Piste eine lange Mauer, die als Schutz vor Sandaufwehungen errichtet wurde, und endet dann bald (2 km bzw. 30 Min. Gehzeit ab der Gabelung). Am Strand entlang läuft man weiter bis zu dem Wrack. Seit 1968 trotzt es hier

Vor der rauen Nordküste von Boavista liegt das Wrack der Cabo de Santa Maria

schon der schäumenden Brandung, auch wenn es 2002 in zwei Teile zerbrochen ist. Mit Konservendosen, Getränkeflaschen und Olivenöl an Bord lief es auf dem Weg nach Brasilien aus unerklärlichen Gründen an der Nordküste Boavistas auf Grund, so wie es im 19. Jh. schon Dutzenden anderer Schiffe ergangen war. Warum gerade hier? Man spricht von mangelhaften Seekarten, magnetischen Anomalien, fehlenden Leuchttürmen und ungünstigen Meeresströmungen. In der Vergangenheit sollen aber auch immer wieder die Bewohner Boavistas ›nachgeholfen‹ haben, indem sie falsche Leuchtfeuer entzündeten.

Ilhéu de Sal Rei

Eine feste Fährverbindung zu der kleinen, Sal Rei in etwa 1 km Entfernung vorgelagerten, Insel besteht nicht. Wer hinüberfahren möchte, kann dies nach Vereinbarung mit einem Fischer tun (ca. 1500–2500 ECV). An der Sal Rei zugewandten Felsküste der flachen, maximal 27 m hohen Insel zieht eine säulenförmige Basaltformation die Blicke auf sich. Im Süden des Ilhéu de Sal Rei gibt es einige kleine, zum Baden geeignete Strände. Dort stehen auch die Reste des Forte Duque de Bragança. Die Festung wurde 1818 errichtet, nachdem es im Jahr zuvor mehrfach Angriffe von südamerikanischen Schiffen gegeben hatte. In Brasilien gab es 1817 eine jedoch bald schon blutig niedergeschlagene Rebellion gegen die portugiesische Kolonialherrschaft, die sich bis zu den Kapverden auswirkte.

Auf dem Höhenrücken des Ilhéu de Sal Rei erhebt sich die Ruine des alten Farol (Leuchtturm) neben einem modernen Leuchtfeuer. Ein Rundweg (45 Min.), für den sich festes Schuhwerk empfiehlt, verbindet die beiden Sehenswürdigkeiten.

Via Pitoresca

Die alte Straße (Via Pitoresca) zwischen Sal Rei und dem Flughafen durchschneidet ein interessantes Dünengebiet, die sogenannte Oásis. Dort bildet die endemische Atlantische Palme einen regelrechten Urwald. Bei ihr wachsen aus einem Wurzelstock oft mehrere Stämme, woran sie von der Dattelpalme zu unterscheiden ist. Die Trockenheit des dritten Jahrtausends macht den Bäumen schwer zu schaffen. Viele sind in den letzten Jahren verdorrt. Das Dünengebiet eignet sich gut für Streifzüge zu Fuß, aber auch für Erkundungen per geländegängigem Fahrzeug. Von Norden her ist die Via Pitoresca nur schwer zu finden. Am besten fährt man vom Flughafen Richtung Sal Rei, dann ist sie rechter Hand ausgeschildert. Nach 2,2 km auf der Via Pitoresca zweigt wiederum rechts eine sandige Piste ab, die nach gut einem Kilometer die Floresta Clotilde erreicht, eine Baumschule für die Aufzucht von Akazien, die sich auch der Holzkohlegewinnung widmet.

Im Mündungsbereich der Ribeira Grande, den sowohl die Hauptstraße von Sal Rei nach Rabil als auch die Via Pitoresca kurz vor dem Flughafen queren, hat sich eine Brackwasserlagune gebildet. Sie ist ein Eldorado für Wasservögel. Bird-Watcher, die oft speziell zu diesem Zweck nach Boavista reisen, haben hier schon zahlreiche interessante Zugvögel gesichtet.

Übernachten

Strandnah – **Estoril Beach Resort Hotel**
1: Zona de João Cristóvão, Tel. 251 10 78, Fax 251 10 46, www.estorilbeach resort.com, DZ ca. 8000 ECV. Das Hotel unter italienischer Leitung liegt am Südrand von Sal Rei, nahe der Praia de Estoril, in einem Neubaugebiet. Archi-

tekturmix mit andalusischen und kapverdischen Elementen. Nett sitzt es sich auf der Veranda.

Sonnenverwöhnt – **Boutique Hotel Dunas** 2 : Av. Amílcar Cabral, Tel. 251 12 25, Fax 251 13 84, dunas.boavista@g mail.com, DZ ab 75 €. Besonders schön sind die Balkonzimmer zum Meer hin. Die italienischen Besitzer garantieren im angeschlossenen Restaurant für ordentliche, auch kapverdische Küche (Hauptgerichte 1200–1500 ECV).

Kolonialer Stil – **Migrante Guest House** 3 : Av. Amílcar Cabral, Tel./Fax 251 11 43, www.migrante-guesthouse.com, Junior Suite 70–80 €, Suite 80–90 €. In dem gediegenen Stadthaus aus der Kolonialzeit werden vier geschmackvoll im leicht arabisierenden Stil eingerichtete Zimmer vermietet. Zentraler Treffpunkt ist der idyllische Innenhof.

Praktisch – **Hotel Boa Vista** 4 : Av. 4 de Julho, Tel. 251 11 45, Fax 251 14 23, hotelboavista@cvtelecom.cv, DZ 4800– 8200 ECV. Die Unterkunft hat kein besonderes Flair, besticht aber durch die zentrale Lage. Unbedingt Zimmer mit Balkon geben lassen!

Zentraler geht es nicht – **Pensão Santa Isabel** 5 : Praça de Santa Isabel, Tel. 251 12 52, Fax 251 16 25, DZ ca. 25 €. Das moderne Gästehaus ist schlicht, aber praktikabel eingerichtet.

Einfache Pension – **Residencial Bom Sossego** 6 : Rua de Bom Sossego, Tel. 251 11 55, DZ 2000–2500 ECV. Die Zimmer des Hauses unter einheimischer Leitung sind unterschiedlich ausgestattet, manche mit eigenem Bad/WC, andere mit Gemeinschaftsbad. Teilweise sind Balkone vorhanden.

Für Traveller – **Residencial B. E. (Boa Esperança)** 7 : Rua Boa Vista, Tel. 251 11 70, DZ 2000 ECV. Die wohl erschwinglichste Unterkunft in Sal Rei. Auch hier benutzen teilweise mehrere Zimmer ein gemeinsames Bad, auch hier sind Kapverdianer die Besitzer.

Essen & Trinken

Entspannt – **Esplanada Silva** 1 : Largo Santa Isabel. Tagsüber ein netter Platz zum Verweilen, an Wochenenden In-Treff mit Musik und Tanz. Gute Getränkeauswahl, Sandwiches, Snacks.

Für bessere Gelegenheiten – **Riba d'Olte** 2 : Rua 1° de Maio, Tel. 251 10 15, Hauptgerichte ab 15 €. Das kleine, aber feine portugiesische Restaurant bietet eine wohltuend knappe Speisekarte. Empfehlenswert sind hier Langusten, aber auch der Tintenfischreis. Auch Vegetarier fühlen sich hier wohl.

Gemütlich – **Terra Sabe** 3 : Rua 1° de Maio, Tel. 993 90 78, Hauptgerichte 10–15 €. Besonders nett sitzt man auf der luftigen Terrasse. Neben italienischer wird hier auch solide einheimische Küche serviert.

Noch ein Italiener – **Blu Marlin** 4 : Largo Santa Isabel, Tel. 251 10 99, tgl. geöffnet, Hauptgerichte 10–15 €. Dem kleinen Restaurant am Hauptplatz sieht man von außen nicht an, dass hier hervorragende Küche geboten wird.

Freundlich – **Marésias** 5 : Travessa 5 de Julho, Tel. 251 14 30, Hauptgerichte 600–900 ECV, Languste 1200 ECV. Das relativ große, schlicht, aber nett dekorierte Lokal ist auf Meeresfrüchte spezialisiert. Freundlicher Service und große Portionen!

Wirklich authentisch – **Naida** 6 : Largo Santa Isabel, Tel. 255 11 73, Hauptgerichte 750–800 ECV. Familiärer Speisesaal mit Wandbildern auf kapverdische Art. Nur auf Bestellung (ca. 2 Std. vorher) gibt es diverse einheimische Fisch- und Fleischgerichte.

Auf portugiesische Art – **Tambrera** 7 : Av. 4 de Julho, Tel. 251 11 45, Hauptgerichte 600–900 ECV. Solide Küche, portugiesische Klassiker und einheimische Gerichte. Großflächige Bilder des zeitgenössischen kapverdischen Künstlers Dina Lima zieren die Wände.

Surfen, Tauchen und Entspannen sind an der Praia de Estoril angesagt

Einkaufen

Obst und Gemüse – **Mercado Municipal 1**: Largo Santa Isabel. In der städtischen Markthalle ist die Auswahl für kapverdische Verhältnisse gar nicht so schlecht. Geduldig warten die Händlerinnen vor der Tür auf Kunden. Im Obergeschoss sowie in den Läden Ecke Largo Santa Isabel/Av. 5 de Julho bieten afrikanische Händler Souvenirs von

ihrem Kontinent an: bunte Batikkleider, Schnitzereien, Schmuck.

Aktiv & Kreativ

Sport auf dem Wasser – **Happy Surf 1**: Praia de Estoril, Tel. 992 28 63, www. happy-surf.de, tgl. 9–17.30 Uhr. In deutscher Sprache wird hier Unterricht auf allen Niveaus im Wind- und Kitesurfen erteilt. 30 Boards; Jollensegeln und Seekajak sind auch im Angebot.

Und auch unter Wasser – **Submarine Dive and Kite Surf Center** **2**: Praia de Estoril, Tel. 992 48 65, atilros@hotmail.com. Atila und Rosi bieten PADI-Kurse (Open Water bis Dive Master), NAUI, geführte Tauchgänge, Schnorcheltouren; Infostand am Cais.

Quad und Scooter – **Quadland Boavista** **3**: Largo Santa Isabel, Tel. 251 18 72, www.quadland-boavista.com. Exkursionen per Quad (2 Personen für 2 Std. 6600 ECV/60 €) und andere Ausflüge; Vermietung von Scootern (30 € pro Tag, ab 2 Tagen günstiger).

Schildkröten bei Nacht – **Barracuda Tours** **4**: Av. 4 de Julho 236 c (Zona de João Cristóvão), Tel. 251 19 07, www.barracudatours.com. Die sogenannten Turtle Excursions, geführte nächtliche Ausflüge zur Beobachtung der Eiablage der Unechten Karettschildkröte, werden von Juli bis September veranstaltet (3900 ECV/35 €). Barracuda Tours bietet auch Ausritte (2 Std. für 3900 ECV/35 €) sowie halb- und ganztägige Inselausflüge (2900 ECV/26 € bzw. 4200 ECV/38 €) an.

Bird-Watching – **Morena** **5**: Largo Santa Isabel, Tel./Fax 251 14 45, boavistapoint@cvtelecom.cv. Nach vorheriger Vereinbarung werden Exkursionen zu den besten Vogelbeobachtungsplätzen der Insel unter Leitung eines englischsprachigen Guides organisiert. Außerdem sind auch bei Morena Reiten und Inselausflüge im Angebot.

Für sportlich Ambitionierte – **Boavista Ultramarathon:** www.boavistaultramarathon.com. Jedes Jahr Anfang Dezember wird 150 km nonstop über die Insel gelaufen. Die Verpflegung trägt jeder Teilnehmer selbst im Rucksack, nur Wasser gibt es an den 15 Kontrollpunkten. Maximal 60 Stunden stehen zur Verfügung. Schweißtreibend auch für Profis, aber die Stimmung ist groß-

artig. Teilnahmegebühr 320–400 €, je nach Zeitpunkt der Anmeldung.

Abends & Nachts

Für einen Sundowner – **Estoril Beach Resort Hotel** **1**: s. o. In der schicken, von außen zugänglichen Hotelbar kann man es sich zum Sonnenuntergang oder auch zu späterer Stunde gemütlich machen.

Insidertreff – **Kanta Morna Café:** im Migrante Guest House **3** (s. o.), Mo–Sa 8.30–14, 15–22, So 8.30–14 Uhr. Das durchgestylte Café wird abends zur Bar. Wer mitreden will, hockt am Tresen. Ruhiger sind die kleinen Tische nebenan. An manchen Tagen gibt es kapverdische Livemusik.

Schummrige Szene – **Pub Makena** **1**: Largo Santa Isabel, Tel. 999 14 24. Die Musikkneipe neben der Markthalle wechselt manchmal den Namen, doch das Surferpublikum bleibt. Nicht nur abends, sondern auch zum Frühstück äußerst beliebt. Auf dem großen TV-Bildschirm laufen ständig europäische Sportereignisse.

Infos & Termine

Termine

Festa de Santa Isabel: 4. Juli. Größtes Inselfest zu Ehren der Schutzheiligen von Sal Rei. Eine Bootsprozession spielt sich in der Bucht vor der Stadt ab, mit Segnung des Meeres. Die Häuser, an denen anschließend die Prozession an Land vorbeiführt, werden mit Palmzweigen und bunten Teppichen geschmückt. Auf den religiösen Teil folgen Tanz- und Sportveranstaltungen. Am 5. Juli, dem nationalen Tag der Unabhängigkeit, geht die Feier weiter.

Festival da Praia da Cruz: meist am dritten Wochenende im August. Genau eine Woche nach dem berühmten Vorbild an der Baía das Gatas (São Vicente) steigt das Festival an der Praia da Cruz mit Musikern von den Kapverden und aus Übersee.

Verkehr

Flüge: TACV-Büro, Largo da Escola, Tel. 251 11 86.

Fähre: Anavmar, Zona da Ribeirinha, Tel./Fax 251 17 30, Mobil 991 97 51, anavmarbv@hotmail.com. Ankunft der Sal Rei meist am Mittwoch, Abfahrt nach Praia (Santiago) am Donnerstag.

Taxi/Aluguer: Largo Santa Isabel. Taxidienst *(freite)* zum Flughafen bzw. zu den Hotels an der Praia da Chave ca. 1000 ECV.

Mietwagen: mehrere Anbieter am Largo Santa Isabel, z. B. Olicar (Tel./Fax 251 17 43, www.olitour.135.it) oder Morena (Tel./Fax 251 14 45, boavistapoint@cvtelecom.cv). Tagesmiete 60–75 €, Kaution ca. 300 € oder Reisepass.

Praia da Chave

▶ Karte 2, R 9

An der Praia da Chave westlich vom Flughafen befinden sich zwei Ferienanlagen. Mit Eröffnung des Clubhotels Riu Karamboa an der Strandzone Praia de Salines, das über 750 Zimmer verfügt, ist die Zahl der Gästebetten dramatisch in die Höhe geschnellt. Aber zwischen den Anlagen befinden sich noch immer weitläufige, naturbelassene Strandabschnitte. Außerhalb der Hotels gibt es kaum Infrastruktur.

Beim Hotel Parque das Dunas Village steht die Ruine der Fábrica da Chave, einer alten Ziegelei, die wegen des Vorkommens von exzellentem Ton bei Rabil von der Familie Ben Oliel hier am Strand zwischen 1895 und 1899 erbaut wurde. Ihr Turm ist noch weithin sichtbar, doch große Teile der Mauern sind inzwischen von Sand bedeckt. Man produzierte Dachziegel und Backsteine, die auf alle anderen Inseln und sogar nach Afrika verschifft wurden. Die Kohle für den Brennofen kam aus São Vicente. Damals gab es an der Praia da Chave einen Schiffskai *(portinho)*, er ist komplett verschwunden. Auch von den Häusern für 50 Mitarbeiter, der Krankenstation und der Bar ist nicht mehr viel zu erkennen. Aus finanziellen Gründen wurde die Produktion 1910 eingestellt. Mit moderneren Maschinen aus Portugal ging die Fabrik zehn Jahre später noch einmal in Betrieb. Doch 1928 war endgültig Schluss. Alle Ziegel aus der Fabrik an der Praia da Chave tragen übrigens als Herkunftszeichen einen eingeprägten Schlüssel (port. *chave*).

Ein wenig weiter nördlich lässt sich landeinwärts ein interessantes Feld mit sichelförmigen Wanderdünen entdecken. Man kann regelrecht zuschauen, wie sie allmählich, aber unaufhaltsam zunächst alles unter sich begraben, um nach einiger Zeit doch wieder alles freizugeben.

Übernachten

Alles inklusive – **Ventaclub Boa Vista Resort:** Praia da Chave, Tel. 251 14 07, Fax 251 14 10, www.ventaclubresorts.com, nur pauschal buchbar ab etwa 1200 € pro Person und Woche. Die großzügige, noch recht neue Anlage ist fest in italienischer Hand. 850 Betten verteilen sich auf eine Fläche von immerhin 18 ha. Die Architektur ist ansprechend, die Sport- und Animationsangebote sind zahlreich. Das Vergnügen, sich von reichlichen Buffets beliebig bei Speisen und Getränken bedienen zu dürfen (all-inclusive) und zugleich die Poollandschaft des Clubs zu nutzen, können sich für 25 € pro Tag auch Touristen gönnen, die anderswo einquartiert sind.

Für Leute, die Ruhe schätzen – **Parque das Dunas Village:** Praia da Chave, Tel. 251 12 88, 251 12 83, Fax 251 13 39, www.parquedasdunas.com, DZ 11 000– 15 500 ECV/100–140 €. Das Hotel macht seinem Namen alle Ehre. Palmen, Agaven und Hibiskus bevölkern den weitläufigen Dünenpark zwischen den 28 Reihenbungalows. Diese sind geräumig und angenehm dekoriert. Im Restaurant Halbpension mit Menüwahl, die Komponenten können auch einzeln à la carte bestellt werden (Hauptgerichte um 800 ECV).

Rabil ▶ Karte 2, R 9

In Flughafennähe thront der Ort Rabil ausgesprochen malerisch auf einem Bergrücken. Kleine alte Häuser säumen die einzige Straße. Kaum ist noch nachvollziehbar, dass dies einst die Hauptstadt von Boavista war, bis sie 1810 von Sal Rei in dieser Funktion abgelöst wurde. Seine Schokoladenseite zeigt Rabil von Osten her betrachtet, wo sich das Tal der Ribeira do Rabil tief eingeschnitten hat. In der dadurch entstandenen Steilwand lagert unten dunkler Plateaubasalt, der horizontal wie mit dem Messer abgeschnitten wirkt. Darüber liegt eine helle, 10– 15 m dicke Flugsandschicht, ein eindrucksvoller Farbkontrast.

Der Flusslauf ist eine regelrechte Oase, auch wenn es seit einigen Jahren sichtlich an Wasser mangelt. Zahlreiche Kokospalmen ragen hier mit ihren schlanken Stämmen auf und daneben, etwas niedriger, auch Dattelpalmen. Im Talgrund selbst war der Boden stets zu wertvoll, um darauf zu siedeln, daher entstanden die Ortschaften Rabil und das gegenüberliegende Estância de Baixo auf dem trockenen Plateau

beiderseits des Tales. Die Zeiten, als die Landwirte in der Oase noch Bananen und Zuckerrohr ernten konnten, sind allerdings vorbei. Ältere Bauern ringen ihren Feldern noch Bohnen ab, doch im Wesentlichen wurde die Landwirtschaft aufgegeben.

Igreja São Roque

Am Nordrand des Dorfes, im Ortsteil Boa Ventura, erhebt sich die dem hl. Rochus geweihte katholische Pfarrkirche. Dieses älteste Gotteshaus der Insel wurde 1801 (nach anderen Quellen 1806) erbaut. Mit ihren zwei gedrungenen Türmen wirkt die Igreja São Roque recht klobig, geradezu wehrhaft. Das Innere ist schlicht und in zarten Pastelltönen gehalten. Meist ist die Kirche abgeschlossen, eventuell kann man in der Nachbarschaft nach dem Schlüssel fragen. Rundum stehen einige Lokale. Vom Platz vor der Kirche ergibt sich ein herrlicher Blick auf das üppig grüne Tal der Ribeira do Rabil sowie auf Dünen und Berge.

Escola de Olaria

Rabil besitzt eine große Keramiktradition, viele ältere Leute beherrschen noch die Kunst, Gefäße ohne Drehscheibe von Hand aufzubauen. Seit am südlichen Ende des Ortes in einem unscheinbaren Natursteinhaus die Escola de Olaria (port. Töpfereischule) untergebracht ist, erlernen auch junge Menschen wieder diese in Afrika wurzelnde Technik der Tonbearbeitung. Denn die Keramikherstellung verspricht dank des aufkeimenden Tourismus auf Boavista zumindest ein Auskommen, wenn auch keine Reichtümer damit zu verdienen sind.

Vor dem Eingang steht ein traditioneller Steinofen. Ihn nehmen die beiden jungen Männer, die die Werkstatt gewissenhaft betreuen, jedoch nur selten in Betrieb. Meist verwenden sie

Lieblingsort

Dünen von Viana
Wie aus dem Bilderbuch wirkt der weiß glitzernde Deserto de Viana mit seinen hohen, feinsandigen Dünen. Diese hält der Passatwind ständig in Bewegung, und so verwischen die Spuren der Besucher schnell. Pflanzen haben kaum eine Chance, in der Sandwüste Fuß zu fassen, auch wenn einige dürre Akazien und Palmen versuchen, das Gegenteil zu beweisen. Kurz vor Sonnenuntergang ist das Licht übrigens am schönsten.

den modernen Brennofen im Inneren, der übrigens allen Bewohnern von Rabil zur Verfügung steht, um ihre in Heimarbeit gefertigten Keramiken zu brennen. Große, mit Seesternen, Schildkröten oder Palmen verzierte Schalen, Vasen und Blumentöpfe, bei deren Produktion man in der Werkstatt zuschauen kann, werden auf Bestellung gefertigt. Sie sind nicht nur auf Boavista, sondern auch auf anderen Inseln in Hotels, Restaurants und anderen Einrichtungen zu sehen. Aber man kann in der Escola de Olaria auch nette, für das Handgepäck geeignete Mitbringsel erwerben: Schildkröten, Fische und andere Tiermodelle aus Ton, kleinere Gefäße und mehr.

Essen & Trinken

Für Feinschmecker – **Sodade di nha terra:** Rabil, Praça da Igreja, Tel. 251 10 48. Eines der besten Restaurants der Kapverden vis-à-vis der Kirche. Der einheimische Küchenchef hat in der Schweiz gelernt. Langusten, fangfrischer Fisch und Zicklein stehen auf der Speisekarte. Reservierung wird empfohlen. Hauptgerichte ab ca. 800 ECV.

Infos

Aluguer: Regelmäßige Fahrten von und nach Sal Rei, *passagem* 100 ECV.

Povoação Velha

▶ Karte 2, R 10

Die Straße von Rabil nach Povoação Velha lässt den Pico Santo António (379 m) links liegen, einen erodierten Vulkan, dessen Schlot als bizarre Felsformation aus dem Gipfelbereich herausragt. In der Steinwüste in diesem Gebiet lassen sich oft kleine Trupps von sandfarbenen Vögeln beobachten, die flink hin und her laufen: Wüstenläufer. In einer wasserreichen Talsenke wird der Poço Ribeira da Pulgueira da Chica passiert, eine imposante Zisterne im Schatten von Akazien. Hierher führen Viehhirten ihre Ziegenherden von weit her zur Tränke.

Povoação Velha, übersetzt alte Siedlung, liegt am südwestlichen Fuß der Rocha Estância, eines imposanten Felsklotzes, von dessen Hängen sich Vulkanaschefächer in die Ebene erstrecken. In der Tat handelt es sich um den ältesten Ort der Insel, der wohl schon vor 500 Jahren gegründet wurde und der um 1720 immerhin etwa 1000 Einwohner hatte, die vor allem von der Ziegenhaltung und dem Export von Salz lebten. Die frühen Siedler wählten

Die viel gerühmte Praia de Santa Mónica ist weißsandig und praktisch menschenleer

diese von der Küste nicht einsehbare Stelle, weil sie hier vor Piratenangriffen sicher waren.

Mittelpunkt des Ortes ist die Praceta de Santo António, eine kleine, mit Blumenbeeten und Bänken ausgestattete Platzanlage. Am südlichen Ortsrand erhebt sich linker Hand etwas abseits die hübsche, allerdings meist geschlossene Igreja Nossa Senhora da Conceição. 1828 wurde die Kirche erbaut, sie steht aber auf den Fundamenten einer Kapelle aus dem Jahre 1680. Den stets mit Blumen geschmückten, bunt bemalten Altar zieren naive Heiligenbilder.

Praia de Santa Mónica !

Viele halten diesen einsamen Strand für den schönsten der Kapverdischen Inseln. Ob die Praia de Santa Mónica deshalb nach dem berühmten gleich-namigen Strand von Kalifornien benannt wurde, wie manche behaupten? Von Povoação Velha aus sind dorthin 8 km auf einer Piste zu bewältigen, die einen Geländewagen erfordert. Unterhalb der Kirche hält man sich zunächst auf dem Fahrweg, der zum Friedhof führt, einem von einer weißen Mauer umgebenen Areal außerhalb des Ortes. Bis zu diesem fährt man aber nicht, sondern biegt gleich links in eine Erdpiste ein, wo Santa Mónica ausgeschildert ist.

Eine breite Salzwiese schließt landwärts an den fast schneeweißen Traumstrand an. Man kann normalerweise bedenkenlos über die Wiese hinweg fahren. Nur nach starken Regenfällen oder bei Sturmflut steht sie kurzzeitig unter Wasser. Die Praia de Santa Mónica liefert traumhafte Fotomotive.

127

Ein romantischer Schattenspender: die Seeräuberhöhle an der Praia da Varandinha

Zum Baden ist sie allerdings wegen Brandung und Unterströmungen zu gefährlich. Wegen des meist stark wehenden Passatwindes lässt sich noch nicht einmal das Sonnenbaden richtig genießen. Aber hinter der Salzwiese erstreckt sich ein mit Libellen bevölkerter Gürtel von Akazien, die Schatten und Windschutz spenden und zum Aufenthalt einladen.

Zwar führt hinter dem Strand in östlicher Richtung eine Fahrspur weiter, doch sollte man der Versuchung widerstehen, entlang der Küste nach Curral Velho weiterzufahren. Im weiteren Verlauf ist die Gefahr des Steckenbleibens recht groß.

Praia da Varandinha

Ein weiterer wunderschöner, aber weniger bekannter Strand liegt mit der Praia da Varandinha westlich von Povoação Velha. Er ist am Ortseingang rechts ausgeschildert. Die Piste ist zunächst relativ gut befahrbar, bis zum knapp 2,5 km entfernten Portão Pastor (Hirtenportal), einem breiten Mauerdurchlass, vor dem von links eine weniger deutliche, von der Praia de Santa Mónica kommende Fahrspur einmündet. Nach Passieren des Hirtenportals gabelt sich die Piste, hier hält man sich rechts, bis nach ca. 1 km ein breiter Dünengürtel die Weiterfahrt sehr erschwert. Am besten lässt man hier den Wagen stehen und läuft ca. 1,5 km Richtung Westen über die Dünen, um den Strand zu erreichen. Auch hier sind zwar Schauen und Fotografieren, nicht aber Baden und Sonnenbaden angesagt. Bizarre Felsformationen gliedern diese Strandzone, durch die Brandung zerfressen und ausgehöhlt. Eine dieser Höhlen (*bracona*) ist so groß, dass sie sogar Schutz vor dem gleißenden Sonnenlicht bietet.

Termine

Santo António: 13. Juni. Prozession zu Ehren des hl. Antonius von Padua zur einsam gelegenen Capela Santo António unterhalb des gleichnamigen Berges.
Nossa Senhora da Conceição: 8. Dez. Munteres Dorffest zu Ehren von Mariä Empfängnis, der Schutzheiligen von Povoação Velha.

Norte ▶ Karte 2, S 9

Die Straße nach Norte führt von Rabil durch eine weitläufige, von faustgroßen schwarzen Vulkangesteinsbrocken übersäte Ebene. Diese unfruchtbare, nur schütter mit Kameldorn bewachsene Landschaft ist rundum von einem Gebirgszug umgeben und erinnert an einen großen Kraterboden.

Nach Überqueren einer Passhöhe ist das wesentlich feuchtere Einzugsgebiet der Ribeira do Norte erreicht. Zwar sind auch hier die Flussläufe meist ausgetrocknet, doch ist immer noch genügend Grundwasser vorhanden, um Palmen am Leben zu erhalten und hier und da ein paar Felder zu bewässern.

Norte besteht aus drei Ortsteilen, die sich kurz hintereinander an der Straße entlang aufreihen: João Galego, Fundo das Figueiras und Cabeço dos Tarafes. Hauptort ist das mittlere Dorf, Fundo das Figueiras. Hier steht die katholische Pfarrkirche der Gemeinde. Sie ist Johannes dem Täufer (São João Baptista) geweiht und ähnelt im Baustil der Igreja São Roque von Rabil. Errichtet wurde sie zwischen 1850 und 1870. Alle drei Dörfer machen mit ihren sauberen Straßen und schmucken, bunten Häusern einen gepflegten, fast schon wohlhabenden Eindruck.

Praia Odjo d'mar

Bei der am Südrand von Cabeço dos Tarafes, wo die Pflasterstraße endet, ausgeschilderten Praia handelt es sich keineswegs um einen Meeresstrand. Die auch als Oi d'água (Wasserauge) bekannte Sehenswürdigkeit ist der einzige natürliche See der Kapverden. Er liegt im Inneren eines bis zu 256 m hohen Gebirgszugs, der vergleichweise viel Regen und Nebelfeuchtigkeit abbekommt. Unterirdische Quellen sorgen dafür, dass der See nie austrocknet, sondern stets einen Wasserstand von ca. 3,70 m hält.

Die ausgeschilderte Piste endet nach der kleinen Siedlung Lombo da Palha. Von dort steigt man in den Talgrund der Ribeira do Odjo d'mar hinab. In dem nur nach starken Regenfällen Wasser führenden Flussbett hält man sich aufwärts und erreicht nach 30–45 Min. den See. Festes Schuhwerk ist für diesen Abstecher unabdingbar.

Morro Negro

In östlicher Richtung führt eine recht gut befahrbare Piste aus Cabeço dos Tarafes heraus zunächst durch eine flache Steinwüste, dann steiler hinauf zu einem Erdparkplatz auf dem Morro Negro (154 m). Diese Erhebung aus dunklem Basaltgestein markiert praktisch die Ostspitze von Boavista und ist damit die Afrika nächstgelegene Stelle der Kapverden. Oben erhebt sich ein 1931 errichteter Leuchtturm. Seit seiner Renovierung vor wenigen Jahren gibt er sogar das Motiv für eine kapverdische Briefmarke ab. Er ist nicht zu besichtigen, aber der Blick von der Terrasse auf die angrenzende Küstenszenerie ist großartig. Angeblich soll der Erdmagnetismus am Morro Negro so stark sein, dass vor dem Bau des Leuchtturms zahlreiche Schiffe in der Nähe strandeten, weil ihr Kompass nicht mehr funktionierte.

Auf Entdeckungstour

Pistenfahrt zu den Lagunen zwischen Dünen

Diese Geländewagenfahrt in den einsamen Südosten von Boavista setzt eine gehörige Portion Unternehmungsgeist voraus. Abenteuerlustige mit Interesse für Ornithologie und Botanik kommen voll auf ihre Kosten.

Zeit: Ein ganzer Tag. Reine Fahrzeit auf 45 km Pisten ca. 3 Std. Man sollte außerdem so viel Zeit einkalkulieren, dass die Rückfahrt auf der holprigen, nicht beleuchteten Pflasterstraße zwischen Cabeço dos Tarafes und Rabil nicht im Dunkeln erfolgen muss.

Planung: Für diese Tour wird ein geländegängiges Fahrzeug benötigt, das in Sal Rei angemietet werden kann (s. S. 122).

Start: Cabeço dos Tarafes

Praia de Ervatão

Am südlichen Ortsrand von Cabeço dos Tarafes endet die von Rabil kommende Pflasterstraße. Jetzt folgt man nicht dem Schild rechts (Praia Odjo d'mar), sondern fährt auf der unbeschilderten Piste geradeaus weiter Richtung Süden. Sie gabelt sich nach Durchqueren eines ausgetrockneten Flusstals, man hält sich geradeaus. Links liegt eine begrünte Senke, im Hintergrund ist der Monte Negro mit Leuchtturm zu erkennen. Steinmännchen säumen teilweise die Piste, die im weiteren Verlauf deutlicher auszumachen und besser zu befahren ist. Nach ca. 7 km trifft man auf Reste einer ehemaligen Straßenpflasterung. Rechter Hand erhebt sich in einiger Entfernung der spitze Monte Estância. Die Fahrt führt jetzt über eine helle Ebene. In dieser Halbwüste macht der sandfarbene Rennvogel Jagd auf Insekten. Er ist an den langen Beinen und dem nach unten gebogenem Schnabel zu erkennen.

Bei Km 7,9 gilt es, auf eine Abzweigung nach links zu achten. Der Abzweig links mündet wenig später wieder in die ehemalige Pflasterstraße. Dann öffnet sich erstmals der Blick auf den Atlantik. Links unten an einer Flussmündung erstreckt sich ein schöner Palmenhain, die Oase von Ervatão. Die genügsamen Bäume finden hier, obwohl der Fluss fast immer ausgetrocknet ist, genügend Grundwasser. Atlantische Palme und Dattelpalme bilden, wie so oft auf den Kapverden, einen Mischbestand. Die beiden Arten sind leicht miteinander zu verwechseln. Allerdings sind für die nur etwa 10 m hohe Atlantische Palme fünf bis zehn Stämme typisch, die aus demselben Wurzelstock herauskommen. Sie ist eine endemische (also auf die Kapverdischen Inseln beschränkte) Verwandte der nordafrikanischen Dattel-palme. Letztere, die immer nur einen, schlanken und hohen Stamm ausbildet, war auf dem Archipel ursprünglich nicht heimisch. Vermutlich führten arabische Seefahrer sie im Mittelalter ein. Zwar wurden Palmen auf den Inseln nie gezielt kultiviert, aber ihre Früchte dienen Mensch und Tier als Nahrung. Die Blätter finden als Viehfutter Verwendung und werden zum Flechten von Körben genutzt.

Rechts an den Palmenhain grenzt die knapp 1 km lange, hellsandige Praia de Ervatão. Dieser Strand darf auf keinen Fall befahren werden, da er eine wichtige Kinderstube für Meeresschildkröten ist. Man bleibt also auf der Piste, die bei ein paar Ruinen nach rechts biegt und nun dem Küstenverlauf folgt.

Feuchtgebiet Curral Velho

Die Strandzone zwischen der Ponta do Ervatão am Ostrand der gleichnamigen Praia und der Südspitze Boavistas bei Curral Velho, der Ponta Pesqueiro Grande, steht als Feuchtgebiet von internationaler Bedeutung seit 2005 im Rahmen der Ramsar-Konvention unter Schutz. Das von Lagunen und Salzseen durchsetzte Gebiet umfasst 120 ha und stellt einen wichtigen temporären Lebensraum für Wasservögel dar. Da Boavista von allen Inseln dem afrikanischen Kontinent am nächsten liegt und hervorragende Voraussetzungen bietet, werden hier besonders viele Zugvögel gesichtet. Rund 25 Arten wurden bisher zwischen der Ponta do Ervatão und Curral Velho gezählt. Vermutlich sind es wesentlich mehr, denn für die gesamten Kapverden sind rund 135 Arten belegt. Die meisten ruhen hier nur vorübergehend aus und gehen auf Nahrungssuche. Etwa 30 Arten verbringen allerdings den gesamten Winter auf den Inseln.

Praia de João Barrosa

Ein kleiner Strandsee bleibt links liegen, rechts breitet sich eine ausgedehnte Steinwüste mit Ruinen alter Kalköfen aus. Im weiteren Verlauf wird noch eine Lagune passiert. Längst ist die Praia de Ervatão in die wesentlich längere Praia de João Barrosa übergegangen. Seine goldgelbe Farbe verdankt der Sand beider Strände winzigen Muschel- und Schneckenschalen.

Kurz nach dem zweiten Strandsee liegen rechts die zerfallenen Steinhäuser des Weilers João Barrosa. Der Pistenverlauf führt dann durch einen Salzsee. Doch in diesem besteht die Gefahr stecken zu bleiben, weshalb man ihn besser rechts umfährt.

Rund um diesen See gedeiht eine eigenartige Flora aus Arten, die viel Salz im Boden vertragen. Zwei niedrige Büsche bilden stellenweise dichte Bestände: die zu den Gänsefußgewächsen zählende Wurmförmige Sode mit kleinen, fleischigen, graugrünen bis purpurnen Blättern und das Desfontaines-Jochblatt, dessen Blätter ebenfalls fleischig, aber eher eiförmig sind. Bei anhaltender Trockenheit vergilben sie und werden schließlich abgeworfen. Besonders auffällig sind die attraktiven gelben Blütenkerzen der Senegal-Cistanche, einem Sommerwurzgewächs das keine eigenen Blätter besitzt, sondern an der Wurmförmigen Sode schmarotzt. Außerdem kommt Brunners Strandflieder vor, dessen kleine, rosafarbene Blüten vor allem im Spätwinter erscheinen.

Curral Velho

Nach dem Überfahren einer Kuppe ist links voraus das der Küste vorgelagerte Felseiland Ilhéu de Curral Velho zu erkennen. Dort brüten einige Paare des Prachtregattvogels (kreol. *rabil*). Dieser mit bis zu 2,20 m Spannweite gewaltige, rabenschwarze Vogel zieht zwar zeitweise bis nach Nordeuropa, seinen Nachwuchs zieht er in der Alten Welt aber nur auf den Kapverden auf. Ansonsten ist er an den tropischen Küsten Amerikas verbreitet. Es lohnt sich bei Curral Velho nach ihm Ausschau zu halten.

Im Vordergrund erstreckt sich eine weite Bucht mit der hellsandigen Praia de Curral Velho. Noch vor dem Ort Curral Velho geht es hinunter in eine Ebene, in der sich weitere Salzlagunen ausbreiten. Hier sind häufig zu Dutzenden Brauntölpel *(Sula leucogaster)* zu beobachten, gänsegroße Seevögel mit dunklem Kopf und Rücken, auffällig kräftigem hellem Schnabel und weißem Bauch.

An den Lagunen entlang hält man sich, Steinreihen folgend, möglichst weit rechts. Dahinter liegt auf einer Anhöhe das Dorf Curral Velho. Die Route biegt hier nach rechts ab und führt nach ca. 22,5 km durch den Weiler. Früher lebten hier Viehhirten *(curral*, Stall; *velho*, alt). Inzwischen ist Curral Velho von seinen Bewohnern verlassen, die meisten Häuser sind dem Verfall preisgegeben.

Rückfahrt

Wer auf Nummer sicher gehen will, kehrt von Curral Velho nach Cabeço dos Tarafes zurück. Andernfalls kann man von Curral Velho auch auf wilden Pisten gut 20 km durchs Landesinnere bis zur Straße Rabil–Norte fahren. Hierzu durchquert man den Ort, wendet sich danach an einer T-Einmündung rechts und biegt ca. 300 m darauf wieder links ab. Die Orientierung in dem wüstenhaften Gelände ist allerdings denkbar schwierig. Dieser Pistenabschnitt sollte nur mit einer guten Karte und mit einem Kompass befahren werden.

Bofareira

Rund um das kleine Dorf Bofareira häufen sich die Ruinen von Kalköfen. In mehr als 500 Steinöfen wurde früher auf Boavista Kalk gebrannt, die meisten von ihnen standen im Norden der Insel. Auf den Nord- und Südinseln des Archipels, wo Kalk von Natur aus selten oder gar nicht vorkommt, gab es viele dankbare Abnehmer, als dort seit etwa 1820 überall eine enorme Bautätigkeit einsetzte. Sogar bis an die westafrikanische Küste wurde exportiert. Der Niedergang kam in den 1940er-Jahren. Wurden 1939 noch 21319 t Kalk hergestellt, sank bis 1956 die Produktion auf 685 t und schlief dann ganz ein. Die Konkurrenz von importiertem Zement war zu stark geworden. Was blieb, war eine entwaldete Landschaft. Die schüttere Akaziensavanne, die einst den Norden Boavistas überzog, war in den Kalköfen verfeuert worden.

Viele Kalköfen sind noch so gut erhalten, dass man sich ein Bild von dem Produktionsprozess machen kann. Abwechselnd wurden Lagen von Kalk und Holz in den Ofen geschichtet. Nach erfolgter Befeuerung begann sich das Gestein unter Abgabe von Kohlendioxid zu zersetzen und fiel durch ein Gitter zur Ofentür, wo es noch heiß herausgenommen wurde. Dann breitete man es aus und löschte es mit kaltem Wasser ab, woraufhin es zu Pulver, dem Löschkalk, zerfiel. Dieser wurde gesiebt und für den Verkauf in Säcke abgepackt. Jetzt konnte man ihn zur Herstellung von Mörtel und für Kalkanstriche verwenden.

Bofareira, das zu den ältesten Siedlungen von Boavista zählt, verarmte nach Aufgabe der Kalkindustrie. Viele junge Menschen wanderten ab. Jetzt bietet das nahe gelegene Feriendorf Quinta Spinguera Arbeit und damit eine Perspektive.

Übernachten

Einsam und exklusiv – **Quinta Spinguera:** Tel. 997 89 43, www.spinguera. com, DZ 170–240 €, Suite 200–280 €, Apartment 220–310 €, Villa 300–390 €. An der rauen Nordküste schuf der Italiener Nicola dieses charmante Refugium für stressgeplagte Europäer. Wer einmal so richtig abseits vom Rest der Welt entspannen und sich vom lauen Wind umschmeicheln lassen möchte, zahlt den hohen Preis sicher gern. Es gibt weder Fernseher noch Mobilfunksignal und auch keinen Pool. Das kleine, vollkommen einsam gelegene Feriendorf mit 14 Wohneinheiten entstand aus einer verlassenen Fischersiedlung. Die Tochter des Eigners gestaltete jedes Zimmer ganz individuell und stilvoll. Halbpension (20–25 € pro Tag) und Vollpension (35–50 € pro Tag) im angeschlossenen Restaurant CáCabra sind möglich. Selbstverständlich werden auf Wunsch alle Sportmöglichkeiten und Ausflüge organisiert, die Boavista zu bieten hat. Ein Jeep mit oder ohne Fahrer wird jederzeit bereitgestellt.

Essen & Trinken

Total ursprünglich – **Tieta:** Fundo das Figueiras, Tel. 252 11 11, Hauptgerichte 600–700 ECV. Hier wird in einfachem, authentischem Ambiente ganz unverfälschte einheimische Küche serviert: Fisch oder Fleisch vom Grill. Mindestens 2 Std. vorher telefonisch vorbestellen.

In der Garage – **Nha Terra:** Fundo das Figueiras, Tel. 252 11 05, Hauptgerichte 600–700 ECV. Eine Garage dient hier als Speiseraum mit einheimischer Küche. Auch in diesem Lokal gilt, dass ohne Vorbestellung kein Essen auf den Tisch kommt.

São Vicente und São Nicolau

Highlights!

Mindelo: Die Hafenstadt auf São Vicente zeigt sich mit ihrer reizvollen Mischung aus portugiesischem Kolonialstil und afrikanischem Flair als Kulturmetropole von Kap Verde. S. 136

Baía das Gatas: Als Badewanne von São Vicente gilt die weitläufige Bucht mit ihrem hellen Sandstrand. Jeden Sommer gibt es hier ein großes Musikfestival. S. 154

Dragoeiros de Cachaço: Im zentralen Hochland von São Nicolau dehnt sich der größte weltweit noch existierende Bestand urzeitlich anmutender Drachenbäume aus. S. 164

Auf Entdeckungstour

Bizarre Steine am Strand: Kilometerlange Sandstrände und weit ins Meer vorgeschobene Felsen wechseln sich im Nordosten von São Vicente ab. S. 142

Aufbruch in der Kolonialzeit: Seit dem 19. Jh. bildete das Seminar von São Nicolau Kapverdianer akademisch aus. Bevor das Seminário-Liceu 1931 endgültig die Pforten schloss, schufen diese Intellektuellen die Grundlagen für die spätere Unabhängigkeit des Landes. S. 158

Die Botanik erwandern: Die einander so ähnlichen Zwillingsfelsen sind nur eine der Attraktionen, die eine Wanderung quer durch das Bergland von São Nicolau berührt. S. 167

Kultur & Sehenswertes

Torre de Belém: Der Nachbau des ungleich berühmteren, gleichnamigen Turms in Lissabon entstand in Mindelo erst 1937. S. 138

Igreja Nossa Senhora do Rosário: Nur 14 Jahre lang residierte im 18. Jh. ein Bischof in Ribeira Brava auf São Nicolau. Doch bis 1943 behielt die pompöse Rosenkranzkirche den Status einer Kathedrale. S. 156

Aktiv & Kreativ

Segeln: Im kleinen Sportbootbereich des Hafens von Mindelo besteht die wohl beste Anlegemöglichkeit für Hochseejachten in Kap Verde. S. 152

Bootsausflug: Die unbewohnte Insel Santa Luzia östlich von São Vicente ist noch kein Ziel des Massentourismus. Nur per Fischerboot gelangt man von dem kleinen Hafen Calhau aus dorthin, um sich wie Robinson zu fühlen. S. 155

Genießen & Atmosphäre

Rua Lisboa: Klassische Cafés reihen sich entlang der zentralen Achse der Altstadt Mindelos. Hier treffen sich die Einheimischen auf einen Kaffee. S. 145

Tarrafal: In São Nicolaus Hafen- und Strandort ist nur in den Ferienzeiten, also im Sommer, zu Weihnachten und zu Ostern etwas los, wenn die Emigranten aus Übersee ihrer Heimatinsel einen Besuch abstatten. S. 165

Abends & Nachts

Clube Náutico: Am Hafen von Mindelo trifft sich die internationale Seglergemeinde im Innenhof des örtlichen Jachtclubs. Schon tagsüber ist eine Menge los, erst recht aber abends, wenn ein Pub im Haus öffnet. S. 145

Esplanada: Bunter abendlicher Treffpunkt in Ribeira Brava auf São Nicolau ist die Esplanada, ein schlichter Kiosk in einer Parkanlage am Fluss. Manchmal gibt es Livemusik. S. 162

São Vicente – Hafenstadt und Sandbuchten

Zunächst einmal ist São Vicente praktisch identisch mit Mindelo, der lebhaften Hafenmetropole mit dem legendären Ruf als Zentrum des Nachtlebens der Kapverden, dem sie in schummrigen Musikkneipen noch immer ein wenig gerecht wird. Aber auch tagsüber hat Mindelo urbanes Flair zu bieten. Der ganz überwiegende Teil der Bevölkerung und praktisch alle Unterkünfte konzentrieren sich hier, während der Rest der Insel Natur pur bietet. Absolute Ruhe und großartige Surfbedingungen bietet der Fischerort São Pedro. Traumhafte, praktisch unerschlossene Strände liegen im Norden und Osten von São Vicente, wo man in Baía das Gatas und Calhau auch übernachten kann. Das Inselinnere und die felsige Südküste sind karg und nahezu menschenleer.

Infobox

In Mindelo informiert der privat geführte Pavillon von Lucete Fortes an der Esplanada (s. S. 152).

Verkehr

Flüge: Der Flughafen von São Vicente wird bislang nur von Propellermaschinen der TACV im Inlandflugdienst angeflogen (tgl. nach Sal und Praia (Santiago), 1 x wöchentlich nach São Nicolau). Demnächst soll es auch Linienflüge nach Lissabon geben. Am Airport warten genügend Taxis, die Fahrt nach Mindelo (ca. 8 km) kostet etwa 800 ECV.

Fähre: Mit Porto Novo auf Santo Antão ist Mindelo mehrmals täglich durch Auto- und Personenfähren verbunden. Vorausbuchung ist nicht erforderlich. Außerdem laufen mehrmals wöchentlich Autofähren der STM Lines, die verschiedene Kapverden-Inseln miteinander verbinden, den Hafen von Mindelo an. Die unbewohnte Insel Santa Luzia ist ab Calhau per Fischerboot (nach Verabredung) zu erreichen.

Auf der Insel: Aluguers verkehren sporadisch nach São Pedro und Calhau. Innerhalb von Mindelo fahren Stadtbusse. Ansonsten ist man auf Taxi (wegen der kurzen Fahrstrecken relativ preisgünstig) oder Mietwagen (mehrere Anbieter in Mindelo) angewiesen.

Mindelo ❗ ▶ Karte 1, D 4

In Mindelo leben etwa 71 000 Menschen, das sind über 98 % der Inselbewohner. Der **Porto Grande** 1 gilt als bester und sicherster Anlegeplatz des Archipels. Früher war er sogar der größte Hafen zwischen Lissabon und dem Kap der Guten Hoffnung. Aber er hat bessere Zeiten gesehen. Im Osten sind die modernen Kaianlagen wenig belebt. Die Westseite der Bucht ›zieren‹ einige Wrackteile. Es fehlt das Geld, die Schiffe zu verschrotten.

Der Hafen

Angefangen hatte alles 1838, als ein Dekret der damals neu an die Macht gekommenen, liberal orientierten portugiesischen Regierung den Ausbau Mindelos als Handelshafen anordnete. 1850 erhielt der britische Konsul die Erlaubnis zur Einrichtung einer Kohlebunkerstation. Weitere Einrichtungen unter englischer Regie kamen bald hinzu. Großbritannien hatte sich schon 1810 vertraglich von Portugal das Vorrecht auf den Handel mit der portugiesischen Kolonie Brasilien einräumen lassen. Nun wurde São Vicente als Versorgungsstation für Schiffe auf dem Weg von und nach Südamerika ausgebaut. Damit kam ein unverhoffter Aufschwung für die landwirtschaftlich kaum nutzbare Insel. Mindelo erfuhr einen enormen Bevölkerungszuwachs. Die Neubürger kamen von Santo Antão und São Nicolau, die im aufstrebenden Hafen Arbeit fanden. Zwei Drittel der gesamten Einnahmen des Archipels wurden jahrzehntelang hier erwirtschaftet, Portugal verdiente durch die Zolleinnahmen kräftig mit.

Ende des 19. Jh. galt Mindelo als eine der ›verderbtesten‹ Städte der Welt. Damals versorgten sich bis zu 2000 Schiffe pro Jahr im Porto Grande mit Kohle und Wasser. Seeleute aus aller Welt hatten hier Landgang, das Geschäft mit der Prostitution blühte, ein Bordell nach dem anderen eröffnete. Bis heute blieb dieser Ruf erhalten, auch wenn die Realität nicht mehr ganz mithalten kann.

Mit zunehmender Konkurrenz der Häfen von Las Palmas (Gran Canaria) und Dakar (Senegal) ging die Zahl der Station machenden Schiffe ab etwa 1890 und verstärkt in den 1920er-Jahren drastisch zurück. Diesel ersetzte zudem immer mehr die Kohle. In den 1950er-Jahren schlossen sich die letzten britischen Kohlegesellschaften zusammen, um von nun an nur noch Dieselkraftstoff der Marke Shell an die immer seltener in Mindelo vorbeischauenden Ozeanriesen zu verkaufen. Die Antwort des portugiesischen Salazar-Regimes darauf war der Bau der 900 m langen Mole und moderner Hafeneinrichtungen im Norden der Bucht. Portugal versuchte nun den Handel mit den eigenen, verbliebenen Kolonien in Afrika, speziell mit Angola, zu intensivieren. Nach der Unabhängigkeit baute der junge Staat Kap Verde den Hafen weiter aus. Er kann heute Schiffe bis 11,5 m Tiefgang aufnehmen. Doch kam der Porto Grande seither nie mehr so richtig in Schwung.

Zwar ist der Hafen immer noch mit Abstand der wichtigste Arbeitgeber auf São Vicente. Mit 35 % liegt die Arbeitslosigkeit in Mindelo aber weit über dem nationalen Durchschnitt (21 %), auch deshalb, weil die Stadt immer noch attraktiv für Zuwanderer von anderen Inseln und aus Westafrika ist. Manche haben Erfolg, können sich einen gehobenen Lebensstil leisten. Andere scheitern und leben in ärmlichen Wohnvierteln an der Peripherie. Ausländische Investitionen, z. B. in eine Textilfabrik, haben für eine leichte Entspannung der Situation gesorgt.

An der Uferpromenade

Mercado de Peixe [2]

Avenida da República, offiziell Mo–Sa, So sitzen die Händler vor der Tür
Die Avenida da República, bei den Einheimischen besser als Rua de Praia bekannt, trennt die Hafenbucht von der eigentlich vom Meer seltsam abgewandten Stadt. Im Süden beginnt sie am Mercado de Peixe, dem Fischmarkt. Dessen Ambiente ist ganz und gar afrikanisch. Ständig tragen Fischer ihren Fang in Plastiktüten herein, um die Händler zu beliefern. Unter den feilgebotenen Fängen dominiert der Thunfisch. Daneben liegen zahlreiche andere frische Atlantikfische, etwa die auffällig gestreiften Muränen, aber auch viel Bacalhau (Stockfisch).

Torre de Belém 3

Bei diesem interessanten Turm handelt es sich um eine Nachbildung des gleichnamigen, ungleich berühmteren Vorbilds in Lissabon. Während jener schon Ende des 15. Jh., also im Zeitalter der Entdeckungsfahrer, unter dem legendären König Manuel I. erbaut wurde, stammt die kapverdische Version von 1937. Die bis dahin von den Engländern geprägte Stadt sollte nach dem Willen der Salazar-Regierung ein wenig ›portugiesischer‹ werden.

Bis zur Unabhängigkeit Kap Verdes diente der Torre de Belém, der manchmal auch Torre do Mindelo genannt wird, der Hafenkommandantur als Sitz. Besonders sehenswert sind die pseudomanuelinischen Verzierungen an der Fassade. Verschlungene Schiffstaue aus Stein umrahmen die Fenster. Schmückende Funktion haben auch die zahlreichen Kreuze des Christusritterordens und die für den Emanuelstil typischen Türmchen. Derzeit wird er einer Restaurierung unterzogen, die für den Außenbereich des Turms bereits abgeschlossen werden konnte und jetzt den Innenhof und die Nebengebäude umfasst. In Zukunft wird der Torre de Belém das Museu do Porto Grande beherbergen.

Nebenan vertreiben sich Fischer ihre Freizeit beim Kartenspiel an Steintischen. Dort erhebt sich die Bronzebüste von Diogo Afonso, der einen Sextanten in der Hand hält, als Zeichen des Seefahrers. Um die Jahreswende 1461/62 erkundete er von Santiago aus den Norden des Archipels und entdeckte dabei u. a. am 22. Januar 1462 São Vicente. Das Denkmal errichtete man 1955, also ebenfalls in der Zeit der Salazar-Diktatur. Es trägt bis heute das portugiesische Wappen, denn die Regierung von Kap Verde bemüht sich um Bewahrung des kulturellen Erbes aus der Kolonialzeit.

Armazéns de Ingleses 4

Nördlich vom Torre de Belém säumen die Handelshäuser (port. *armazéns*) der englischen und schottischen Kaufleute die Uferstraße, die im 19. und zu Beginn des 20. Jh. in Mindelo lebten und deutliche Spuren in der Stadt hinterließen. Sie eröffneten Geschäfte, gründeten Clubs und Sozialeinrichtungen. Sogar der heute noch existierende Golfplatz wurde damals südöstlich der Stadt angelegt. Charakteristisch für die unverkennbar britischen Gebäude sind schmiedeeiserne Balkongitter, Gauben und mit Schindeln gedeckte Dächer. Die pastellfarbene Häuserzeile blickt auf den Hafenstrand Praia de Bote, wo Fischer ihre bunten, offenen Boote an Land ziehen. Früher befanden sich hier Anlegestege für Dampfschiffe zum Bunkern von Kohle, von denen nichts mehr zu erkennen ist.

Die meisten Briten verließen in den 1950er-Jahren die Insel. Jüngst wurden die Häuser saniert. An einem von ihnen, heute einem Nebengebäude der Agência Nacional de Viagens, ist das große zeitgenössische Wandbild »Poema Mindelense« von António Conceição bemerkenswert. Es zeigt typische Szenen aus dem traditionellen Leben der Stadtbewohner: Männer fahren zum Thunfischfang aus, Frauen tragen Lasten auf dem Kopf, gefeiert wird abends in einfachen Kneipen.

Alfândega Velha 5
Avenida Marginal

Im Alten Zollhaus ist das **Centro Cultural de Mindelo** untergebracht, in dem in unregelmäßigen Abständen Ausstellungen, Konzerte, Tanz- und Theatervorführungen stattfinden (www.governo.cv oder www.cmsv.cv). Das ehrwürdige Gebäude wurde in der

Fischerbootidylle vor der Replik des Lissabonner Hafenturms Torre de Belém

CHE GUEVARA

Av. Che Guevara

Av. Dr. Alberto Leite

Rua Angola

Rua Senegal

4

2

1

Fortím

ALTO NICOLAU

Rua das Irmãs do Amor de Deus

4

5

6

Rua Angola

Praça
Nova

1

1

Av. Baltazar Lopes da Silva

2

Rua Camões

✉

Rua Senador Vera Cruz

Av. Amílcar Cabral

7

Travessa do Cadamosto

6

7

2

Av. Unidade Africana

1

Porto Grande

1

Av. 5 de Julho

R. Franz Fanon

11

Rua Lisboa

8

5

10

9

10

Av. Fernando
Ferreira Fortes

2

1

3

4

Praça Dr.
Regala

Pracinha
da Igreja

Rua William du Bois

4

12 ✚

Av. da República

Rua de Santo António

3

Rua São João

5

Rua Sada Bandeira

Rua da Luz

Rua da Moeda

Rua Jaime Mota

Rua do Côco

Rua João Carlos

Rua António Niola

Rua D. Ramos

9

3

2

5

Praça
Estrela

13

Rua de Côco

Rua da Gulbara

Rua do Minho

Rua do Douro

Rua do Matadouro

Largo
John Millers's

Av. Holanda

Estação
Meteorológica

MONTES

✈

Calhau

0   150   300 m

8

Mindelo

Sehenswert

1 Porto Grande
2 Mercado de Peixe
3 Torre de Belém
4 Armazéns de Ingleses
5 Alfândega Velha/Centro Cultural
6 Esplanada
7 Monumento à Primeira Travessia Aérea do Atlântico
8 Clube Náutico
9 L'Alliance Française de Mindelo
10 Mercado Municipal
11 Palácio Presidencial
12 Igreja Nossa Senhora da Luz
13 Praça Estrela

Übernachten

1 Oásis Atlântico
2 Mindelhotel
3 Casa Café Mindelo
4 Residencial Sodade
5 Residencial Jenny
6 Residencial Maravilha

7 Avenida
8 Residencial Che Guevara
9 Chez Loutcha
10 Pensão Chave d'Ouro

Essen & Trinken

1 Nella's
2 A Catedral
3 Tradisson e Morabeza
4 Archote
5 Pica Pau

Einkaufen

1 Centro Nacional de Artesanato
2 Coopatec
3 Alternativa
4 Joana Pinto
5 Figueira

Aktiv & Kreativ

1 boatCV
2 Billfish-Club Cabo Verde

Abends & Nachts

1 Café Musique
2 Café del Mar

Auf Entdeckungstour

Dünenwanderung – bizarre Steine am Strand

Den schier endlosen Stränden im Nordosten von São Vicente folgt diese Wanderung, bei der es seltsame Erosionsformen im Dünensand zu entdecken gibt.

Zeit: Wer die lange Gehzeit von 5 Std. scheut, kann die Tour nach 2 Std. in Baía das Gatas unterbrechen.

Planung: An- und Abfahrt erfolgen per Taxi. Für die Rückfahrt bestellt man dieses nach Calhau (Radio-Taxi Mindelo Tel. 232 20 00). Geeigneter Treffpunkt: Restaurant Hamburg.

Start: Das Fischerdorf Salamansa an der Nordküste von São Vicente. Mit dem Taxi auf der Pflasterstraße bis in die Nähe des Strandes fahren lassen.

Basaltsäulen der Ponta de Doca

Eine Sandpiste führt von Salamansa ostwärts an der Küste entlang durch eine karge Steinwüste. Sie passiert eine Bucht (10 Min.), in der die Fischer des Ortes ihre Boote ans Ufer ziehen, um sie vor der Brandung zu schützen. Die Piste beschreibt dann eine Kurve um ein mit Solarzellen betriebenes Leuchtfeuer herum und überquert eine kleine Landzunge. Danach ist wieder das Meer erreicht (30 Min.). Weiter geht es entlang der Küstenlinie.

Wieder wird eine Landzunge abgeschnitten, die Ponta de Doca. Hier befindet sich links ein Feld von Basaltsäulen. Im weiteren Verlauf der Wanderung gilt es, sich so nahe wie möglich an der Küste zu halten und landeinwärts abzweigende, mehr oder weniger gut erkennbare Fahrspuren zu ignorieren. Dann geht es an einem Meerwassertümpel (1 Std.) vorbei und danach eher landeinwärts, auf einer deutlichen Fahrspur über ein Geröllfeld. Es schließt eine sandige Ebene an, wo sich die Piste gabelt (1.30 Std.). Hier hält man sich links und an der nächsten Einmündung wiederum links. Dann kommen voraus schon die Häuser von Baía das Gatas in Sicht, wo sich die Einkehr im Restaurant Esplanada am Strand anbietet (2 Std.).

Dünenversteinerungen an der Baía do Norte

Vom Esplanada geht es auf der Straße Richtung Mindelo an einigen Ferienhäusern und dem Strand von Baía das Gatas vorbei. Jetzt lässt sich die gesamte Baía do Norte überblicken.

Am Ende der Siedlung, an einer ehemaligen Fischfabrik (2.10 Std.), biegt man links in eine Pflasterstraße ein. Sie führt an der Küste entlang und geht bald in einen sandigen Fahrweg über. Dieser endet an einem Strandwach-

turm (2.45 Std.). Ein deutlicher Pfad verläuft weiter durch den Sand. Wenig später wird ein einsamer Torbogen aus Natursteinen passiert. Voraus liegt ein breites, mit schwarzem Lavagestein gefülltes Tal. Je nach Wasserstand wandert man mehr oder weniger weit vom Meer entfernt weiter.

Noch ein Tal zieht sich durch die sandige Landschaft (3.15 Std.). Hier sind im Kalksandstein interessante Erosionsformen, vom stetig wehenden Passatwind gebildet, zu sehen. Mit der Ribeira da Baleia (3.30 Std.) folgt ein breiteres, flacheres Tal, dessen Grund schwarzes Geröll bedeckt. Ausgedehnte helle Flugsandflächen überziehen den Westhang des Einschnitts.

Nach Durchqueren einiger weiterer flacher Täler befinden sich rechts auf einer Düne besonders bizarre Erosionsformen (4.10 Std.). Es handelt sich um verhärtete Auskristallisierungen in Rissen in der Düne. Härter als der sie umgebende Sand, leisten sie der Abtragung durch den Wind hartnäckig Widerstand.

Ein weiterer rostiger Turm wird passiert, dann ist der Strand von Calhau erreicht (4.40 Std.). Baden ist hier sehr gefährlich, da die Küste der aus Norden anrollenden Brandung ungeschützt ausgesetzt ist. An einem Warnschild wendet man sich rechts und trifft auf eine Piste. Sie schneidet die Ponta do Calhau ab, eine Landzunge, auf der sich der Vulkankegel Monte Calhau erhebt. Seine Südseite ist von Höhlen durchsetzt, mühselig von Hand abgebaute Steinbrüche.

Nach Überquerung der Landzunge ist voraus wieder das Meer zu sehen. Die Piste endet an einer Pflasterstraße in Calhau. Links und nach wenigen Metern wieder links ist gleich das auffallend bunte Gebäude des Restaurants Hamburg erreicht (5 Std.).

Blütezeit des Porto Grande zwischen 1858 und 1860 errichtet. An der Fassade prangt das portugiesische Wappen mit den sieben Burgen, die repräsentativ für die während der mittelalterlichen Reconquista von den Mauren zurückeroberten Kastelle stehen. Zwei Tafeln mit Inschriften nennen die unter König Pedro V. für den Bau verantwortlichen Beamten.

Gegenüber erstreckt sich an der Spitze des Cais d'Alfândega, des restaurierten alten Zollkais, der im Oktober 2007 eröffnete Jachthafen (www.marinamindelo.net). Bis dahin gab es für Segler nur die Möglichkeit, in der Bucht zu ankern. Neben dem Kai erhebt sich der Águia do Mindelo, ein Fliegerdenkmal mit einem gewaltigen Adler, der zum Flug ansetzt. Es steht auf einem Sockel, der einer Felsnadel nachgebildet wurde. Eine Gedenktafel erinnert an die Zwischenlandung der Piloten Gago Coutinho und Sacadura Cabral mit dem Flugboot Lusitânia 1922 im Verlauf ihrer Erstüberquerung des Südatlantiks.

Avenida Amílcar Cabral

Im Norden geht die Avenida da República in die Avenida Amílcar Cabral (auch Avenida Marginal) über. Dort

Kolonialer Charme und afrikanisches Flair kennzeichnen die Altstadt von Mindelo

liegt die **Esplanada** 6 , offiziell Praça Gonçalvo Gonês. In diesem sorgfältig angelegten Park befindet sich eine private Touristeninformation (s. S. 152).

Im weiteren Verlauf der Avenida erhebt sich das **Monumento à Primeira Travessia Aérea do Atlântico** 7 , eine Marmorsäule, gekrönt von einem ringförmigen Stein. Auch dieses Denkmal erinnert an den Transatlantikflug von Coutinho und Cabral.

Dieser Abschnitt der Uferstraße wird von dem auf einer Anhöhe gelegenen **Fortim d'El Rei** ›bewacht‹. 1852 wurde es zur Verteidigung des Hafens errichtet, bis in die 1970er-Jahre hinein diente es noch als Gefängnis. Heute ist die ehemalige Festung eine verwahrloste Ruine, die den Besuch nicht lohnt.

Schließlich ist der Gare Marítimo erreicht, das moderne Fährterminal.

Praça Nova

Ende der 1920er-Jahre entstand das noble Stadtviertel rund um die großzügige Praça Nova. Am Platz und in seiner Nähe stehen heute die wichtigsten Hotels der Stadt. Inmitten der gepflegten Anlage erhebt sich der Quiosque Praça Nova, ein viel fotografierter Jugendstil-Pavillon mit Café. Tische im Freien laden zur Rast ein. In der Architektur des Pavillons spiegelt sich der angelsächsische Geschmack wider.

Dahinter steht das Monumento Luis de Camões, ein Denkmal für den wohl berühmtesten portugiesischen Dichter, der zwischen 1524 (oder 1525) und 1580 lebte. Seine Büste thront auf einem Sockel, den das Kreuz des Christusritterordens ziert. Ganz unten ist sein berühmtes Epos »Os Luziados« in Form eines Buches in Stein gefasst. Camões beschreibt darin in 10 Gesängen (nach dem Vorbild von Vergils »Aeneis«) die Fahrt Vasco da Gamas nach

Unser Tipp

Clube Náutico 8

In einem dreigiebeligen ehemaligen Lagerhaus des Zolls von 1875, das komplett renoviert wurde, residiert heute der örtliche Jachtclub. Die Bar im Innenhof ist zu jeder Tageszeit die optimale Anlaufstelle für einen gepflegten Drink. Hier treffen sich die Hochseesegler aller Nationen. Maritimes Dekor schmückt knallblaue Wände. Durch das Tor blickt man, wie könnte es anders sein, zum Jachthafen. Abends öffnet im Haus ein Pub, oft bei Livemusik.

Indien. Das Denkmal wurde nach der Unabhängigkeit der Republik Kap Verde zunächst entfernt, kehrte aber inzwischen an seinen Platz zurück.

In den nördlich anschließenden Straßenzügen wohnen die wohlhabenderen Bürger in gepflegten, pastellfarbenen Villen aus der Kolonialzeit mit schmiedeeisernen Gittern an Fenstern, Türen und Balkonen sowie oft mit Stuck verzierten Balustraden. Vielfach sind die Häuser durch Wachhunde und hohe, mit einzementierten Glasscherben versehene Mauern gegen unerwünschte Eindringlinge gesichert. Restaurants und Geschäfte im europäischen Stil rechnen hier mit relativ zahlungskräftiger Kundschaft.

Rua Lisboa

An der Rua Lisboa (heute offiziell Rua Libertadores d'África) reihen sich die Cafés aneinander. Absoluter Klassiker

Unser Tipp

L'Alliance Française de Mindelo 9

Das französische Kulturzentrum besitzt eine umfangreiche Bibliothek, darunter auch zahlreiche Bände, die sich mit den Kapverden befassen. Der Bookshop verkauft Landkarten und Lokalzeitungen und oft gibt es kulturelle Veranstaltungen. Im Bar-Restaurant La Pergola kann man bei Kaffee oder Fruchtsaft entspannen und auch gepflegt essen. Rua Lisboa/Rua Santo António, Tel. 232 11 49, Fax 232 11 48, www.afmindelo.org, Mo–Fr 10–12.30, 15–19, Sa 10–12.30 Uhr; Restaurant La Pergola: Tel. 982 76 75, Mo–Fr 8–19, Sa 8–14 Uhr, Hauptgerichte um 800 ECV.

und inzwischen zum Szenetreff avanciert ist das **Café Lisboa.** Dort trifft man sich seit Jahrzehnten am Vormittag. Um diese Zeit (und nur um diese) tobt das Leben in der Innenstadt. Sehenswert sind die altmodischen Geschäfte mit Holzeinrichtung und klassischem Warensortiment. An Sonn- und Feiertagen schließen fast alle Läden. Dann machen auch die Cafés ihre Tore dicht und es ist schwierig, in der nun fast unbelebten Innenstadt noch eine Einkehrmöglichkeit zu finden.

Mercado Municipal 10
Rua Lisboa, Mo–Sa
Hauptattraktion in der Rua Lisboa ist die zweistöckige städtische Markthalle. Zu ebener Erde gibt es ein reichhaltiges Angebot an Obst und Gemüse. Aber auch Trockenfisch, Eier, Ge-

treidekörner und Gewürze stehen zum Verkauf. Ein typisches Mitbringsel sind winzige Chilischoten, die zu höllisch scharfem Piri-Piri verarbeitet werden. Im Obergeschoss ist nicht viel los, seit die meisten der einstmals dort vorhandenen kleinen Musikläden und Boutiquen in lukrativere Geschäftslagen außerhalb der Innenstadt umgezogen sind. Am Treppenaufgang lohnt das wandfüllende Fliesenbild einen Blick. Es wurde 1994 in Portugal geschaffen und zeigt eine Gruppe von Frauen, die Gefäße auf dem Kopf tragen, eine typische Szene von Cabo Verde.

Palácio Presidencial 11
Die Rua Lisboa endet im Osten vor dem ehemaligen Gouverneurspalast. Heute nutzt ihn der Präsident von Kap Verde bei seinen Aufenthalten auf São Vicente. Zudem dient der Repräsentativbau als provisorischer Sitz des Inselgerichts. Das imposante Gebäude wurde 1874 von den in Mindelo ansässigen Engländern als Musikhalle genutzt. Der Stil ist klassizistisch mit Anklängen an die damalige britische Kolonie Indien. Erst 1929 kam das Obergeschoss hinzu. Während der Bürozeiten darf man den gepflegten Park betreten.

Altstadt

Igreja Nossa Senhora da Luz 12
An die Rua Lisboa grenzt südlich die Altstadt von Mindelo, deren Mittelpunkt die Pracinha da Igreja darstellt. Ende des 18. Jh. war an dieser Stelle ein kleines, einfaches Dorf namens Nossa Senhora da Luz rund um eine schlichte, der Ortspatronin Maria Lichtmess geweihte Kapelle gegründet worden. Als jedoch die Bevölkerung stark angewachsen war, ersetzte man im Jahr 1862 die Kapelle durch die heutige Igreja Nossa Senhora da Luz. Sie prä-

sentiert sich im Kolonialstil mit einem geschwungenen barockisierenden Giebel und einem Marmorportal. Die zwei Glockentürme weisen maurisch anmutende Hufeisenbögen auf.

Auf dem Kirchplatz verbringen einheimische Familien im Schatten gerne die Mittagszeit oder promenieren hier in den Abendstunden. Neben der Kirche steht das traditionsreiche, aber modernisierte Kaufhaus Casa Benfica mit der vielleicht besten Auswahl an Gebrauchsartikeln in der Stadt. Casa Benfica geht auf eine von mehreren Handelsgesellschaften zurück, die in Mindelo während der Salazar-Zeit gegründet wurden, um den Handel von Manufakturprodukten von den Inseln des Archipels nach Portugal zu organisieren.

In den schmalen Gassen weiter südlich wird Mindelo ›afrikanischer‹. Das Leben ist weit bunter als am Nordrand der Innenstadt, die Gerüche sind intensiver. Fliegende Händler hocken mit verschiedensten Waren am Straßenrand.

Praça Estrela 🔟

Auf dem weitläufigen Platz steht ein Pavillon mit gleich mehreren Bars, von deren Tischen aus man das Treiben ringsum verfolgen kann. Für die afrikanischen Händler, die sich zuvor provisorisch hier eingerichtet hatten, wurden im Jahr 2000 mit Hilfe der portugiesischen Partnerstadt Porto feste Marktstände geschaffen.

Sehenswert sind die handgemalten, klassisch blau-weißen Fliesenbilder (azulejos) an den Ständen. Sie zeigen Ansichten des alten Mindelo. Das Angebot der Händler umfasst Kleidung, Sonnenbrillen, Sandalen und allerlei Krimskrams. Am meerwärtigen Rand der Praça Estrela bieten Frauen auf einem kleinen, überdachten Marktplatz Obst und Gemüse feil.

Ausflüge

Mato Inglês

Die holprige Nebenstrecke nach Mato Inglês zweigt einen guten Kilometer außerhalb von Mindelo von der Straße nach Baía das Gatas rechts ab. Abschnittsweise wird die Fahrbahn zur ausgewaschenen Piste. Man kann von der Abzweigung aus Mato Inglês aber auch in 45 Min. zu Fuß erreichen.

Der Name der Gegend, ›Busch der Engländer‹, deutet an, dass hier früher einige der in Mindelo ansässigen britischen Händler einen Zweitwohnsitz besaßen. Heute fällt zwischen den zahlreichen Ruinen von Bauernhöfen nur hier und da ein gepflegtes Wochenendhaus auf. Einen Ortskern gibt es nicht. Recht einsam steht die der Jungfrau von Fátima geweihte Kirche von Mato Inglês am Straßenrand.

Monte Verde

Das Inselinnere von São Vicente präsentiert sich heute weithin öde. Vor Jahrzehnten soll es mehr Regen und eine blühende Landwirtschaft gegeben haben. Davon ahnt man noch etwas auf dem breiten Gipfelplateau des höchsten Berges der Insel, dem Monte Verde (750 m). Eine Pflasterstraße führt hinauf. Sie zweigt etwa 3 km außerhalb von Mindelo beim Restaurant Casa Velha von der Hauptstraße nach Baía das Gatas rechts ab.

Auf der geneigten Hochfläche wurden einst Ackerterrassen angelegt. Die Bauern leben aber weiterhin in der Ebene und müssen so fast täglich die Mühe des Aufstiegs zum Gipfelplateau auf sich nehmen. Sendemasten krönen den Gipfel. Ein schmaler Pfad führt rechts um die Anlage herum zu dem höchsten Punkt. Von hier ergibt sich ein hervorragender Panoramablick auf die Strandzone an der Baía do Norte und auf das Gebiet von Mato Inglês.

Übernachten

Internationaler Standard – **Oásis Atlântico Porto Grande 1**: Praça Nova, Tel. 232 31 90, 232 11 76, Fax 232 31 93, www.oasisatlantico.com, DZ 10 000–14 000 ECV/100–130 €. Die 48 Zimmer und zwei Suiten des ersten Hauses am Platz sind großzügig ausgestattet, alle verfügen über einen Balkon mit Blick auf die Praça oder zum Pool. Manchmal findet abendliche Animation auf der Terrasse statt. Die hauseigene Diskothek Syrius bietet Mi–So, jeweils 23–6 Uhr, Unterhaltung.

Oben mit Aussicht – **Mindelhotel 2**: Av. 5 de Julho, Tel. 232 88 81, Fax 232 88 87, mihotel@cvtelecom.cv, DZ 9000–13 000 ECV (inkl. Transfer von und zum Flughafen). Das himmelbaue 4-Sterne-Hotel steht unter italienischer Leitung. Zwar bieten die Zimmer keinen Balkon, dafür aber in den oberen Stockwerken einen wunderbaren Blick über die Stadt. Wer unten wohnt, kann diesen von der Dachterrasse genießen. In der Lobbybar kann man auch als Nicht-Hotelgast in gepflegtem Rahmen einen Drink nehmen.

Kommunikatives Haus – **Casa Café Mindelo 3**: Rua Governador Calheiros 6, Tel. 231 87 31, Fax 231 87 29, www.casacafemindelo.com, DZ 6500 ECV. Das renovierte Stadthaus in der Altstadt bietet stilvolle, große Gästezimmer, wobei sich Bad und WC allerdings auf dem Gang befinden. Dafür gibt es großzügige Aufenthaltsräume und die Gäste dürfen die offene Küche benutzen wie auch auf der Terrasse selber grillen. Hier wohnt man sehr kommunikativ. Im Erdgeschoss befindet sich ein beliebtes Café (s. S. 152).

Pension auf Hotelniveau – **Residencial Sodade 4**: Rua Franz Fanon 38, Tel. 232 75 56, Fax 231 40 19, sodade.sv@cvtelecom.cv, DZ 4000–8000 ECV. Die komfortable Pension liegt am Rand der Innenstadt. Zu beachten ist, dass die Zimmer sehr unterschiedlich ausgestattet sind. Die einfachen, preisgünstigeren Räume liegen in den unteren Etagen. Vom sehr guten Restaurant bietet sich ein schöner Blick über Stadt und Hafen.

Hafenblick – **Residencial Jenny 5**: Alto São Nicolau, Tel. 232 89 69, Fax 232 39 39, hstaubyn@cvtelecom.cv, DZ ca. 5500 ECV. Die vor allem ein jüngeres Publikum ansprechende Unterkunft bietet 20 ordentliche Zimmer, alle mit warmem Wasser, Klimaanlage und Balkon. Das Besondere ist der wunderbare Ausblick über den Hafen. Im Frühstücksraum besteht Internetanschluss.

Gepflegte Villa – **Residencial Maravilha 6**: Rua Angola, Alto São Nicolau, Tel. 232 22 03, Fax 232 22 17, gabs@cvtelecom.cv, DZ 4700 ECV, Suite 5500 ECV. In einem der schickeren Stadtteile von Mindelo liegt diese gut ausgestattete Pension. Das palastartige Haus fungierte früher als herrschaftliches Anwesen. Dementsprechend geräumig und geschmackvoll eingerichtet sind die Zimmer.

Praktisch – **Avenida 7**: Av. 5 de Julho, Tel. 232 11 87, Fax 232 23 33, DZ 4400–7000 ECV. Das 3-Sterne-Aparthotel versprüht einen altmodischen Charme. Zwar ist es etwas abgewohnt, doch günstig gelegen für Erkundungstouren in der Stadt. Die Zimmer zum Meer hin bieten einen schönen Blick. Ein Restaurant ist nicht vorhanden.

Ruhig gelegen – **Residencial Che Guevara 8**: Rua Che Guevara, Tel. 232 24 49, cheguevara@cvtelecom.cv, DZ ab 4000 ECV. Oberhalb der Praia da Laginha, des Stadtstrandes, liegt diese angenehme Unterkunft. Neben der ruhigen Lage sind auch die großen Zimmer ein weiteres Plus. Bis ins Zentrum von Mindelo läuft man nur wenige Minuten.

Klassiker – **Chez Loutcha 9**: Rua do Côco, Tel. 232 16 36, Fax 232 16 35, DZ 3700–4400 ECV. Bei Rucksackreisenden und Wanderern ist diese familiär geführte Pension sehr beliebt. Am besten lässt man sich ein Zimmer mit Fenster zur Außenseite geben. Das gemütliche Restaurant im Haus wird auch gern von externen Gästen aufgesucht, denn es bietet schmackhafte französisch-senegalesische Küche mit Riesenportionen sowie am Freitag meist Morna live (Hauptgerichte ab 600 ECV).

Kolonialer Charme – **Pensão Chave d'Ouro 10**: Av. 5 de Julho, Tel. 232 70 50, Fax 232 70 57, DZ 1500–2400 ECV. Seit der Kolonialzeit scheinbar unverändert wirkt diese einfache Pension mit dem gewissen Etwas. Die Qualität der Zimmer präsentiert sich sehr unterschiedlich, allen gemeinsam ist das Etagenbad. Sehr empfehlenswert, auch für auswärtige Gäste, ist das Restaurant in der erste Etage. Klassische portugiesisch-kapverdische Küche wird in entsprechendem Ambiente serviert, was auch viele Einheimische zu schätzen wissen (Hauptgerichte um 600 ECV).

Essen & Trinken

Szene in Mindelo – **Nella's 1**: Rua Lisboa, Tel 231 43 20, So geschl., Hauptgerichte um 750 ECV, wechselndes Tagesgericht um 550 ECV. Das Restaurant über dem Café Lisboa (s. S. 146) mit dem Touch eines europäischen Szenelokals ist luftig und dank des Holzmobiliars gemütlich. Die Speisen schreibt der Wirt mit Kreide an die Wand an. Montag, Freitag und Samstag gibt es Livemusik.

Gegrilltes auf der Terrasse – **A Catedral 2**: Av. 5 de Julho, Tel. 232 72 75, Hauptgerichte um 700 ECV. Angenehm sitzt es sich auf der Terrasse auf dem Einkaufszentrum Furnalha (gegenüber Aparthotel Avenida). Serviert werden Grillgerichte und Fisch. Samstags und sonntags wird meist afrikanische Musik live geboten.

Traditionsadresse – **Tradisson e Morabeza 3**: Av. da República (über der Tankstelle), Tel. 232 48 41, Hauptgerichte um 700 ECV. Das Lokal pflegt ein gehobenes Niveau und besitzt eine schöne Terrasse mit Blick über die Hafenbucht. Musikabende werden recht häufig veranstaltet.

Im schicken Viertel – **Archote 4**: Rua Irmãs do Amor de Deus, Alto São Nicolau, Tel. 232 39 16, Hauptgerichte ab 600 ECV. Hier speist man nicht edel, an warmen Abenden auch gern auf der Terrasse. Jeden Samstag spielt eine Folkloregruppe auf, am Dienstag wird Livemusik mit der Band Porto Grande geboten.

Typisches Altstadtlokal – **Pica Pau 5**: Rua Santo António, Fischgerichte um 500 ECV, Reis mit Meeresfrüchten 700 ECV. Bei Travellern ist diese urige ›Institution‹ mit nur sieben Tischen äußerst beliebt. Angenehm kurz zeigt sich die Speisekarte, auf der vorwiegend Fisch, Languste und andere Meeresfrüchte stehen. Der Wirt bemüht sich in englischer Sprache persönlich um seine Gäste. Dankesschreiben aus aller Welt zieren die Wände.

Einkaufen

Kunsthandwerk – **Centro Nacional de Artesanato 1**: Praça Nova. Nach der Unabhängigkeit wurde das Kunsthandwerkszentrum von der Künstlergruppe Resistência gegründet, um die kapverdische Kultur und die Herstellung der berühmten *panos* zu fördern. Seit mehreren Jahren ist es wegen Renovierungsarbeiten geschlossen und soll jetzt bald wieder öffnen. Unter-

Hotel Foya Branca in São Pedro

Abseits des Fischerortes São Pedro steht an der gleichnamigen Praia das Hotel Foya Branca vor einer bizarren Felskulisse. Noch ist es hier erstaunlich einsam, vielleicht wegen des starken Windes, der am Strand ständig Sand aufwirbelt. So stellt zum Baden und Sonnenbaden die Poollandschaft des Hotels eine gute Alternative dar. Die Zimmer sind äußerst ansprechend und man möchte sie so lange wie möglich genießen. Andererseits locken Fitnessraum, Tennisplatz und zwei nette Restaurants, eines davon mit Terrasse über dem Strand. Für Aktivitäten außerhalb der Anlage stehen Reitpferde und Mountainbikes zur Verfügung (s. S. 153).

dessen fertigt João Fortes im Nebengebäude wunderschöne Batiken und
gewebte Wandteppiche.
Keramik – **Coopatec** 2 : Rua Angola,
Alto São Nicolau, Tel. 231 47 04. Im
ehemaligen britischen Konsulat, einem der ältesten Gebäude von Mindelo (Anfang 19. Jh.), arbeitet ein Ke-
ramikerteam unter Leitung von Tito,
einst Mitglied der Resistência (s. S. 149).
Souvenirs – **Alternativa** 3 : Av. 5 de
Julho. Hochwertiges einheimisches
Kunsthandwerk, von der Gruppe Atelier Mar geschaffen, offeriert der Laden neben dem Mindelhotel.
Batik und Kunst – **Joana Pinto** 4 : Rua
Senegal. Hinter dem Cinema Eden Park
verkauft Joana Pinto in ihrem kleinen
Atelier ihre Kreationen.
Malerei – **Figueira** 5 : Av. da Repú-
blica. Die Brüder Manuel und Tchalé
Figueira betreiben gegenüber vom
Torre de Belém ihr Atelier. Ihre Werke
stellen sie auch regelmäßig im traditi-
onsreichen Café Lisboa (s. S. 146) aus,
während Luisa Queiros, die Frau von
Manuel Figueira, in der Casa Café Min-
delo (s. u.) vertreten ist.
Musik – **Mercado Municipal** 10 : Rua
Lisboa. In der Markthalle gibt es in der
oberen Galerie ein gut sortiertes CD-
Geschäft.

Aktiv & Kreativ

Segeln – **boatCV** 1 : Av. Amílcar Cabral, Tel. 232 67 72, Fax 230 03 81,
www.boatcv.com. Kompletter Jacht-
service, Charter, Mitsegeln. Repräsen-
tant der Kreuzer-Abteilung des Deutschen Segler Verbandes e.V. Luzmar:
Alto Santo António 253, Tel. 997 23 22,
www.luzmar.com; in Deutschland über
Johanna Meyer-Scheel, Tel. 0173 878
85 74, johanna@luzmar.de. Charter-
jachten der Marke Bavaria mit und
ohne Skipper.

Hochseefischen – **Billfish-Club Cabo
Verde** 2 : Tel./Fax 231 53 26, Berno@
cvtelecom.cv, www.capeverde-fishing.
com,   www.billfish-club-caboverde.
com. Unter deutscher Leitung.

Abends & Nachts

Morna und andere kapverdische Musik, aber auch afrikanische Klänge er-
lebt man an manchen Wochentagen
live in vielen Restaurants sowie im
Clube Náutico (s. S. 145).
›Das‹ Musikcafé – **Café Musique** 1 :
Rua Lisboa, So geschl. Ab ca. 23 Uhr
häufig Livemusik, oft mit dem bekann-
ten, aus Mindelo stammenden Sänger
Baú. Zum Cocktail schmecken Kleinigkeiten wie Fisch-Carpaccio oder Salat.
Immer für einen Drink gut – **Café del
Mar** 2 : Praça Nova. Der internationale
Treffpunkt unter Leitung des deutsch-
österreichischen Paares Doreen und
Dimi eignet sich gut für einen Absa-
cker, vielleicht einen Mojito. Auch Internetzugang ist vorhanden.
Zeitgemäßer Treff – **Casa Café Mindelo**
3 : Rua Governador Calheiros 6/Av. da
República, Tel. 231 87 31, tgl. 7–2 Uhr.
In einem renovierten Stadthaus von
1870 ist dieses schicke Lokal untergebracht, in dem man vom Frühstück bis
zum Abendessen auch Tapas und größere Gerichte (um 800 ECV) zu sich
nehmen kann. Auch Konzerte, Ausstellungen und andere Events.

Infos & Termine

Infos
Informação Turística – Lucete Fortes:
Av. Amílcar Cabral, Tel./Fax 232 42 67,
www.bela-vista.net. Pavillon in der Esplanada. Privat finanzierte Informationsstelle mit Verkauf von guten Wanderkarten und Stadtplänen.

Internet: Unter www.mindelo.info gibt es auf Französisch jede Menge aktuelle Hinweise auf Kulturveranstaltungen, Musik, Kunst, Unterkünfte, Sport.

Termine

Festa de São Vicente: 22. Jan. Zum Jahrestag der Entdeckung der Insel zieht am Nachmittag eine Prozession mit der Statue des hl. Vincentius durch die Stadt, begleitet von Blasmusik und einer begeisterten Menschenmenge.

Verkehr

Flüge: TACV-Büro: Av. 5 de Julho, Tel. 232 15 24, Fax 232 37 19.
Fähre nach Santo Antão: Autofähre Mar d'Canal, Naviera Armas, relativ komfortabel, Mo–Sa 8 und 15, So 8 und 16 Uhr, einfache Fahrt pro Person 700 ECV, Ticketverkauf im Gare Marítimo tgl. 7–12, 15–16 Uhr. Personenfähre Ribeira de Paúl, schlicht und ohne Komfort, Mo–Sa 7.30 Uhr, einfache Fahrt 400 ECV, Ticketverkauf im Gare Marítimo 1 Std. vor Abfahrt. Personen-Schnellfähre Auto Jet, Moura Company, Tel. 260 30 97, Fax 264 76 91, www.mouracompany.net, Mo und Mi–Sa 2 x tgl. (7.45 und 14.30 Uhr), So 1 x tgl., einfache Fahrt 800 ECV.
Fähre auf andere Inseln: Autofähre Tarrafal, STM Lines, Av. 5 de Julho, Tel. 232 11 79; dreimal wöchentlich nach Tarrafal (São Nicolau), einmal wöchentlich nach Praia (Santiago); keine Kabinen, die Fahrten finden tagsüber statt.
Taxi: Radio-Taxi Mindelo, Tel. 232 20 00 (24-Stunden-Service). Preisbeispiele: Mindelo–Flughafen ca. 800 ECV, Mindelo–Fährhafen 150–250 ECV. Taxistände: Rua Fernando Ferreira Fortes (beim Palácio Presidencial) und an der Praça Estrela.
Aluguer: Richtung São Pedro und Calhau ab Südrand der Praça Estrela.
Stadtbus: Zentrale Haltestelle in der Rua Fernando Ferreira Fortes (vor der Bar Stopper, dort auch Infos), sehr häufig in alle Stadtteile, Einheitsfahrschein 35 ECV.
Mietwagen: Alucar, an der Straße Richtung Flughafen gegenüber Shell-Tankstelle, Tel. 232 51 94, 231 54 61, 231 12 95, Fax 231 51 96, alucarsvrc@cvtelecom.cv. **Atlantic Car,** Rua Balthasar Lopes da Silva, Tel. 231 70 32. Avis, am Hotel Oásis Atlântico Porto Grande, Tel. 232 71 71.

São Pedro ▶ Karte 1, D 4

São Pedro ist trotz der Flughafennähe bislang noch ein ruhiger, beschaulicher Fischerort. Die Bewohner beschäftigen sich mit dem Putzen ihres Fangs und der Reparatur der Netze. An der dunkelsandigen Praia de São Pedro ziehen sie die bunten kleinen Boote an Land. Am westlichen Ende des Strandes steht gut einen Kilometer vom Dorf entfernt das Foya Branca Resort Hotel (s. S. 150). Von hier aus ist der Leuchtturm an der Ponta do Farol zu sehen. Auf einem alten Verbindungsweg kann man ihn zu Fuß erreichen.

Übernachten

Erholung pur – **Foya Branca:** Tel. 230 74 00, Fax 230 74 44, www.foyabranca.com, DZ 75–98 €, Junior Suite 107–112 €, Bungalow für 4 Personen 185–196 €. Das weitläufige Resort Hotel erstreckt sich über eine Fläche von 3 ha. Alle Wohneinheiten sind komfortabel ausgestattet, für Selbstversorger bieten die Bungalows außerdem eine Kitchenette. Es gibt zwei Süßwasserpools für Erwachsene und einen für Kinder. Die Restaurantküche legt Wert auf die Verwendung einheimischer Produkte (Halbpension pro Person 20 €).

Aktiv & Kreativ

Nautisches Zentrum – **Blue Discovery:** Hotel Foya Branca, Tel. 997 71 68, www. bluediscovery.com. Windsurfprofis lieben die Praia de São Pedro, da hier häufig eine kräftige, sehr gleichmäßige Brise weht. Wiederholt wurden hier Geschwindigkeitsweltrekorde aufgestellt. Dementsprechend ist bei Blue Discovery Windsurfing im Angebot, aber auch Wellenreiten und Tauchen.

Baía das Gatas!

▶ Karte 1, E 4

Wunderschön ist die langgezogene, helle Strandzone im Nordosten von São Vicente. Der Sand wurde vom Wind weit ins Inselinnere getragen und hat so gewaltige Dünenfelder geschaffen. Am Nordrand der Baía do Norte liegt der Fischer- und Ferienort Baía das Gatas. Gleich am Ortseingang steht die ehemalige Fischfabrik, dort werden die bunten Fischerboote an Land gezogen. Sie laufen zu den als besonders fischreich geltenden Fanggründen vor der unbewohnten Nachbarinsel Santa Luzia aus.

Baía das Gatas besitzt eine kleine, durch ein Felsriff geschützte Strandbucht, wo auch Kinder normalerweise gefahrlos ins Wasser gehen können. Es gibt sogar eine kleine Wasserrutsche. Am Samstag und Sonntag kommen zahlreiche Familien aus Mindelo hierher; die Wohlhabenderen unter ihnen leisten sich einen Zweitwohnsitz in Baía das Gatas.

Südlich schließen die Praia do Norte und die noch einsamere Praia Grande an. Beide Strände sind der Brandung des Atlantik wesentlich stärker ausgesetzt als der ›Hausstrand‹ von Baía das Gatas und daher zum Baden nicht geeignet. Von Anglern werden sie hinge-

gen gern aufgesucht. Beim Strandspaziergang entlang der Baía do Norte kann man sich einmal so richtig ›durchblasen‹ lassen (s. S. 142).

Übernachten

Zum Strand nicht weit – **Residencial Atlântida:** Tel. 232 75 00, DZ 3000 ECV. Die saubere Pension liegt nur zwei Gehminuten vom Strand entfernt. Der Standard ist zwar insgesamt einfach, aber es gibt in allen Zimmern warmes Wasser.

Essen & Trinken

Nett – **Baía Verde:** Tel. 996 84 70, Mo geschl., Hauptgerichte ca. 600 ECV. Etwas abseits vom Strand liegt dieses bei einheimischen Wochenendausflüglern sehr beliebte Grillrestaurant *(churrasqueira)* mit kleiner Terrasse und luftigem Speiseraum.
Ungezwungen – **Esplanada Baía das Gatas:** Hauptgerichte um 500 ECV. Die Atmosphäre in dem einfachen Strandlokal ist locker, man sitzt auf einer schattigen Terrasse und speist gegrillten Fisch.

Termine

Festival Baía das Gatas: am Vollmond-Wochenende im August. Bands aus Cabo Verde, Portugal, Westafrika, Brasilien und den Vereinigten Staaten spielen die Nächte durch. Außerdem Pferderennen, Wassersportwettbewerbe und Wahl der Miss Baía. Jedes Jahr kommen etwa 15 000 Zuschauer. Zahlreiche Emigranten reisen eigens zu dem Mega-Event an, der sich seit 1984 aus einem spontanen Treffen einiger Musiker entwickelte.

Calhau ► E 4

Eine weitere von den Einheimischen gern am Samstag und Sonntag aufgesuchte Feriensiedlung ist Calhau. Während der Woche geht es in dem Fischerdorf hingegen äußerst ruhig zu.

Mit der Praia Grande do Calhau am Südostende der Baía do Norte, einen guten Kilometer (30 Min. zu Fuß) vom Ort entfernt, verfügt Calhau über einen einigermaßen gut zum Baden geeigneten Strand.

Ausflug übers Meer nach Santa Luzia

Die unbewohnte Insel Santa Luzia ist der Ostspitze von São Vicente in gut 10 km Entfernung vorgelagert. Um für einen Badetag dorthin zu gelangen, kann man in Calhau ein Fischerboot mit Skipper chartern (ca. 12 000 ECV, im Ort nachfragen). Die Überfahrt dauert pro Strecke allerdings etwa zwei Stunden.

Santa Luzia ist 12 km lang und etwas mehr als 5 km breit. Mit einer Fläche von 39 km^2 ist sie das zehntgrößte Eiland des Archipels. Das Inselinnere beherrschen einige prägnante Vulkankegel, der höchste von ihnen ist der Monte Grande mit immerhin 395 m. Doch damit ist Santa Luzia zu flach für die Bildung von Passatwolken. Und so fehlt es an Wasser, weshalb die Landschaft wüstenhaft ist. Während der Norden sich durch raue Felsküsten und Dünen auszeichnet, dehnen sich an der Südküste lange, einsame Sandstrände aus.

Nicht immer war Santa Luzia menschenleer. Im Auftrag eines Großgrundbesitzers, der die gesamte Insel gepachtet hatte, lebten im 19. Jh. Hirten hier, die Ziegen und Schafe für die Produktion von Käse und Wolle hielten. Auch züchteten sie Maultiere, die u. a. bis nach Lateinamerika exportiert wurden. In Trockenperioden musste Santa Luzia allerdings immer wieder aufgegeben werden, endgültig dann zu Beginn des 20. Jh.

Übernachten

Modernes Design – **Residencial Goa:** Tel./Fax 232 93 55, www.goa-mindelo. com, DZ 70 €, Suite 90 €. Die moderne Pension unter französischer Leitung pflegt einen gehobenen Standard. Alle Wohneinheiten sind zur Baía do Calhau hin orientiert, sehr geräumig und mit privaten Patios ausgestattet. Zum Frühstück gibt es Ziegenkäse, Papaya und exotische Marmeladen aus kapverdischer Produktion.

Essen & Trinken

Festtagsbrunch – **Chez Loutcha:** Vila Miséria (am Ortseingang rechts hinab, ausgeschildert), nur am Sonntag und zu Weihnachten geöffnet, Buffet pro Person 11 €. Zu den genannten Terminen bauen die engagierten Betreiber der Pension Chez Loutcha in Mindelo (Tel. 232 16 36) in Calhau ein hervorragendes Brunchbuffet auf, Beginn der Veranstaltung ist um 13 Uhr. Zum Essen wird traditionelle Livemusik aufgespielt.

Der Wirt spricht Deutsch – **Esplanada Hamburg:** am Ortseingang links, verschiedentlich nur am Wochenende geöffnet, Hauptgerichte um 600 ECV. Serviert werden gute einheimische Fischgerichte, z. B. *moreia frita* (gebackene Muräne) in einem luftigen, nett dekorierten Raum. Der kapverdische Besitzer, der sich persönlich um seine Gäste kümmert, war einst Koch auf einem deutschen Frachtschiff.

São Nicolau – vom Tourismus kaum berührt

Eine grandiose Berglandschaft macht den besonderen Charme der Insel aus. Auf alten Saumpfaden wandert man zwischen urweltlichen Drachenbäumen und bizarren Felsformationen. Durchaus auch historisch interessant ist die beschauliche Hauptstadt Ribeira Brava, in der sich einige einfache Unterkünfte befinden. Ebenfalls zum Übernachten empfehlen sich die Hafenorte Tarrafal, dessen Strand sich in den Sommerferien mit Emigranten auf Heimaturlaub belebt, und das vom Klima begünstigte Preguiça. Einsam präsentiert sich die langgestreckte Landzunge im Osten, die sich großenteils nur Jeepfahrern oder Wanderern erschließt. Aber auch dort gibt es, in Juncalinho, eine Unterkunft.

Ribeira Brava ▶ Karte 1, H6

Die Hauptstadt Ribeira Brava (5500 Einw.) liegt eingebettet in eine herrliche Gebirgskulisse. Nachmittags und am Wochenende wirkt die Stadt dörflich. An Werktagen vormittags aber öffnen die kleinen Geschäfte und Mercearias ihre Holzverschläge und die wenigen schmalen Pflasterstraßen füllen sich mit Menschen. Bewohner der umliegenden Dörfer und Siedlungen kommen, um ihre Einkäufe oder Behördengänge zu erledigen. Dann kommt Leben in die Stadt.

Igreja Nossa Senhora do Rosário
An der zentralen Praça do Terreiro erhebt sich die Rosenkranzkirche. Für kapverdische Verhältnisse wirkt sie von außen pompös und kann auf eine glorreiche Vergangenheit zurückblicken. Vom Bischof Cristóvão de São Boaventura, der 1784 bis 1798 auf São Nicolau residierte, wurde sie zur Kathedrale erhoben. Diesen Status behielt sie de facto bis 1943, als der Bischofssitz endgültig nach Praia verlegt wurde. In den Jahren 1891 bis 1898 wurde das Gotteshaus gründlich erneuert. Damals schuf ein portugiesischer Baumeister den neobarocken Altar. Ansonsten ist die Inneneinrichtung allerdings eher spartanisch. Sonntags sitzen die fein zurechtgemachten Gläubigen auf einfachen Holzbänken.

Infobox

Internet
Einen Online-Reiseführer in deutscher Sprache speziell über São Nicolau bietet die Seite www.saonicolau.de.

Verkehr
Flüge: São Nicolau wird von der TACV ab Sal (4 x wöchentlich) und São Vicente (1 x wöchentlich) angeflogen.
Fähre: Eine Autofähre der STM Lines verbindet dreimal wöchentlich Tarrafal (São Nicolau) mit Mindelo (São Vicente), Fahrzeit 6 Std.
Auf der Insel: Aluguers verkehren mehrmals täglich zwischen Ribeira Brava und Tarrafal. Unregelmäßig, meist nur einmal am Tag, geht es in die entlegenen Orte im Nordwesten und Osten der Insel. Die Aluguers übernehmen auch Taxidienste. Mietwagen können nur privat organisiert werden, in der Regel über die Unterkunft.

Unser Tipp

Mercado Municipal
Erst 2001 eröffnete die städtische Markthalle. Allerlei Leckeres bieten die Händler an ihren schlichten Ständen an: Bananen, Papayas, Kartoffeln, Mais, Maniok, Süßkartoffeln und Fisch bilden die Grundlage für die Ernährung der Inselbewohner. Aber auch Chilischoten, Tabakblätter und sogar Kleidung werden offeriert.

In der Escola histórica, der ehemaligen Schule von 1947 über der Praça do Terreiro, ist heute die städtische Bibliothek untergebracht. Die Büste des populären Arztes Dr. Júlio José Dias (1805–1873) vor dem Gebäude wurde elf Jahre nach seinem Tod von den Inselbewohnern gestiftet. Er studierte in Paris, kehrte aber – für die damalige Zeit ungewöhnlich – auf seine Heimatinsel zurück, um hier zu praktizieren.

Ausflüge

Wanderung nach Cachaço

Richtung Westen aus Ribeira Brava heraus führt die Rua Amílcar Cabral. Sie endet nach ca. 30 Gehminuten im Ortsteil Água das Patas. Der weitere Anstieg im oberen Bereich des Tals der Ribeira Brava ist nur zu Fuß zu bewältigen. In Serpentinen geht es auf einem alten, sorgfältig gepflasterten Verbindungsweg immer steiler aufwärts. Insgesamt sind ab Ribeira Brava über 600 Höhenmeter zu bewältigen, von denen man sich knapp 200 ersparen

kann, wenn man sich bis Água das Patas fahren lässt. Nach rund 2 Std. (ab Ribeira Brava) ist das Dorf Cachaço erreicht (s. S. 164). Wer den Rückweg nicht wieder auf demselben Weg antreten möchte, kann hier auf einen Aluguer warten.

Buraco Azul

Die Straße von Ribeira Brava nach Tarrafal berührt den auf einer felsigen Anhöhe über der Nordküste von São Nicolau gelegenen Ort Carvoeiros. In der Umgebung gedeihen Bananen. Wenig weiter ist das Tal der Ribeira de Queimadas erreicht. Dort lohnt ein kleiner Abstecher zum Meer auf einer Piste, die unmittelbar im Talgrund rechts abzweigt. Sie führt zum Buraco Azul, dem ›blauen Loch‹. Dabei handelt es sich um eine bizarre Öffnung in einem Felsen, der aus flüssiger Lava entstand und nach Erstarren von der Brandung unterspült wurde. Je nach Seegang und Wasserstand spritzt die Gischt als wilde Fontäne wie ein Geysir aus dem Loch empor.

Das blaue Loch ist ab Ribeira Brava auch zu Fuß zu erreichen. Dazu läuft man zunächst bis Água das Patas und biegt dort nach einer öffentlichen Wasserstelle, etwa 50 m vor dem darauf folgenden Talgrund, rechts in einen zu Beginn von Mauern gesäumten Fußweg ein (30 Min.). Dieser ist mit weißen Markierungen versehen. Nach Passieren einer Häusergruppe und eines einzeln stehenden Hauses ist nach 50 Min. ein alter, verlassener Bauernhof erreicht. Etwa 100 m weiter trifft man auf einen breiten Pflasterweg, auf diesem geht es aufwärts in engen Serpentinen. Über eine Passhöhe hinweg (1.10 Std.) senkt sich der Weg zu dem Ort Queimada de Cima ab, der rechter Hand liegen bleibt. Am unteren Rand des Dorfes wandert man an einer Gabelung links hinab.

Auf Entdeckungstour

Intellektueller Aufbruch in der Kolonialzeit

Im Jahr 1866 nahm das Seminário de São José seine Arbeit auf. Damit stand Priestern und Laien auf den Kapverden die Möglichkeit offen, die gleichen Studien wie im damaligen ›Mutterland‹ Portugal durchzuführen. Zwei halb verfallene Seminargebäude erinnern an diese Zeit.

Planung: Diese Tour kann zu Fuß (ca. 2 Std.) oder per Mietwagen/Taxi durchgeführt werden.

Start: Ribeira Brava (São Nicolau), Rua Seminário

Seminário-Liceu de São José

An der Südseite des für die Hauptstadt von São Nicolau namengebenden Flusses, der Ribeira Brava, verläuft die Rua Seminário auf den westlichen Ortsrand zu. Dort befindet sich neben einer Kapelle, versteckt hinter hohen Mauern, das ehemalige Priesterseminar und Lyzeum São José. 1866 wurde es auf Initiative des damaligen Bischofs José Luis Alves Feifó hin gegründet. Er hatte der portugiesischen Regierung den Vorschlag unterbreitet, eine gemeinsame Institution zu schaffen, in der sowohl Priester als auch Kandidaten für eine gehobene weltliche Laufbahn in der Kolonialverwaltung ausgebildet werden konnten. Der berühmte einheimische Arzt Dr. Júlio José Dias stellte sein Haus dafür zur Verfügung und zog sich nach Cachaço zurück. Den Lehrbetrieb nahmen im Dezember des Jahres 1866 zwei Gelehrte aus Portugal und zwei weitere Professoren vom Lyzeum in Praia auf.

Die Abgänger dieser Schule waren ein wichtiges Bindeglied zwischen Portugal und seinen afrikanischen Kolonien, nicht zuletzt deshalb, weil auch zahlreiche Priesteranwärter aus Guinea-Bissau in São Nicolau studierten. Aus dem Seminário-Liceu de São José gingen die meisten Intellektuellen hervor, die Ende des 19. und zu Beginn des 20. Jh. den Weg für die spätere Unabhängigkeit der portugiesischen Kolonien bereiteten, u. a. der in Calejão geborene Dichter Baltasar Lopes (1907–1989).

Schwierigkeiten zwischen Kirche und neuen republikanischen, antiklerikal eingestellten Regierungen in Lissabon führten ab 1910 zu einer Aufspaltung des Lehrangebots. Für weiterführende Studien mussten die Schüler nun nach Mindelo auf São Vicente übersiedeln. 1917 wurde das Priesterseminar gar vorübergehend geschlossen. Erst sechs Jahre später konnte wieder Unterricht stattfinden. Damals wurde der Lehrer Juvenal Cabral, Vater des Revolutionsführers Amílcar Cabral, hier ausgebildet.

1931 landete in Preguiça das Regiment Mandinga mit über 50 Soldaten, die vom afrikanischen Kontinent hierher verlegt wurden. Das Seminário-Liceu de São José wurde endgültig aufgelöst und in ein Gefängnis für 200 politisch Verbannte aus Madeira umgewandelt, die dort die sogenannte Hungerrevolte gegen die Militärdiktatur in Lissabon angeführt hatten. Zu ihrer Bewachung wurde das Regiment abgestellt. Zu Beginn war es der Bevölkerung verboten, sich dem ehemaligen Seminar nach 21 Uhr zu nähern. Später erhielten die Exilanten gewisse Freiheiten und übernahmen soziale Funktionen. Sie integrierten sich in das Gemeinwesen, einige blieben für immer. Die berühmte Bibliothek des Seminars ging übrigens im Verlauf dieser Ereignisse spurlos verloren.

Zu Beginn des 3. Jt. wurde das Seminário de São José sorgfältig renoviert und 2004 von der Regierung feierlich an die Katholische Kirche zurückgegeben. Derzeit dient es als Pfarrhaus. Kritiker würden es lieber in ein der Öffentlichkeit zugängliches Museum für Kirchenkunst umgewandelt sehen. Ob es dazu kommt, ist angesichts der geringen Anzahl potentieller Exponate noch offen.

Cruzeiro de Penedo

Gegenüber vom Priesterseminar erhebt sich oberhalb der Kapelle der Cruzeiro de Penedo (Felsenkreuz). Das Kreuz ragt auf dem obersten von einigen imposanten Basaltfelsen auf. Einen direkten Weg dorthin gibt es nicht. Man muss entlang einiger

Eine romantische Ruine – das Seminargebäude in Calejão

Schweinepferche und Hühnerställe hochsteigen. Von oben ergibt sich Richtung Osten ein schöner Blick über die verwinkelten Gassen des Stadtteils São João. Neben mit Stroh gedeckten alten Natursteinhäusern stehen improvisierte Bauten aus Zementbacksteinen und einige neue, große Häuser von aus Übersee zurückgekehrten Emigranten.

Calejão

In dem kleinen Ort Calejão, südlich von Ribeira Brava, entstand Ende des 19. Jh. ein zweiter Trakt des Seminário-Liceus. Calejão ist vom Flughafen über eine Pflasterstraße zu erreichen. Von Ribeira Brava gelangt man in ca. einer Stunde zu Fuß in das gepflegte, noch sehr ursprüngliche Dorf. Hierzu läuft man am Felsenkreuz vorbei auf einer staubigen Piste aus der Stadt heraus. Nach einigen Kurven erreicht man

einen Pass mit Sendeanlage, von dem die Häuser von Calejão schon zu sehen sind.

Am nördlichen Ortsrand von Calejão, wo der von Ribeira Brava kommende Fußweg in die gepflasterte Dorfstraße übergeht, steht die ehemals zum Seminar gehörige Kapelle. Das auffallend breite Seminargebäude selbst erhebt sich etwas weiter oberhalb. Es war nur wenige Jahre in Betrieb. 1911 wurde dieser (weltliche) Teil der Schule nach Praia verlegt. Die Regierung richtete in dem Gebäude zunächst ein Waisenhaus mit Hilfe zweier portugiesischer und fünf spanischer Nonnen ein. 1945 lebten dort 150 Kinder. Das Waisenhaus wurde aber im Jahr 1968 geschlossen und seither steht das ehemalige Seminar praktisch leer. Niemand weiß, was mit dem allmählich verfallenden Bau geschehen soll.

Durch weitere Ortsteile von Queimada gelangt man nach 2 Std. an eine Straße und hält sich auf dieser rechts. Eine Viertelstunde später mündet sie in die Hauptstraße Ribeira Brava–Tarrafal (für die spätere Rückfahrt: hier passieren Aluguers), auf der es nach links nur 30 m bis zu der oben beschriebenen Zufahrtspiste zum Buraco Azul sind. Dieses ist nach 2.30 Std. erreicht.

Ribeira Funda

Der noch ganz aus strohgedeckten kleinen Häusern bestehende Weiler Ribeira Funda ist eine Wanderung wert (leicht, hin und zurück 2 Std.). Ausgangspunkt ist die Straße Ribeira Brava–Tarrafal an einer der beiden Abzweigungen nach Estância Brás (bis dorthin per Aluguer). Dieser kleine Ort liegt etwas abseits der Hauptstraße und besteht im Wesentlichen aus den Ferien- oder Altersruhesitzen von Emigranten. Vom Dorf aus führt ein alter Pflasterpfad entlang der Küste weiter Richtung Westen zur Mündung der Ribeira Camarões. In dem angrenzenden Tal gibt es selbst in der trockenen Jahreszeit Wasser. So ist es üppig begrünt und mit exotischen Früchten und Gemüsen bepflanzt. Ein schmaler, steiler Bergrücken trennt die Ribeira Camarões von der Ribeira Funda mit der gleichnamigen Siedlung. Abenteuerlich wurde der Weg dorthin durch die Felswand an der Küste geführt. (Hinweis: In Ausnahmefällen kann dieser Abschnitt durch Erdrutsche verschüttet sein. Dann muss man vorzeitig umkehren.)

Übernachten

Fast schon ein Hotel – **Pensão Santo António:** oberhalb Praça Terreiro, Tel. 235 22 00, Fax 235 21 99, pensaosanto antonio@hotmail.com, DZ um 5000 ECV. Das noch recht neue Haus liegt im Zentrum von Ribeira Brava. Alle Zimmer sind komfortabel eingerichtet und verfügen über eine Klimaanlage sowie ein Privatbad mit warmem Wasser. Im angeschlossenen, etwas schwülstig eingerichteten Restaurant wird man ordentlich verpflegt (Hauptgerichte um 600 ECV).

Sehr gepflegt – **Pousada Mana Guimara:** Estância Baixo, Tel. 235 18 30, Fax 235 18 31, fsantos57@hotmail.com, fsantos@cvtelecom.cv, DZ 3000 ECV. Ebenfalls im Zentrum nahe der Tankstelle gelegen ist diese durchaus komfortable Unterkunft. Die Zimmer verfügen über Privatbad, warmes Wasser, Kühlschrank und TV. Außerdem bietet das Haus Internetzugang und Wäscheservice.

Traveller-Treff – **Pensão Residencial Jardim:** Chãzinha, Tel. 235 11 17, Fax 235 19 49, DZ 3000 ECV. Am Hang im nordöstlichen Stadtteil Chãzinha liegt diese bewährte und beliebte Pension. Von der Gemeinschaftsterrasse, wo sich leicht Kontakte zu Mitreisenden finden lassen, bietet sich ein sehr schöner Blick über die Stadt. Die Zimmer sind zwar recht einfach eingerichtet, aber sauber und bieten allesamt Duschen mit warmem Wasser. Im angeschlossenen Restaurant auf dem Dach wird gute einheimische Küche geboten (vormittags vorbestellen, Hauptgerichte ab 600 ECV).

Essen & Trinken

Traditionsküche – **Bela Sombra Dalila:** Estância Baixo, Tel. 235 18 30, Hauptgerichte um 600 ECV. Gute traditionelle Gerichte werden in dem Restaurant an der Pousada Mana Guirama (s. o.) in sympathischem Ambiente serviert.

Aktiv & Kreativ

Ausflüge – **Santos & Santos:** Estância Baixo. Das Reisebüro im Haus der Pousada Mana Guimara (Kontakt s. o.) organisiert auf Anfrage Exkursionen in jeden beliebigen Teil der Insel.

Abends & Nachts

Bunt – **Esplanada:** In der parkähnlichen Praça am Flussbett der Ribeira Brava, unweit westlich des Stadtzentrums, liegt dieser abendliche Treffpunkt. Manchmal gibt es hier Livemusik. Auch tagsüber ist das Terrassenlokal gut für einen kühlen Drink.

Infos & Termine

Termine

Carnaval: Der Karneval wird fast so ausgelassen gefeiert wie in Mindelo. Von Sonntag bis Fastnachtsdienstag finden drei Tage lang Umzüge, Bälle und die Wahl der Karnevalskönigin statt.
Festa São Nicolau: 6. Dez. Zu Ehren des Inselpatrons Sankt Nikolaus feiert ganz Ribeira Brava. An diesem Tag soll im Jahre 1461 die Insel erstmals von portugiesischen Seefahrern betreten worden sein.

Verkehr

Flug: Der Flughafen von São Nicolau liegt an der Straße von Ribeira Brava nach Preguiça. Er wird von der TACV 4x wöchentlich ab Sal und 1 x wöchentlich ab São Vicente angeflogen. Nur bei Ankünften und Abflügen geöffnet. TACV-Stadtbüro: Ribeira Brava, Praça do Terreiro, Tel. 235 11 61 (Mo–Fr 8–12.30 und 14.30–18 Uhr).
Aluguer: Ab Praça do Terreiro tagsüber mehrere Fahrten nach Tarrafal (ca.

1 Std. Fahrzeit, *passagem* 200 ECV); nach Juncalinho nur an Werktagen (meist nur 1x tgl., also morgens in die Stadt und nachmittags wieder heraus, *passagem* 200 ECV); nach Preguiça mehrmals täglich.
Taxi: Aluguers übernehmen Taxidienste. Preisbeispiele: Ribeira Brava–Flughafen 500 ECV, Ribeira Brava–Tarrafal 2000 ECV, Ribeira Brava–Juncalinho 2000 ECV.
Mietwagen: Über Santos & Santos (s. o.) oder von privat (in der Unterkunft fragen). Versicherungen existieren bislang nur eingeschränkt. Pro Tag ca. 5000 ECV.

Preguiça ▶ Karte 1, J 6

Südlich des Flughafens liegt das Fischerdorf Preguiça. Nach Ribeira Grande (heute Cidade Velha bzw. Cidade de Santiago) auf der Insel Santiago ist Preguiça nachweislich der älteste Hafen des Archipels. Am 22. März 1500 kam hier die Flotte des Seefahrers Pedro Álvares Cabral vorbei, der einen Monat später Brasilien entdecken sollte.

Bis 1986 wurden Waren aus Portugal angelandet. Bananen und anderes Obst gingen nach Lissabon. Darüber hinaus war Preguiça auch Walfangstation. Der Kai war einst mit Marmorplatten gepflastert, wie heute noch zu erkennen ist. Inzwischen wird jeglicher nennenswerte Schiffsverkehr von und nach São Nicolau über Tarrafal (s. S. 165) abgewickelt. Heute leben die Bewohner von Preguiça vom Fisch- und Langustenfang. Ihre Boote liegen in einer steinigen Bucht neben dem Hafen.

Alfândega velha

Am Beginn der Kaimauer befindet sich die Ruine des alten Zollhauses *(alfândega)* von 1890. Bis zum Ende der portugiesischen Herrschaft 1975 war es in

Betrieb. Nahebei stehen direkt am Meer drei große ehemalige englische und französische Handels- und Lagerhäuser. Sie stammen aus der Zeit um 1870. Ausländische Kaufleute bauten damals den Hafen aus und exportierten Leder, Orangen und Zuckerrohr. Heute bieten die Gebäude einigen Fischerfamilien ein einfaches Zuhause.

Übernachten

Mit Familienanschluss – **Casa Gomes:** Tel. 235 15 82, DZ ab 2500 ECV. Zwei Zimmer mit eigenem Bad werden hier vermietet. Weitere Privatzimmer bieten nicht weit entfernt die Casa Ramos (Tel. 235 15 91) und die Casa Cruz (Tel. 235 15 92) an. Maria do Céu, die in Italien als Köchin gearbeitet hat, bekocht in der Casa Gomes die Gäste aller drei Häuser hervorragend auf ihrer schattigen Terrasse (Halbpension 9 €). Nach vorheriger Anmeldung können auch Tagesausflügler bei Maria essen.

Infos

Verkehr

Aluguer: Mehrmals täglich nach Ribeira Brava.
Boot: Zu dem entlegenen Ort Carriçal im Osten der Insel bestehen sporadische Verbindungen (nur Personen), ca. 3 x wöchentlich. Außerdem kann man auf Anfrage Ausflüge per Fischerboot dorthin unternehmen.

Juncalinho ▶ Karte 1, J 6

Der langgestreckte Ostteil von São Nicolau ist dünn besiedelt. Steile Täler, Steinwüsten und bizarre Gebirgsformationen beherrschen die Szenerie. Von Ribeira Brava führt eine holprige Pflasterstraße an der Nordküste entlang durch ein landschaftlich schönes Gebiet nach Juncalinho. Zunächst geht es durch eine Steinwüste vorbei am Monte de Joaquím und dem Monte Bissau mit seinen gleichmäßigen Flanken. Auf der Ebene Chã de Norte stehen verstreut einige Häuser. Eine größere Häuseransammlung ist der Weiler Belém. Die Bewohner leben in Zeiten großer Trockenheit von der Viehhaltung. Schweine, Hühner und Ziegen laufen frei herum. Lassen es die Niederschläge zu, werden Mais und Bohnen angepflanzt.

Hinter der Ponte Coruja wird der Blick auf bizarre Gebirgsformationen frei. Schmale steile Täler ziehen sich von den Bergen ins Meer hinab. Häufig fällt an wenigen Tagen die gesamte Jahresniederschlagsmenge. Die intensive tropische Erosion führt zu der Steilheit der Täler und zu den riesigen Gesteinsblöcken, die auf den Schuttfächern liegen.

In Juncalinho selbst sind einige traditionelle, strohgedeckte Häuser noch sehr gut erhalten. Hübsch herausgeputzt ist die Capela da Sagrada Família, 1960 auf Initiative des italienischen Kapuzinermönchs Gesualdo Fiorini unter schwersten Bedingungen errichtet. Da es noch keine Straßenverbindung gab, musste sämtliches Material auf dem Rücken von Eseln herbeigeschafft werden oder Frauen trugen es in Körben auf dem Kopf.

Ausflug nach Carriçal

Von Juncalinho aus ist Carriçal, der östlichste Ort von São Nicolau, auf einer Piste zu erreichen, die speziell für Mountainbiker eine Herausforderung darstellt (hin und zurück 34 km). Mit geländegängigen Leihwagen ist sie mehr schlecht als recht zu befahren.

Sie verläuft zunächst entlang der Küste und passiert vier geologisch noch recht junge Vulkankegel, die in einer Reihe angeordnet sind. Vor der Ribeira Alta biegt der Fahrweg ins Landesinnere ab und überquert dann die wüstenhafte östliche Landzunge über einen 490 m hohen Pass. Carriçal liegt an der Mündung zweier ausgetrockneter Flüsse in einer Oase mit üppigen Bananenplantagen. Die örtliche Thunfischfabrik sichert den Einwohnern ein Auskommen. Der dunkelsandige, von Kokospalmen gesäumte Strand von Carriçal gilt als der schönste von São Nicolau. Wegen der umständlichen Anfahrt finden dennoch nur wenige Badegäste den Weg hierher. Alternativ kann man Carriçal auch gut per Boot erreichen.

Übernachten

Ableger – die **Casa Amália Jardim** in Juncalinho gehört zu der Pensão Residencial Jardim in Ribeira Brava (Tel. 235 11 17). Vier Zimmer. Erkundigen kann man sich auch im Restaurant von Amália Jardim am zentralen Dorfplatz Juncalinhos.

Infos

Aluguer: Sporadischer Verkehr von Juncalinho nach Ribeira Brava (meist morgens in die Stadt, nachmittags wieder zurück), *passagem* 200 ECV.

Fajã und Cachaço

▶ Karte 1, H 6

Die Ebene Fajã ist der fruchtbarste Landstrich der Insel. Im tiefer gelegenen und somit wärmeren Ortsteil Fajã de Baixo gedeihen Bananen, Zucker-

rohr, Papaya und Brotfruchtbäume. Entlang der Straße gibt es kleine Mercearias, in denen man gekühlte Getränke und Verpflegung für unterwegs erstehen kann.

Weiter oben, in Fajã de Cima, wird es dann merklich frischer. Für tropische Früchte ist das Klima hier zu rau. Die Landwirte kultivieren deshalb in diesem Teil der Ebene vorwiegend Mais und Bohnen. Während der portugiesischen Herrschaft ließen die Großgrundbesitzer hier Kaffee produzieren. Die überalterten Stauden dienen heute nur noch den Bohnen als Rankgerüst. Die Kaffeeernte lohnt schon seit Jahrzehnten nicht mehr. Eine große betonierte Fläche nördlich von Fajã de Cima dient zum Sammeln von Wasser. In der Mitte wurde beim Bau der Anlage für einen Drachenbaum, um diesen nicht abholzen zu müssen, eine Lücke ausgespart.

Dragoeiros de Cachaço !

Zahlreiche weitere Drachenbäume wachsen bei Cachaço, an den Ausläufern des Monte Gordo (1312 m), des höchsten Berges der Insel.

Am Ostrand des Dorfes erhebt sich die Capela Nossa Senhora do Monte Sentinha im Schatten des gleichnamigen spitzen Berges. Vom Vorplatz der im Jahr 1919 errichteten Kapelle kann man in aller Ruhe die herrliche Aussicht genießen. Vor der Kirche beginnt im Ort der anfangs steile Abstieg auf einem Pflasterweg nach Ribeira Brava (s. S. 156).

Ein ausgesprochen schöner Miradouro lädt einen halben Kilometer südlich von Cachaço an der Straße Richtung Tarrafal zum Genießen der Aussicht auf die tief unterhalb gelegene Stadt Ribeira Brava ein. Der Blick wird als einer der prächtigsten des Archipels gelobt. Ein mächtiges Betonkreuz markiert die Stelle.

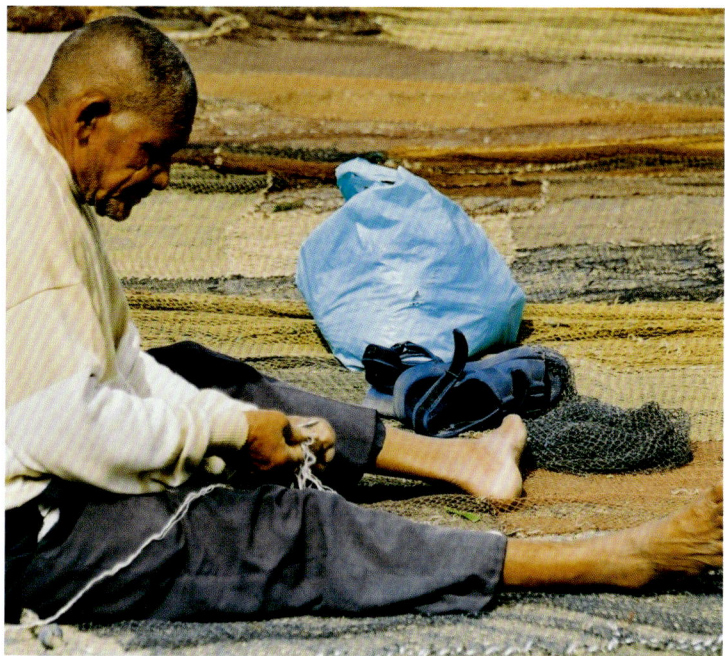

Netze flicken gehört zum Handwerk der Fischer

Termine

Pascoela: Eine Woche nach Ostern feiert man in Fajã den Weißen Sonntag *(Pascoela)* mit Prozessionen, Spiel und Spaß. Pferderennen und Tabanka-Umzüge begleiten das Fest.

Tarrafal ▶ Karte 1, H 6

Unter portugiesischer Herrschaft war Tarrafal lange Zeit nur ein unbedeutendes Fischerdorf. Der italienische Kapuzinermönch Gesualdo Fiorini (geb. 1923), der 1955 nach São Nicolau kam, nahm sich des Ortes und seiner Bewohner an. Er sammelte in Rom Geld, ließ Häuser bauen und schuf Arbeits-

plätze. Seit 1973 lebt Fiorini in Tarrafal und ist weiterhin seelsorgerisch aktiv.

Heute befindet sich der Fähr- und Handelshafen von São Nicolau in Tarrafal. Außerdem besitzt der Ort eine Thunfischfangflotte und mit der SUCLA (Sociedade Ultramarina de Conservas) eine moderne Fabrik, in der 200 Mitarbeiter den Fang für den Export auf die anderen Inseln und nach Europa eindosen. Dennoch ist in der Nebensaison so gut wie nichts los. Die Esplanada am Strand ist dann geschlossen und sieht so aus, als würde sie nie wieder öffnen, die Bars sind leer und warten auf Kundschaft und die Betreiber der Pensionen sind froh um jeden Gast. Aber in der Zeit um Weihnachten, Ostern und vor allem im Sommer belebt sich die Szenerie. Emigranten besuchen ihre Verwandten und verbringen in Tarrafal ihren Urlaub, aber auch Touristen aus Europa sind dann häufiger anzutreffen.

Igreja São Francisco

Gesualdo Fiorini initiierte auch den Bau der Pfarrkirche und sorgte dafür, dass der gleichnamige Platz davor zum Mittelpunkt des wachsenden Ortes wurde. Über dem Altar des Gotteshauses ist der hl. Franzikus auf einem Gemälde von 1984 dargestellt, das zeigt wie er zu den Tieren predigt.

Baden & Beachen

Praia da Luz

Der weitläufige Strand nordwestlich der Stadt ist nicht nur der einzige wirkliche Badeplatz der Insel. Dem schwarzen Sand, der reichlich Titan und Jod enthält, wird auch lindernde Wirkung bei Gelenkbeschwerden und Rheuma nachgesagt. Zu diesem Zweck bedecken die Einheimischen die erkrankten Körperstellen mit Tüchern und schütten auf diese den von der Sonne erwärmten Sand.

Übernachten

Strandnah – **Pensão Aquário:** Alto Calheta, Tel. 236 10 99, www.casa-aquario.nl, DZ mit Halbpension ca. 5000 ECV/45 €. Die ruhige, etwa 10 Gehminuten südlich vom Ortszentrum gelegene Pension hat einen kleinen weißen Sandstrand vor der Tür. Sie steht unter Leitung des Niederländers Henny Kusters. Sehr familiäres Wohnen ist hier garantiert. Im gemütlichen Speiseraum serviert Kusters, der gelernter Koch ist und seine Kenntnisse an einheimische Auszubildende wei-

tergibt, ausgezeichnete kapverdische und internationale Küche.

Nicht weit vom Hafen – **Residencial Tonecas Tocely:** Telha, Tel. 236 12 20, Fax 236 12 30, DZ ca. 3000 ECV. Das Haus steht an der Hafeneinfahrt, sodass man die wenigen Schiffe beobachten kann, die Tarrafal anlaufen. Die Zimmer entsprechen mittlerer Kategorie und sind relativ groß. Außerdem werden den zwei Apartments für Selbstversorger vermietet.

Der Klassiker – **Residencial Alice:** Praia da Luz, Tel./Fax 236 11 87, Fax 236 16 93, DZ ca. 2000 ECV. Die einfache, bei Travellern beliebte Pension war einer der ersten Beherbergungsbetriebe im Ort und wird nach wie vor familiär geführt. Einige Zimmer wurden renoviert.

Freundliche Zimmer – **Residencial Natur:** Chã Poça, Tel./Fax 236 11 78, DZ 2000 ECV. Um zu dieser hellen und sauberen Unterkunft zu gelangen, muss man im nördlichen Teil der Stadt vor dem Fußballplatz von der Uferstraße ins Landesinnere abbiegen. Die Zimmer sind freundlich eingerichtet, mit Privatbad und winzigem Balkon mit Meerblick. Zur allgemeinen Verfügung steht die Dachterrasse.

Essen & Trinken

Recht gemütlich – **Casa de Pasto Alice:** in der gleichnamigen Pension (s. o.), Hauptgerichte um 500 ECV. Um das einfache, aber angenehme Lokal kommt man in Tarrafal kaum herum. Die Küche wird sehr gelobt.

Beliebter Treff – **Golphin Bar:** Tel. 236 10 46, tgl. 8 Uhr bis spät abends geöffnet. Das maritim eingerichtete Lokal am kleinen Platz an der Hauptstraße unterhalb der Shell-Tankstelle ist zugleich Musikbar und Restaurant. Oft wird im Freien gegrillt.

Auf Entdeckungstour

Die Botanik erwandern –
vorbei an den Zwillingsfelsen

Ein alter Pflasterweg führt über das zentrale Gebirge von São Nicolau. Maultiere transportieren auf ihm die Feldfrüchte der feuchten Fajã-Ebene in den trockeneren Teil der Insel. Am Wegrand wechseln interessante Vegetationszonen mit der Höhenlage.

Für wen: Wanderer und botanisch Interessierte, die anstrengende An- und Abstiege nicht scheuen

Zeit: reine Gehzeit 3 Std.

Planung: Die Anfahrt erfolgt von Ribeira Brava bis Tarrafal per Aluguer und weiter per Taxi nach Praia Branca. Zurück geht es vom Endpunkt der Tour bei Fajã, an der Hauptstraße Tarrafal–Ribeira Brava, per Aluguer.

Start: An der Kirche von Praia Branca (São Nicolau)

Die Akaziensavanne von Praia Branca

Natürliche Savannen, die einst die Küstenebenen der Kapverden bis etwa 300 m Höhe bedeckten, gibt es nur noch wenige. Eine davon dehnt sich im Westen von São Nicolau bei Praia Branca aus. In dem schütteren Wald gibt die 10–20 m hohe Acacia albida den Ton an, einer der wenigen einheimischen Bäume. Andernorts wurde sie bei der Wiederaufforstung ehemals abgeholzter Bestände oft durch aus Afrika oder Australien importierte Akazienarten ersetzt.

Die Wanderung beginnt an der Kirche von Praia Branca. Man folgt der gepflasterten Dorfstraße aufwärts, überquert bald einen kleinen Platz und biegt nach einer Linkskurve in die nächste Pflasterstraße rechts ein. Voraus erheben sich die markanten Zwillingsfelsen Tope de Matim (links) und Tope da Moca (rechts).

Die Zwillingsfelsen

Die Hänge am Fuß der Zwillingsfelsen sind mit Felsterrassen überzogen und leuchten je nach Jahreszeit in sattem Grün. Dies verdanken sie der Passatbewölkung, die den Nordhängen der Kapverdischen Inseln oberhalb von 300 m regelmäßig eine gewisse Feuchtigkeit bringt. Bauern aus Praia Branca nutzen die kleinen Felder für den Anbau von Mais und Bohnen. An unzugänglichen Stellen gedeiht noch der Federbusch, eine recht üppige Vegetationsform, die mit der Flora der Kanaren und des Mittelmeerraums verwandt ist. Außer auf São Nicolau ist sie fast nur noch auf Santo Antão zu finden. Häufigster Strauch im Federbusch ist die Kapverden-Wolfsmilch, ein Endemit der sonst nirgendwo auf der Welt vorkommt.

Der Weg schwenkt nach links, quert ein Seitental, das seinen Ursprung am Tope da Moca hat, und steigt dann bald steiler an. Auf einem schmalen Bergrücken links unterhalb der Zwillingsfelsen führen enge Serpentinen aufwärts. Nach 45 Min. ist eine Passhöhe (630 m) erreicht. Beeindruckende Blicke zurück nach Praia Branca und voraus auf zerklüftete Landschaft sind der Lohn für rund 400 anstrengende Höhenmeter Anstieg.

Felswände zwischen zwei Pässen

Auf dem Pass hält man sich rechts. Der Weg verläuft nun fast höhenparallel unterhalb der Steilwand des Tope de Matim. An den nach Norden orientierten Felsen gedeihen dekorative Blütenpflanzen wie die an einen überdimensionalen Löwenzahn erinnernde Gänsedistel, die Kapverdische Glockenblume und das Dickblattgewächs Aeonium gorgoneum.

Links unten sitzen kleine Dörfer auf schmalen Felsvorsprüngen. Voraus erkennt man schon das nächste Ziel, den Weiler Fregat. Doch zunächst geht es bergab bis zu einer T-Kreuzung (1.15 Std.). Dort läuft man rechts hinunter und durchschreitet einen Talgrund. Ab hier steigt der Weg wieder steil bergan und passiert kurz vor Fregat eine Kuppe. Das Dorf passiert der Pflasterweg am oberen Rand, senkt sich noch einmal in ein steiles Tal ab und steigt dann zu einer zweiten Passhöhe an (2.15 Std.).

Drachenbäume in der Ebene von Fajã

Nach Überschreiten des Passes öffnet sich voraus die flache, ackerbaulich genutzte Senke von Fajã. Zahlreiche Drachenbäume gedeihen hier. Diese bis zu 10 m hohen, skurrilen, entfernt mit den Lilien verwandten Bäume gehören von Natur aus der Vegetationszone des Federbuschs an. Ihre harzige Ausscheidungen lieferten einst einen begehr-

ten roten Farbstoff – lange Zeit ein wichtiger Ausfuhrartikel der Kapverden. Durch übermäßige Nutzung wurden die Bäume regelrecht ausgeblutet und starben früher oder später ab. Einen größeren Bestand gibt es nur noch auf São Nicolau, zwischen Fajã und Cachaço.

Nach Passieren zweier Gehöfte wird der Weg zu einer befahrbaren Piste. Diese führt durch Felder und an immer mehr Häusern vorbei. An einer T-Einmündung wandert man links hinunter. Bevor die Piste wieder beginnt anzusteigen, schlägt man rechts eine Pflasterstraße ein. Bald endet die Pflasterdecke. Eine von rechts einmündende Sandpiste bleibt unbeachtet. An der nächsten T-Einmündung geht es rechts aufwärts. Jetzt ist nach wenigen Metern die Hauptstraße bei dem Ortsteil Pico Agudo Canto Fajã erreicht (3 Std.). Sie führt links nach Ribeira Brava, rechts nach Tarrafal.

Als lebendes Fossil gedeiht der Drachenbaum fast nur noch auf São Nicolau

São Nicolau

Abends & Nachts

Die einzige Disco – **Esplanada:** Am Wochenende herrscht in dem Lokal am Stadtrand lebhafter Discobetrieb. Es ist allerdings nur zu besuchsstarken Zeiten (Sommer, Weihnachten/Neujahr, Ostern) geöffnet.

Infos

Fähre: Autofähre Tarrafal, STM-Lines, 3 x wöchentlich nach Mindelo (São Vicente).
Aluguer: täglich mehrere Fahrten nach Ribeira Brava (*passagem* 200 ECV); sporadisch nach Praia Branca und Ribeira da Prata (meist morgens von dort nach Tarrafal, mittags wieder zurück).

Praia Branca und Ribeira da Prata

▶ Karte 1, H 5/6
Abseits des Geschehens im Nordwesten der Insel liegt Praia Branca geschützt in einem Tal. Unterhalb des Dorfes in Richtung Westen erstreckt sich die savannenartige Ebene Chã de Curralin. Akazien stehen in der flimmernden Hitze. Im 200 bis 300 m hoch gelegenen Ort selbst ist es vergleichsweise kühl, die Vegetation ist hier dichter und auffällig grün.

Einfache Mercearias bieten das Notwendigste an. Die Bewohner leben von der spärlichen Landwirtschaft auf kleinen Feldterrassen und dem Handel mit der fruchtbaren Ebene von Fajã.

Manche Landwirte bauen auf São Nicolau noch wie in alten Zeiten Zuckerrohr an

Um diese zu erreichen, müsste man mit dem Wagen um die halbe Insel herumkurven. Zu Fuß ist es praktisch nur ein Katzensprung vorbei an den Zwillingsfelsen Tope de Matim (1057 m) und Tope da Moca (939 m), s. S. 167.

Die Straße nach Ribeira da Prata ähnelt mehr einer Piste. Ein Schlagloch folgt dem nächsten. Die Häuser des abgelegenen Dorfes an der Nordküste verteilen sich entlang des gleichnamigen Flusses. Straßen gibt es keine im Ort, nur Pflasterwege und staubige Pfade. Beeindruckend wirkt die Gebirgslandschaft über Ribeira da Prata. Auf bizarren Felsspitzen hängen wie Adlernester kleine Häusergruppen. Ein stellenweise stark zugewachsener, alter Verbindungsweg führt über einen rund 800 m hohen Pass in ca. 4 Std. nach Fajã.

Rocha Scribida

Im unteren Teil des Tals von Ribeira da Prata gibt es eine sogenannte Rocha Scribida (Schreibfelsen). Ob es sich bei den im Gestein sichtbaren Linien wirklich um prähistorische Felsritzungen (Petroglyphen) handelt oder ob sie auf natürliche Weise durch Verwitterung und Erosion entstanden sind, ist wissenschaftlich nicht gesichert. Eindeutig nachgewiesene Petroglyphen finden sich nur auf Santo Antão (s. S. 198). Die Bewohner von Ribeira da Prata weisen jedoch gerne neugierige Touristen zu ihrem mystischen Stein, der nur zwei Gehminuten vom Straßenende entfernt auf der anderen Seite des Flussbetts liegt. Eine willkommene Abwechslung, denn ansonsten passiert nicht allzu viel im Dorf.

Infos

Aluguer: s. Tarrafal
Taxi: Tarrafal–Praia Branca 1000 ECV, Tarrafal–Ribeira da Prata 2000 ECV.

Ilhéu Branco und Ilhéu Razo ▶ Karte 1, F/G 6

Die beiden unbewohnten Eilande sind São Nicolau westlich vorgelagert. Sie stehen seit 2003 unter strengem Naturschutz, wurden von BirdLife International zu IBA's (Important Bird Areas) auf weltweiter Ebene erklärt und dürfen nur mit Sondergenehmigung, die ausschließlich Wissenschaftlern erteilt wird, betreten werden. Ausflugsfahrten, zu denen sich Fischer in Tarrafal eventuell bereit erklären, sind illegal. Auch Privatjachten müssen zu den kleinen Inseln Abstand halten. Die Felswände des länglichen, 126 m hohen Ilhéu Branco (3 km^2) fallen steil zum Meer ab. Seinen Namen (weißes Eiland) verdankt es hellem Dünensand, der vom Passatwind die Hänge hinaufgeweht wurde. Die kleine Insel stellt ein wichtiges Rückzugsgebiet für bedrohte Seevögel dar. Auch auf dem mit 73 m flacheren Razo (7 km^2) brüten einige seltene Vogelarten. Die Razo-Lerche (Alauda razae), von der in regenarmen Jahren nur rund 40, in regenreichen Jahren etwa 100 Exemplare gezählt werden, ist in ihrem Vorkommen ausschließlich auf Razo beschränkt. Auch 75 % der Population des Kap-Verde-Sturmtauchers lebt auf Razo. Bis in die Gegenwart hinein wurden die Jungvögel im Herbst, wenn sie ihr größtes Gewicht erreicht hatten, zu Zehntausenden abgeschlachtet. Dem soll nun Einhalt geboten werden. Ein interessantes Reptil kommt ebenfalls nur auf den beiden Inseln vor, der 30 cm lange Riesen-Gecko (*Tarentola gigas*). Er bezeugt das seltsame, von der Wissenschaft noch nicht geklärte Phänomen, dass Inselbewohner unter den Reptilien oft weitaus größer sind als ihre Verwandten auf den Kontinenten.

Santo Antão

Highlight!

Ribeira das Patas: Der heute meist ausgetrocknete Fluss Ribeira das Patas hat im zentralen Teil von Santo Antão eine bizarre Schlucht mit völlig senkrechten Wänden in festes Basaltgestein gegraben. S. 177

Auf Entdeckungstour

Aus Zuckerrohr wird Grogue: Bei einer Wanderung durch das fruchtbare Tal von Paúl werden Bewässerungsrinnen und Plantagen passiert, kann Zuckerrohrschnaps probiert und seine traditionelle Produktion nachvollzogen werden. S. 178

Pflasterwege und Terrassenfelder: Der Küstenweg von Ponta do Sol nach Cruzinha da Garça wurde abenteuerlich, aber gekonnt in die Felswand gebaut. Ein Kunstwerk der Landschaftsarchitektur sind auch die Feldterrassen der kleinen Küstendörfer. S. 192

Pflasterwege und Terrassenfelder

Ponta do Sol

Cruzinha da Garça

Aus Zuckerrohr wird Grogue

Pontinha da Janela

Espongeiro

Tope de Coroa

Ribeira das Patas

Praia de Escoralet

Porto Novo

Kultur & Sehenswertes

Praia de Escoralet: Hinter dem beliebten Badestrand liegen die Steinbrüche, in denen früher Puzollanerde abgebaut wurde: heller, federleichter Vulkantuff, der zahlreiche Fossilien von Muscheln und anderem Meeresgetier enthält. S. 175

Pedra de Nossa Senhora: Bei Pontinha da Janela steht ein großer Felsen mit eingeritzten Inschriften. Viele Mythen ranken sich um ihn und er gilt seit jeher als magisch. Die rätselhaften Schriftzeichen weisen in die ferne Vergangenheit. S. 198

Aktiv & Kreativ

Tope de Coroa: Weithin praktisch menschenleer ist das Gebiet um den mit 1982 m höchsten Berg von Santo Antão. Wer ihn besteigen will, sollte sich einem örtlichen Führer anvertrauen. Schon die Anreise ist mit einer 30 km langen Pistenfahrt verbunden. S. 183

Genießen & Atmosphäre

Ziegenkäse: In Espongeiro warten die Frauen des Bergdorfes auf Durchreisende, um leckeren selbstgemachten Ziegenkäse zu verkaufen. Sie verpacken ihn appetitlich in handgeflochtenen Körben. S. 176

Bar Restaurante Sereia: Bei Ankunft der Fähren in Porto Novo ist die gemütliche Terrasse des kleinen Lokals ein beliebter Treffpunkt, um dem hektischen Treiben zuzuschauen. Aber auch zu anderen Zeiten genießt man einen schönen Blick. S. 181

Abends & Nachts

Pôr de Sol Arte: Das kleine Restaurant in der gleichnamigen Unterkunft in Ponta do Sol ist französisch geführt. Oft finden sich junge Musiker aus dem Ort hier spontan zu Livemusik-Sessions zusammen. S. 191

Santo Antão – Paradies für Wanderer

Trekking ist auf Santo Antão angesagt, der grünsten der Kapverdischen Inseln. Kunstvoll angelegte Pflasterwege führen durch schroffe Täler, über steile Bergrücken, vorbei an bizarren Felsen.

Infobox

In Porto Novo unterhält Lucete Fortes einen privaten Touristen-Informationskiosk, außerdem gibt es ein Büro der Gemeinde im Hafengebäude (s. S. 182). Die Gemeinde Ribeira Grande betreibt in Ponta do Sol ebenfalls eine kleine Informationsstelle (s. S. 196).

Verkehr

Der Flughafen von Santo Antão wird aus Sicherheitsgründen im Linienverkehr nicht angeflogen. Daher ist die Insel nur per Schiff zu erreichen. Zwischen Mindelo (São Vicente) und Porto Novo (Santo Antão) pendelt einmal täglich die Autofähre Mar d'Canal der Gesellschaft Armas. Außerdem fährt die Personen-Schnellfähre Auto Jet der Moura Company Mo und Mi–Sa 2 x tgl., So 1 x tgl. hin und zurück (Tel. 260 30 97, Fax 264 76 91, www.mouracom pany.net).

Bei Fährankunft warten Aluguers am Hafen von Porto Novo, um Passagiere in alle Inselteile zu bringen. Ansonsten gibt es nur auf der Strecke Porto Novo–Ribeira Grande/Ponta do Sol häufigere Verbindungen. Für andere Strecken kommt man oft nicht umhin, einen Aluguer komplett anzumieten (freite). Mietwagen werden nur von privat angeboten.

Aber nur der Norden ist von tropischer und subtropischer Vegetation überzogen. Dort sind Ponta do Sol, Ribeira Grande und Vila das Pombas Treffpunkte der europäischen Wandergemeinde. Ihren relativen Wohlstand verdanken diese Orte nicht nur dem bescheidenen Tourismus, sondern auch dem Anbau tropischer Kulturen wie Zuckerrohr und Bananen. Ein ausgeklügeltes Bewässerungssystem macht es möglich.

Trocken und karg, jedoch nicht weniger reizvoll, präsentieren sich Süden und Westen der Insel. Dort spielt sich das Leben vorwiegend in der Hafenstadt Porto Novo ab, die mit täglichen Fährverbindungen nach São Vicente den Kontakt zur Außenwelt aufrechterhält. Immer mehr verlagert sich der Übernachtungstourismus hierher, vielleicht auch wegen der nahe gelegenen, reizvollen Praia de Escoralet. Bessere Straßenverbindungen werden in naher Zukunft auch den bislang noch sehr entlegenen Westen der Insel ins Blickfeld der Besucher rücken. Grandiose Landschaften bieten dort die Ribeira das Patas und das Gebiet um den Tope de Coroa. Den auf dem Landweg (noch) nur durch eine holprige Piste angeschlossenen, sehr ursprünglichen Fischer- und Strandort Tarrafal erreichen Reisende meist per Segeljacht.

Porto Novo ▶ Karte 1, D 3

Porto Novo (5000 Einw.) ist Haupt- und Hafenstadt der Insel. Vormittags kommen viele Bewohner des Berglandes in den Ort, um sich mit dem Nötigsten zu versorgen. Nachmittags und am Wochenende hinterlässt Porto Novo einen verschlafenen Eindruck.

Oberhalb des Hafens verkaufen Frauen Orangen, Bananen, *grogue* und frischen Ziegenkäse. Die Avenida Amílcar Cabral führt im Bogen in die Stadt. In einem Kolonialhaus mit gepflegtem Garten sind nicht weit vom Hafen die Paços do Concelho (Gemeindeverwaltung) untergebracht. Auf der anderen Straßenseite steht die große Metallstatue einer kapverdischen Mutter mit ihrem Sohn. Das Denkmal ist den einheimischen Frauen gewidmet, die meist in der Heimat blieben, während ihre Männer das Glück in der Emigration suchten.

An der städtischen Praia do Bote liegen die Boote der Fischer. Die Männer sitzen nach beendeter Arbeit im Schatten hoher Akazien und spielen Karten oder Oril (s. S. 42). Ihre Frauen putzen den Fisch in bunten Plastikeimern und bieten ihn gleich vor Ort am Mercado de Peixe, rund um einen Pavillon, zum Verkauf an.

Alles Wesentliche ist im weiteren Verlauf der Avenida Amílcar Cabral zu finden: Mercearias, Mercado Municipal, Bank, Bars und eine Bäckerei. Auch einige ehemals herrschaftliche Häuser und die hübsche kleine Igreja Nazarena (Nazarenerkirche) säumen die Hauptstraße. Sie überquert zwei meist ausgetrocknete Flussläufe. Nach dem zweiten Talgrund zweigt die Gebirgsstraße Richtung Ribeira Grande ab. Geradeaus hingegen geht es in den kargen westlichen Teil der Insel.

Praia de Escoralet

Der beste Badestrand von Porto Novo liegt 3 km bzw. 30 Fußgängerminuten östlich der Stadt. Er ist sowohl per Auto als auch zu Fuß auf einer Piste erreichbar, die derzeit zu einer Küstenstraße

mit Anschluss nach Paúl/Ribeira Grande ausgebaut wird. Drei kleine Sandstrände, getrennt durch Felsnasen, haben sich in der relativ geschützten Bucht von Escoralet gebildet. Hinter den beiden östlichen wurde früher Puzollanerde abgebaut. Daran erinnern die Ruinen der ehemaligen Steinbruchgebäude. Bei Puzollanerde handelt es sich um helle, zu federleichtem Trachyttuff verfestigte vulkanische Aschen. Diese wurden untermeerisch abgelagert und enthalten zahlreiche Kalkskelette von Muscheln und anderen Meerestieren. Puzollanerde (nach der Stadt Pozzuoli im Golf von Neapel, wo solche Aschen ebenfalls zu finden sind) dient als Bindemittel für Zement. Nachdem Ende der 1950er-Jahre der Hafen von Porto Novo den heutigen, 133 m langen Kai erhalten hatte und auf 7 m Wassertiefe ausgebaggert worden war, begann ein schwunghafter Export von Puzollanerde. Diesem hatte Porto Novo in den folgenden Jahren einen enormen Aufschwung zu verdanken. Allerdings wurde der Export schon 1970 wieder eingestellt.

Cova de Paúl und Lagoa

Dieser Ausflug führt in das fruchtbare Bergland, das den kargen Süden Santo Antãos vom grünen Norden trennt. Dazu wählt man die Gebirgsstraße Richtung Ribeira Grande. Am unbesiedelten, wie ein Amphitheater geformten Südabhang des Berglands haben sich helle vulkanische Aschen als Hangschleppe im Windschatten von Vulkankegeln gesammelt. Weiter oben, wo es feuchter wird, hat man die Hänge sorgfältig terrassiert, um sie mit Akazien zu bepflanzen. Die Aufforstung ist hier ein mühseliges Geschäft, von einem Wald kann daher noch keine Rede sein. Immerhin wird versucht, der

Kunstvoll angelegt schlängeln sich alte Pflasterwege über die zerklüftete Insel

Erosion Einhalt zu gebieten und den seltenen Regen dem Grundwasser zuzuführen. Rechts der Straße liegt auf einem benachbarten Bergrücken das regierungseigene Versuchsgut Mesa, eine gepflegte Anlage, die wie eine Oase inmitten einer Wüste wirkt.

Das Hochland ist relativ dicht besiedelt. Mit Lombo de Figueira wird das erste einer Reihe von Dörfern erreicht. Bald könnte man rechts nach Cova abzweigen. Die Hauptstraße führt aber links weiter und dann unmittelbar am Westrand des eindrucksvollen Vulkankessels Cova de Paúl entlang. Steile Felswände, die dicht mit Nadelbäumen bewachsen sind, begrenzen ihn. Sein Grund wird intensiv landwirtschaftlich genutzt, mit Mais- und Bohnenanbau sowie Viehhaltung.

Hinter dem folgenden Ort Água das Caldeiras bieten sich prächtige Ausblicke zur Nordostküste, hinab in die Gegend von Paúl. In Espongeiro befindet sich eine wichtige Aluguerhaltestelle. Dort stehen meist Frauen, die in geflochtenen Körben **Ziegenkäse** aus örtlicher Produktion zum Verkauf bereithalten. Von hier aus lässt sich – links an einem sechseckigen Wasserhaus abzweigend – auf einer recht gut befahrbaren Piste ein Abstecher in die fast 1500 m hoch gelegene, mittelgebirgsähnliche Hügellandschaft von Lagoa unternehmen. Nach Westen wird dieses Hochland rasch karger. Bald ergeben sich Panoramablicke über das zentrale Gebirge von Santo Antão, später auch zur Küstenebene bei Porto Novo und zur Nachbarinsel São Vicente. Hier

Höhenmeter anzusteigen gilt (hin und zurück insgesamt etwa 30 Min.). Eine niedrige Säule markiert den Aussichtspunkt. Von hier aus ergibt sich ein phantastischer Blick über den Süden von Santo Antão.

Ribeira das Patas !

Von Porto Novo zieht sich eine relativ komfortable Pflasterstraße in Richtung Westen. Die Landschaft ist karg, die Hänge sind von der Erosion zernagt. Die meist ausgetrockneten Flüsse hinterließen bizarre Täler. Eine interessante Landschaftsform bildet die Ribeira das Patas. Senkrecht fallen die Talwände zum meist ausgetrockneten Flussbett ab. Am besten ist dieses Phänomen im Gebiet um Lagedos zu sehen. Etwas größere Ansiedlungen im Landesinneren sind Chã de Morte und Curral das Vacas, ansonsten gibt es nur wenige kleine Weiler.

Die Wanderung auf einem alten, kunstvoll angelegten Pflasterweg in unzähligen Serpentinen durch die Bordeira de Norte, die Felswand oberhalb der Ribeira das Patas, ist äußerst eindrucksvoll. Bis heute stellt er für die Bevölkerung eine wichtige Verbindung über den Hauptkamm der Insel dar. Man startet in Curral das Vacas und erreicht nach gut 2 Std. und 700 Höhenmetern Anstieg bei einem Wegkreuz die Hochebene von Norte. Hier bietet sich die Umkehr an. Wer ausgedehntere Wanderungen in diesem Gebiet unternehmen möchte, schließt sich am besten einer geführten Tour an.

und da stehen Bauernhäuser einsam in der eher dünn besiedelten Gegend. Der Ort Lagoa besteht nur aus ein paar traditionellen Bauernkaten mit Strohdach. Hier bietet sich die Umkehr an.

Pico da Cruz

Der Ausflug zur Cova de Paúl lässt sich auch mit einem Abstecher zum Pico da Cruz verbinden, der mit 1585 m höchsten Erhebung im Osten von Santo Antão. Eine schmale Pflasterstraße zweigt rechts vor dem Krater ab und führt zu dem kleinen Ort Pico da Cruz (ca. 4 km ab Abzweigung). Dessen ›Zentrum‹ markiert eine x-förmige Kreuzung. Zwischen den hier rechts und links führenden Straßen beginnt mit ein paar Treppenstufen der Fußweg zum gleichnamigen Gipfel, zu dem es 75

Übernachten

Das Spitzenhaus der Insel – **Santantao art Resort:** Am südwestlichen Ortsausgang von Porto Novo, Tel. 222 26 75/6/7,

Auf Entdeckungstour

Aus Zuckerrohr wird Grogue

Grogue, ein klarer Zuckerrohrschnaps, ist ein Traditionsprodukt
von Kap Verde. Der vielleicht beste
wird auf Santo Antão gebrannt, wo
die typischen Grogue-Mühlen zum
Alltagsbild gehören. Die Tour führt
zu Fuß durch das Anbau- und Produktionsgebiet von Paúl.

Zeit: ein ganzer Tag (4 Std. reine
Gehzeit)

Planung: Anfahrt per Taxi in den Krater von Cova de Paúl oder per Aluguer. Rückfahrt per Aluguer von Paúl
nach Ribeira Grande.

Start: Häusergruppe am Straßenende
im Krater von Cova de Paúl

Zisternen und Levadas

Von der Häusergruppe im Krater Cova de Paúl folgt man der Straße noch ein kurzes Stück und passiert ein Haus mit Wasserbecken. Dann hält man sich an einer Gabelung rechts auf dem breiten Schotterweg. Dieser endet an einem gepflasterten Saumpfad, dort geht es links hinauf und an der nächsten T-Kreuzung rechts. Wenig später zweigt der schmalere Wanderweg in einer Linkskurve, die der breite Weg beschreibt, geradeaus ab.

Bald beginnt ein allmählicher Anstieg zum Kraterrand (20 Min.). Von nun an läuft man praktisch nur noch bergab, ins Tal von Paúl. Kunstvoll angelegt, führt der alte Verbindungsweg in Serpentinen in der steilen Außenwand des Kraters. Unten am Meer ist schon Vila das Pombas zu erkennen, das Ziel der Wanderung. Ein lichter Eukalyptuswald wird durchquert. Dieser weicht einer Graslandschaft mit Akazienbewuchs. Dann liegen die ersten Häuser von Paúl schon ganz nah.

Nach ersten Bananenfeldern kreuzt eine Levada den Weg (1.15 Std.), eine schmale Bewässerungsrinne. Anscheinend gelangte die Kenntnis des Levadabaus über die zu Portugal gehörige Insel Madeira, wo diese Kanäle äußerst zahlreich sind, nach Kap Verde. Sie transportieren das aus Quellen aufgefangene Wasser mit geringst möglichem Gefälle an den Hängen entlang, wo es dann für die Bewässerung der unterhalb gelegenen Felder, speziell die Zuckerrohrplantagen, genutzt werden kann. Für Landwirte, die über sogenannte Wasserstunden verfügen, die also zu bestimmten Zeiten aus den Levadas das kostbare Nass entnehmen dürfen, lohnt sich die Landwirtschaft sogar dann, wenn sie nur über 0,5 oder 1 ha bewässerungsfähiges Land verfügen. Dieses bebauen sie meist noch

nicht einmal selbst. Vielmehr lebt der größte Teil von ihnen in Mindelo oder gar in Lissabon und lässt die Felder von Pächtern bewirtschaften. Einmal im Jahr kommen diese ›Großgrundbesitzer‹ nach Santo Antão, um den Pachtzins in Höhe von 50 % des Ernteertrags von den von ihnen abhängigen Bauern zu kassieren.

Das süße Rohr

Je weiter hinunter man kommt, umso dichter sind die Hänge mit Kaffee- und Bananenpflanzungen, vor allem aber mit Zuckerrohrplantagen überzogen. Unvergesslich ist die Zuckerrohrblüte, die man im Winter im Tal von Paúl erleben kann. Die Anbaufläche von Zuckerrohr nahm in den vergangenen Jahren auf Kosten der anderen Bewässerungskulturen zu, denn das Geschäft ist vergleichsweise risikofrei. Aus dem Rohr wird übrigens kein Zucker gewonnen. Vielmehr produzieren die Kapverden schon seit dem 16. Jh. *grogue*, einen hochprozentigen Zuckerrohrschnaps. Früher ließ sich dieser mit hohem Gewinn an die Besatzungen der Schiffe verkaufen, die über den Atlantik nach Südamerika, Südafrika oder Asien unterwegs waren. Heute werden pro Jahr 1,7 Mio. l *grogue* hergestellt. Er findet auf allen Inseln und sogar in Übersee, wo kapverdische Emigranten leben, reichlich Abnehmer.

Bar O Curral

Oberhalb eines Fußballfeldes wird eine Abzweigung erreicht (1.45 Std.). Geradeaus stößt man sogleich auf einen befahrbaren Pflasterweg, der weiter talabwärts führt. Bald liegt die Bar O Curral (Tel. 223 12 13, www.grogue.de) am Wegrand. Das urige Lokal mit Holzbänken unter Palmblättern serviert Kleinigkeiten wie Omelettes, belegte Brote, Käse aus eigener Produktion und Obst aus eigenem Anbau. Vor allem aber ist alles Spezialität, was sich aus Zuckerrohr herstellen lässt. Der Betreiber Alfred Mandl produziert u. a. verschiedene hochwertige *grogue*-Sorten, auch zum Mitnehmen in schlichten, geschmackvollen Flaschen. Er bemüht sich darum, den einheimischen Schnapsbrennern als Vorbild zu dienen. Denn diese brennen oft zu schnell, sodass schädliche Substanzen nicht abgetrennt werden. Auch bei der Gärung lassen sich laut Mandl Fehler vermeiden, die zur Entstehung von Methanol und Acetaten führen.

Nach der Einkehr geht es durch den Ort Lombinho (2.30 Std.). Einige alte Kolonialhäuser sind hier noch recht gut erhalten. Im Talgrund stehen vereinzelt Hütten mit Strohdächern, wie sie früher überall auf den Kapverden der ärmeren Mehrheit der Bevölkerung als Behausung dienten. Über zwei Straßenabzweigungen hinweg wandert man stets geradeaus weiter. Auch hier ist fast das ganze Tal mit Zu-

Hochprozentiger Grogue aus der Destille

ckerrohr bepflanzt. Außerdem gedeihen Avocados, Papayas und Brotfruchtbäume. Nach ca. 3.15 Std. überschreitet man die Ribeira de Paúl auf einer Brücke. Auch in der trockenen Jahreszeit führt der Fluss gelegentlich Wasser. Jenseits des Flussbetts steigt der Fahrweg zu dem kleinen Ort Eito an (3.30 Std.). Dann geht es steil abwärts, bis die Piste schließlich im Flussbett verläuft.

Der Trapiche von Vila das Pombas

An der Mündung der Ribeira de Paúl in Vila das Pombas, dem Hauptort der Gemeinde Paúl, arbeitet linker Hand neben der Enacol-Tankstelle eine Grogue-Mühle *(trapiche)*. Eine unscheinbare Holztür führt in den geräumigen Innenhof. Ochsen sorgen für den Antrieb, indem sie die gebogenen, hölzernen Hebel im Kreis herumtragen – ein auch auf den Kapverden inzwischen seltenes Bild, denn die meisten Trapiches setzen heute Motormühlen ein, um das Zuckerrohr zu zerquetschen. Beim Mahlen fließt Sirup aus, der etwa fünf Tage in Fässern gelagert wird, wobei eine Fermentation stattfindet. Geschmacksstoffe werden so freigesetzt. In einem kupfernen Destillierapparat wird der Sirup anschließend gekocht. Nach einer Stunde beginnt die eigentliche Destillation. Zunächst ist der Brandy noch zu stark, er kann nur für medizinische Zwecke verwendet werden. Ein erfahrener *grogue*-Brenner weiß genau, wann der Schnaps Trinkstärke erreicht hat. Gegen Ende der Destillation bleibt eine wenig Alkohol enthaltende Flüssigkeit zurück, die dem nächsten zu brennenden Sirup wieder beigegeben wird.

Um ins Ortszentrum zu gelangen, hält man sich auf der Küstenstraße rechts und trifft dort auf einen Markt und einfache Bars (4 Std.).

Fax 222 26 78, www.santantao-art-resort.com, DZ 6000–9800 ECV. Im Dezember 2007 eröffnete das 4-Sterne-Hotel und bietet 73 geschmackvolle Zimmer unterschiedlicher Größe, eine schöne Poolanlage, Tennisplätze und auf Wunsch geführte Wanderungen, Klettertouren und Canyoning mit Cabo Verde No Limits (s. S. 195). Außerdem finden wechselnde Kunstausstellungen und oft auch Auftritte einheimischer Musiker statt. Demnächst wird ein Spezialitätenrestaurant angeschlossen sein.

Komfortabel – **Residencial Pôr do Sol:** Fundo de Lombo Branco (westlich der Abzweigung nach Ribeira Grande), Tel. 222 21 79, Fax 222 11 66, pordosolpn@cvtelecom.cv, DZ 35 €. Das Haus hat fast Hotelniveau, mit recht komfortabel eingerichteten Zimmern. Auf der schattigen Dachterrasse wurde das Restaurant mit Blick über die Stadt eingerichtet. Anmietung eines Autos über den Besitzer möglich.

Hafenblick – **Residencial Antilhas:** Alto Peixinho, Tel. 222 11 93, Fax 222 17 58, residencialantilhas@hotmail.com, DZ um 2600 ECV. Die Zimmer der Pension über dem Hafen sind zwar recht schlicht, verfügen aber über Balkon und warmes Wasser. Ein Restaurant befindet sich im Haus (Hauptgerichte 700–800 ECV). Die einheimischen Besitzer betreuen ihre Gäste persönlich und helfen bei der Organisation von Ausflügen.

Essen & Trinken

Traditionell – **Paraíso:** Alto do Peixinho (in einer Seitenstraße gegenüber den Paços do Concelho), Tel. 222 12 18, Hauptgerichte 400–800 ECV. Hier gibt es das übliche Angebot einheimischer Küche, wobei Thunfisch und Stockfisch besondere Erwähnung verdienen.

Unser Tipp

Queijo Santo Antão

Der Ziegenkäse von Santo Antão, der an den italienischen Mozzarella erinnert, wird nach traditioneller Art aus der Milch von Tieren gewonnen, deren Vorfahren vor Jahrhunderten mit den portugiesischen Entdeckungsfahrern auf die Kapverden kamen. Jetzt bekommt der Queijo Santo Antão, von dem inzwischen verschiedene Sorten hergestellt werden, ein Qualitätssiegel und wird vom Centro Caprino in Porto Novo (Tel./Fax 222 14 51) vermarktet. Viele Hotels und Restaurants auf der Insel servieren ihn ihren Gästen. Am begehrtesten ist er als Dessert, kombiniert mit *doce de Papaya* (Papayagelee). Natürlich bekommt man ihn auch im örtlichen Lebensmittelhandel. Ein Projekt der Universität von Turin fördert jetzt speziell die Herstellung von Ziegenkäse in Bolona, einem winzigen Ort im westlichen Hochland von Santo Antão. Die in Italien ansässige Stiftung Slow Food will ihn sogar zu einem der zehn besten Käse der Welt küren.

Mit Ausblick – **Sereia:** am Hafen, Tel. 222 11 31, Hauptgerichte 400–700 ECV. Von der angenehmen Terrasse genießt man den Blick über den Canal de São Vicente bis hin zur Nachbarinsel. Zur Fährankunft füllt sich das Lokal mit Abholern und Neugierigen.

Kaffee & Co – **Lanchonete Chave de Ouro:** Avenida Amílcar Cabral, Tel. 222 11 62. In dem kleinen Café wird nicht nur der beste Kaffee von Porto Novo serviert, sondern auch Eis und Snacks. Die wenigen Tische auf der winzigen Terrasse an der Hauptstraße sind äußerst begehrt. Auf Bestellung kann man sich hier Lunchpakete für Ausflüge zusammenstellen lassen.

Infos & Termine

Infos

Posto de Turismo: im Hafengebäude. Dort werden auch Souvenirs, *grogue* und Liköre von Santo Antão verkauft.
Informação Turística Lucete Fortes: kleiner privat geführter Info-Kiosk am Fähranleger. Gut ausgestattet, Verkauf von Wanderkarten, Büchern, auch Briefmarken.

Termine

Festa de São João: 24. Juni. Zum Johannisfest tanzen die Ortsbewohner die rituelle Colá. Der Vortänzer stellt sich, mit einem bunt geschmückten ›Segelboot‹ kostümiert, als imaginäres Schiff den Wellen und widrigen Winden (s. S. 34).

Verkehr

Fähre: nach Mindelo (São Vicente): Autofähre Mar d'Canal der Gesellschaft Armas, Mo–Sa 10 und 17, So 17 Uhr, pro Person und Strecke 700 ECV, Tickets oberhalb des Hafens neben dem Residencial Antilhas; Personenfähre Ribeira do Paúl, Mo–Sa 10.30 Uhr, pro Person und Strecke 400 ECV, Ticketverkauf oberhalb des Hafens gegenüber der Shell-Tankstelle 1 Std. vor Abfahrt.
Schnellfähre Auto Jet der Moura Company (Tel. 260 30 97, Fax 264 76 91, www.mouracompany.net), Mo, Mi–Sa 9.30 und 16.30, So 9.30 Uhr, pro Person und Strecke 800 ECV, Gepäckbeschränkung, Tickets am Hafen.
Aluguer: tgl. mehrmals nach Ribeira Grande (*passagem* 400 ECV, bis Cova de Paúl 200 ECV); in den Westteil der Insel weniger Verbindungen; Abfahrt jeweils an der Avenida Amílcar Cabral. Bei Fährankunft warten zahlreiche Aluguers am Hafen. Manche Fahrer behaupten Touristen gegenüber, es führen keine öffentlichen Aluguers mehr, weil sie den Wagen komplett als Taxi vermieten möchten. Hier sollte man Geduld bewahren, eine Taxifahrt ist immer noch möglich.

Tarrafal de Monte Trigo ▶ Karte 1, B 3

Die einsame Siedlung im kargen Westen von Santo Antão liegt in einer malerischen Bucht mit breitem, dunklem Strand, dem mit Abstand attraktivsten der Insel. Das noch sehr ursprüngliche Fischer- und Bauerndorf ist in eine Palmenoase eingebettet, in der Brotfrüchte, Mangos und Papayas gedeihen. Eine ergiebige Quelle im Tal der Ribeira de Tarrafal macht es möglich. Das Klima ist dank der geschützten Lage besonders mild und das Meer meist spiegelglatt. Meeresschildkröten legen im Spätsommer ihre Eier am Strand ab und im Frühjahr ziehen Buckelwale in der Bucht ihren Nachwuchs auf. Dennoch nehmen nur wenige Reisende die Fahrt dorthin auf sich. Auf dem Landweg ist Tarrafal de Monte Trigo bislang nur auf einer sehr anstrengenden und nach stärkeren Regenfällen gar nicht befahrbaren Piste zu erreichen. Man fährt per Aluguer oder mit einem sehr robusten Mietfahrzeug zunächst bis zur Straßengabelung in Ponte Sul (westlich von Porto Novo) und hält sich dort links Richtung Norte. Die Straße geht bald in eine Piste über. Nach 20 km de Ponte Sul zweigt der holprige Fahrweg Richtung Tarrafal links ab. Bis dorthin sind es dann noch einmal gut 20 km. Die wenigen Besucher kommen meist per Boot oder Segeljacht nach Tarrafal de Monte Trigo. In der Regel sind die Dorfbewohner fast unter sich.

Übernachten

Begehrtes Paradies – **Residencial Mar Tranquilidade:** Tel. 227 60 12, www.martranquilidade.com, Haus für 2 Personen 3500 ECV. Das deutsch-amerikanische Paar Susi und Frank vermietet in Meeresnähe gemütliche, strohgedeckte Steinhäuser mit Dusche/WC inklusive Frühstück. Mittags kann man Snacks bestellen (200 ECV), zum Abendessen wird ein Buffet aufgebaut (600 ECV). Abgesehen von Relaxen, Baden und Sonnenbaden sind hier Schnorcheln, Tauchen und Angeln angesagt (eigene Leihboote). Unbedingt reservieren, denn es gibt keinerlei Alternative im Ort zu dieser Unterkunft.

Infos

Aluguer: Meist nur morgens ab Tarrafal nach Porto Novo ein Pick-up zur Ankunft der Fähre und mittags wieder zurück (*passagem* ca. 600 ECV, Fahrzeit 2–3 Std.).
Jeep-Taxi: Von Porto Novo 4000–8000 ECV je nach Autotyp.
Boot: Kleine Fischer- und Frachtboote, die auf Anfrage auch Personen mitnehmen, bringen fast täglich Fisch und Obst nach Mindelo (São Vicente), wohin wesentlich mehr Kontakt besteht als nach Porto Novo.

Norte ▶ Karte 1, B 3/C 2

Vom Tal der Ribeira das Patas führt eine wenig befahrene Pflasterstraße in

vielen Kurven weiter Richtung Norden. Sie überwindet die Selada de Alto Mira, einen 1150 m hohen Pass, der nicht nur Süden und Norden, sondern auch Westen und Osten der Insel voneinander trennt. Unterwegs ergeben sich grandiose Ausblicke. An der Selada de Alto Mira zweigt rechts eine Stichstraße nach Alto Mira ab. Links geht es zur Nordküste hinab, zu den in Oasentäler eingebetteten Orten Ribeira da Cruz und Chã de Norte. Eine schmalere Straße führt wieder hinauf ins Gebirge, in das Gebiet von Norte. Einen eigentlichen Ort dieses Namens gibt es jedoch nicht, vielmehr liegen Gehöfte und winzige Weiler zerstreut auf einer hügeligen Hochfläche. Ihre Bewohner widmen sich der Ziegenhaltung. Der hier hergestellte Käse ist von besonderer Qualität (s. S. 181).

Tope de Coroa

Norte wird vom Vulkan Coroa (1982 m) überragt, dem höchsten Berg von Santo Antão. In seinem Krater entstand bei einer späteren Eruption der kleinere Vulkankegel Tope de Coroa. Dieser wurde lange Zeit für den höchsten Gipfel der Barlavento-Inseln gehalten und wird auch heute noch oft als solcher genannt. Erst 1971 stellte sich bei genaueren Vermessungen heraus, dass der Kraterrand des Coroa an einer Stelle geringfügig höher ist als der Tope de Coroa.

Ein fast menschenleerer und auch vegetationsloser Landstrich umgibt die beiden Vulkane, aus der weitere Vulkankegel als Hügel herausragen. Vulkanaschen und Lapilli, entweder locker oder zu Tuff verfestigt, sind die vorherrschenden Gesteine. Sie nehmen die verschiedensten Brauntöne an und lassen die Landschaft regelrecht bunt wirken.

Der lange und durch 1000 Höhenmeter Auf- und Abstieg sehr anstrengende Anmarsch zum Tope de Coroa (mit Rückweg ca. 6 Std.) beginnt an der Straßengabelung Tampa Caminho. Da es keine Markierungen gibt, der Weg sich immer wieder in Pfade aufspaltet, die in die Irre führen können, und bei aufsteigender Passatbewölkung (Nebel!) die Orientierung erheblich erschwert ist, sollte man den Aufstieg zum Gipfel nur in Begleitung eines ortskundigen Führers (s. u.) unternehmen.

Übernachten

Basislager – **Casa Luciano Neves:** Norte, Tel. 222 31 18, Preis nach Vereinbarung. Um Luciano Neves kommt kaum jemand herum, der den Tope de Coroa in individueller Manier besteigen möchte. Mit seiner Frau Isabel betreibt er eine einfache Wandererunterkunft, sein Sohn Fidél Castro Neves ist Bergführer. Benvindo, der andere Sohn, organisiert als Aluguerfahrer (Tel. 996 20 56) den Transport ab Porto Novo. Unbedingt einige Tage vorher anmelden!

Ribeira Grande

▶ D 2

Ribeira Grande (3000 Einw.) ist eine lebendige Stadt, doch nicht unbedingt schön. Hier wird zu schnell zu viel gebaut. Manches bleibt unfertig oder kann aus Geldmangel nicht verschönert werden. Betonbauten ohne Anstrich bestimmen das Stadtbild.

Das Flussbett der Ribeira da Torre begrenzt Ribeira Grande im Osten. Im Unterlauf ist es kanalisiert, um die Stadt vor den seltenen, dann aber kräftigen Fluten zu schützen. Die breite Avenida 5 de Julho führt gegenüber der Abzweigung nach Paúl ins Ortszentrum – rechter Hand die Bank, lin-

ker Hand die Post. Bald öffnet sich links die Praça Nossa Senhora do Rosário, ein netter kleiner, mit Palmen und Hibiskus bestandener Platz mit schattigen Bänken, Treffpunkt der Einheimischen.

Im weiteren Verlauf der Hauptstraße trifft man auf die Igreja Nossa Senhora do Rosário (Rosenkranzkirche). Für kapverdische Verhältnisse ist sie recht groß, insbesondere relativ lang. Bischof Pedro Valente, der den Bau Mitte des 18. Jh. in Auftrag gab, wollte sie zur Kathedrale der Kapverden machen. Mit seinem Tod 1774 starb auch das Projekt. Stattdessen wurde der Bischofssitz damals nach São Nicolau verlegt. Die ›Kathedrale‹ von Ribeira Grande verfiel, wurde im 19. Jh. restauriert und in der heutigen, etwas verkleinerten Form 1884 fertiggestellt. Ein monumentaler Hauptaltar dominiert das Innere des Gotteshauses. Er birgt einen Christus am Kreuz. Schöner sind die schlichten, aber geschmackvollen Seitenaltäre, von denen der vordere links der Rosenkranzmadonna geweiht ist.

Ausflüge

Coculí und Chã de Igreja

Die Ribeira Grande, die bei der gleichnamigen Stadt in den Atlantik mündet, hat eines der gewaltigsten Täler von Santo Antão geschaffen. Während es nach Norden durch einen fast ungegliederten Bergkamm zur Nordküste hin abgeschottet ist, ziehen sich von Süden, vom Hauptkamm der Insel, zahlreiche steile Seitentäler hinunter. Die meisten sind genügend wasserreich, um auf steilen Terrassenfeldern Landwirtschaft betreiben zu können. Im ersten größeren Seitental, dem der Ribeira de Figueral, gedeihen sogar Bananen und Zuckerrohr und bei der

Wie an den Felsen gegossen: Ribeira Grande

Mündung in die Ribeira Grande stehen hohe Kokospalmen. Dort liegt das Bauerndorf **Coculí**, in dem einige Häuser im Kolonialstil erhalten blieben.

Weiter oben im Tal der Ribeira Grande wird der Aqueduto Ponte do Canal passiert, ein nicht mehr genutzter Aquädukt. Bei Boca de Ambas as Ribeiras verlässt die Piste das Tal und führt auf die Passhöhe bei Garça. Von dort kann man Richtung Norden entlang der Ribeira Garça bis nach **Chã de Igreja** fahren. Dieses hübsche Dorf liegt in einer Talsenke, von Feldern umgeben. Der Fluss hat hier eine Schlucht 50 m tief fast senkrecht eingeschnitten. Auch deren breiten Grund nutzen die Ortsbewohner ackerbaulich. Schmale Gassen durchziehen das Dorf, die gepflegten Häuser sind mit Blumen geschmückt. Als Treffpunkte dienen den Einheimischen der schattige Platz vor der weißen Kirche und die Mercearia gegenüber.

Wanderungen in der Umgebung

Rund um Ribeira Grande gibt es zahlreiche Wandermöglichkeiten. Beispielsweise kann man sich nach Corda hinauffahren lassen und von dort auf einem gut erhaltenen alten Pflasterweg in ca. 2 Std. nach Coculí absteigen. Wenn dort kein Aluguer zu bekommen ist, verlängert sich die Wanderung (nun auf der Straße durch das Tal der Ribeira Grande bis in die gleichnamige Stadt) um ca. 1 Std. Weitere Touren sind in den einschlägigen Wanderbüchern beschrieben.

Unterkunft

Traumblick – **Pedracin Village:** Boca de Coruja, Tel. 224 20 20, Fax 224 20 22, pedracin@cvtelecom.cv, DZ ca. 6000 ECV/55 €. Hoch über dem Tal der Ribeira Grande, vom Stadtzentrum etwa 7 km landeinwärts, liegt diese komfortable 3-Sterne-Unterkunft mit bestechendem Ausblick. Das 14 ha große Gelände wird nach wie vor landwirtschaftlich genutzt: für den Anbau von Zuckerrohr, Bananen, Papayas und Mangos. Die auf 10 Steinhäuser im traditionellen Stil verteilten Zimmer sind u. a. mit TV, Frigobar und Klimaanlage ausgerüstet. Außerdem gibt es ein Restaurant und einen Süßwasserpool. Die Hotelleitung bietet den Gästen Transport nach Ribeira Grande oder Porto Novo an.

In der Stadt die erste Wahl – **Residencial Tropical:** Rua Povoação 11, Tel. 221 11 29, Fax 221 21 26, DZ 4000 ECV. Der Neubau befindet sich am Nordrand der Innenstadt in ruhiger Lage nahe dem Flussbett der Ribeira Grande. Die Zimmer sind ordentlich ausgestattet. Einziger Wermutstropfen: Nicht alle haben ein Fenster nach außen. Im Haus befindet sich ein Restaurant mit schöner Terrasse und freundlichem Innenraum, dessen Spezialität Stockfisch ist (Hauptgerichte 700–1200 ECV).

Funktional – **Residencial 5 de Julho:** Av. 5 de Julho, Tel. 221 13 45, DZ um 3000 ECV. Die einfache Unterkunft liegt in der Hauptstraße bei der Kirche und verfügt über Zimmer mit und ohne Bad. Zum Frühstück wird ordentliche Cachupa serviert, abends gibt es kapverdische Küche.

Einfach und gut – **Residencial Lagoa Verde:** Av. 5 de Julho, Tel./Fax 221 12 46, DZ ca. 2800 ECV. Annehmbare Unterkunft in der Nähe der Praça Nossa Senhora do Rosário. Ein Restaurant ist vorhanden.

In der Dorfidylle – **Augusta Delgado Pires:** Chã da Igreja, Tel. 226 10 05, DZ ca. 1500 ECV. Emigranten, die gut französisch sprechen, vermieten Privatzimmer. Der Kontakt vor Ort wird im Dorfladen *(mercearia)* bei der Kirche hergestellt.

Essen & Trinken

Eher eine Bar – **Cantinho de Amizade:** Rua Terreiro. Das urige Lokal von Arnaldo Gomes Miranda nahe der Praça Nossa Senhora do Rosário ist das einzige Restaurant von Ribeira Grande, das keiner Unterkunft angeschlossen ist. Im kleinen Innenhof sitzt man nett an einfachen Holztischen und wird freundlich bedient. Es gibt vorwiegend *bafas* (Snacks).

Einkaufen

Musik – **Cabo Music:** Praça Nossa Senhora do Rosário. Der Laden ist eine Filiale der gleichnamigen Produktionsfirma für kapverdische Musik und hält dementsprechend eine sehr gute CD-Auswahl bereit.

Infos & Termine

Internet
Cyber-Café: ›Internet.com‹, Av. 5 de Julho (neben der Post).

Termine
Dia do Município: 17. Jan. Das Gemeindefest erinnert an den 17. Januar 1462, als Santo Antão von portugiesischen Seefahrern entdeckt wurde. Damit ist es zugleich das Fest des Namenspatrons der Insel, des hl. Antonius Eremita. Am Vorabend Musikveranstaltungen, am Haupttag Prozession

und durch die Straßen ziehende Musikgruppen, auch in den zur Gemeinde gehörenden Ortsteilen Ponta do Sol und Chã de Igreja.

Verkehr

Flüge: TACV-Büro zur Rückbestätigung von Inlandsflügen (z. B. ab São Vicente), Praça Nossa Senhora do Rosário, Tel./Fax 221 11 84.

Aluguer: Richtung Porto Novo (*passagem* 400 ECV) ab Praça Nossa Senhora do Rosário; die Fahrer sammeln ihre Kunden auch entlang der Durchgangsstraße ein. Nach Ponta do Sol (*passagem* 50 ECV) ab Straßenkreuzung westlich der Ribeira de Torre. Richtung Paúl/Pontinha da Janela (*passagem* nach Paúl 100 ECV) östlich der Ribeira de Torre an der Straße. Richtung Coculí/Chã de Igreja (*passagem* nach Coculí 100 ECV) an der Ribeira Grande am Westrand der Stadt. Nach Porto Novo, Ponta do Sol, Paúl und Coculí mehrmals täglich, bis Pontinha da Janela und Chã de Igreja nur wenige Verbindungen.

Ponta do Sol ▶ Karte 1, D 2

Wichtigster Standort für Traveller und Wandertouristen ist nach wie vor Ponta do Sol (4000 Einw.), das ein besonders angenehmes Klima besitzt, weil stets ein leichter Wind geht. Schon die Fahrt in den Ort ist ein Erlebnis für sich. Kühn wurde die Küstenstraße zwischen Ribeira Grande und Ponta do Sol in die Steilwand geschlagen. Kaum vorstellbar, dass sich hier an der rauen Nordostecke von Santo Antão noch ein Ort befindet. Doch Ponta do Sol wurde auf einer flachen Landzunge erbaut, die weit ins Meer vorgeschoben ist. An ihrer Spitze erstreckt sich die Landebahn des Flughafens von Santo Antão, die wie auf einen Flugzeugträger mon-

Unser Tipp

Märkte

In Ribeira Grande werden zwei Märkte abgehalten: Ein Kleider- und Krimskramsmarkt befindet sich am nördlichen Rand der Innenstadt gegenüber der Abzweigung nach Ponta do Sol. In derselben Straße, weiter stadteinwärts, liegt die kleine Markthalle (Mercado Municipal). Hier sind Obst, Gemüse, Stockfisch, Eier und Gewürze im Angebot. Die Auswahl insbesondere an Obst ist begrenzt, doch kann man sich nirgendwo sonst auf Santo Antão so gut mit vitaminreichem Proviant eindecken wie hier.

tiert wirkt. Aus Sicherheitsgründen wird er im Linienverkehr seit Jahren nicht mehr angeflogen.

Palácio Rochteau-Sierra

Ponta do Sol war während der Kolonialzeit eine wichtige Handels- und Verwaltungsstadt. Vom Hafen wurde die Produktion des fruchtbaren Nordostens von Santo Antão exportiert: vor allem Kaffee, aber auch Bananen und Leder. Einige Jahrzehnte lang diente Ponta do Sol sogar als administratives Zentrum der Barlovento-Inseln, bis Mindelo auf São Vicente 1935 diese Funktion übernahm. Bis 1960 blieb es noch Hauptstadt von Santo Antão, wurde dann aber von Porto Novo abgelöst. Der Kaffeeanbau war damals wegen gesunkener Weltmarktpreise praktisch zum Erliegen gekommen.

Die einstige Bedeutung ist noch an einigen repräsentativen Bauten abzulesen. So steht an der Einfallstraße in

Lieblingsort

Engstelle mit Tiefblick

An der Route von dem kleinen Bauerndorf Corda hinab nach Ribeira Grande liegt der wohl meistfotografierte Straßenab- schnitt von Santo Antão, der soge- nannte Delgadim. Dramatischer geht es kaum. Die in den 1950er- Jahren mühselig in Handarbeit geschaffene Fahrbahn nimmt einen schmalen Berggrat völlig ein. Zu beiden Seiten stürzen schroffe Felswände Hunderte von Metern fast senkrecht in die Tiefe. Eine zweite, fast ebenso bizarre Eng- stelle folgt kurz darauf. Hier muss man einfach anhalten und den schwindelerregenden Blick in die tiefen Täler zu beiden Seiten auf sich wirken lassen.

Imposante Weite charakterisiert den Hauptplatz von Ponta do Sol

den Ort linker Hand der von einem prächtigen Garten umgebene Palácio Rochteau-Sierra. Die Villa wurde um 1880 von der Familie Rochteau-Sierra erbaut und dient heute dem Präsidenten der Kapverden als Wohnsitz, wenn er sich auf Santo Antão aufhält. Neugierige dürfen das Haus lediglich aus der Ferne bewundern.

Vorwiegend lag der Export in den Händen einiger ortsansässiger jüdischer Kaufleute, die im 19. und Anfang des 20. Jh. aus Marokko auf die Kapverden gekommen waren. Weitere herrschaftliche Häuser in Ponta do Sol stammen von der Familie Benjamin Co-

hen, die das größte Handelshaus der Barlavento-Inseln leitete. Eines ihrer Gebäude wird mit Luxemburger Entwicklungshilfe in ein Hotel verwandelt.

Praça Municipal
Mittelpunkt von Ponta do Sol ist ein geräumiger, quadratischer Platz, auf dem verschiedene Palmen und reichlich Hibiskus gedeihen. Gewaltige Steinbänke laden zur Rast ein. Eine Seite der Praça nimmt die breite Fassade der Câmara Municipal, des Rathauses von 1882 ein. Heute wird von hier aus nur noch die Gemeinde Ribeira Grande verwaltet.

len in die schmale Bucht, und so liegen die Boote, sofern sie nicht unterwegs sind, zur Sicherheit stets an Land.

Übernachten

Familiär – **Pensão Chez Luisette:** am Ortseingang links, unterhalb der Casa Azul in einem gelben Haus (ohne Schild). Tel. 225 10 48 und 225 11 15, Fax 225 11 15, DZ ca. 5500 ECV. Die Zimmer sind ansprechend; die Wirtin, die lange in Frankreich gelebt hat, kocht gut. Das Abendessen muss vorbestellt werden.

Zentral gelegen – **Hotel Blue Bell:** Praça Municipal, Tel. 225 12 15, Fax 225 13 08, DZ ca. 5400 ECV, Suite 8000 ECV. Das noch recht neue, schmucke, in weiß kombiniert mit kräftigen Farben dekorierte Haus besticht durch die ideale Lage am zentralen Platz und das gute angeschlossene Restaurant. Alle Zimmer haben eigenes Bad, TV und Kühlschrank.

Solide – **Residencial Ponta do Sol:** am Ortseingang rechts, Tel. 225 12 38, Fax 225 12 49, residencialpsol@cvtelecom.cv, DZ ca. 4000 ECV. Die moderne Pension wird gut geführt, mit ordentlichem Standard. In den Zimmern sind jeweils warmes Wasser und Balkon vorhanden. Wandertransfers und qualifizierte Wanderführung durch Jean Jaques Neves (s. S. 195).

Individuell – **Pôr de Sol Arte:** am Hafen, Tel. 225 11 21, porsolarte@yahoo.fr, DZ 2500 ECV. Die sieben Zimmer der unter französischer Leitung stehenden, direkt am Meer gelegenen Unterkunft sind allesamt unterschiedlich eingerichtet. Ein gutes Restaurant mit traditioneller kapverdischer Küche ist angeschlossen (s. S. 195).

Beliebter Klassiker – **Residencial Fátima:** in Hafennähe, Tel. 225 10 08, DZ 2000–3500 ECV. Eine der ältesten Pen-

Auffällig groß ist die weiß getünchte, katholische Igreja Paroquial (Pfarrkirche) an der meerwärtigen Seite des Platzes mit ihrem geschwungenen Giebel im Stil des Kolonialbarocks. Nur einen Turm hat man linker Hand errichtet. Vis-à-vis entsteht jetzt ein Einkaufszentrum mit Apartments.

Von der Praça Municipal führen zwei parallele Straßen hinab zum Porto, dem Fischerhafen. Die Einfahrt gestaltet sich für die hier üblichen, kleinen Boote abenteuerlich. Nur notdürftig schützt die Kaimauer das enge Hafenbecken gegen die heranrollende Brandung. Oft schwappen hohe Wel-

Auf Entdeckungstour

Auf Pflasterwegen von Punta do Sol nach Cruzinha da Garça

Faszinierende Ausblicke bietet die Wanderung entlang der Steilküste im Norden von Santo Antão. Höhepunkt ist der Besuch des malerischen Dorfes Fontainhas mit seinen übereinander gestaffelten Feldterrassen.

Zeit: reine Gehzeit 4.30–5 Std.

Planung: Anfahrt nach Ponta do Sol per Aluguer. In Cruzinha da Garça per Taxi abholen lassen oder auf der Straße nach Chã da Igreja weiterlaufen (30 Min.). Dort sporadisch Aluguers, ansonsten in einer Mercearia nach einem Taxi erkundigen (nach Ribeira Grande ca. 3000 ECV).

Start: Ponta do Sol, am östlichen Ortseingang, wo von der Hauptstraße eine Pflasterstraße Richtung Westen nach Fontainhas abzweigt.

Fontainhas – das Terrassendorf

Auf der Straße Richtung Fontainhas wird zunächst der ehemalige jüdische Friedhof von Ponta do Sol oberhalb passiert. Hier wurden die Mitglieder der Händlerfamilie Benjamin Cohen beigesetzt, die im 19. Jh. aus Marokko nach Santo Antão gekommen war und von Ponta do Sol aus erfolgreich Kaffee exportierte. Einige einst sehr prächtige Häuser im Ort erinnern an diese Familie.

Vorbei an Schweineställen, die im Hang angelegt wurden, steigt die Straße an der bizarren Steilküste empor, um sich später in Serpentinen zu dem malerischen, auf einem Felsrücken angelegten Ort Fontainhas abzusenken (1 Std.). Fontainhas ist mit seinen türkis- oder rosafarbenen alten Häusern sicherlich eines der reizvollsten Dörfer der Kapverden. Levadas leiten Wasser aus Quellen im hinteren Talbereich in Zisternen, aus denen Bananenplantagen und Zuckerrohrfelder bewässert werden. Diese drängen sich auf schmalen, zu Dutzenden übereinander gestaffelten Feldterrassen. Die Poios wurden nicht etwa in den Fels hineingeschlagen, sondern wie Vogelnester regelrecht an den Hang ›geklebt‹, indem man zunächst eine Stützmauer errichtete und dann die Terrasse mit fruchtbarem Schwemmmaterial aus dem Talgrund auffüllte.

Kunstvoller Pflasterweg in der Steilwand

In Fontainhas endet die Straße. Es geht ein paar Treppenstufen aufwärts, dann verlässt ein gepflasterter Fußweg die Ansiedlung, um durch den Talgrund und dann weiter an der Steilküste entlangzuführen. Er überquert einen Felsgrat (1.30 Std), aus dem eine hohe Gesteinsmauer wie eine Wand emporragt. Danach schlängeln sich Kurven ins nächste, schmalere Tal hinab, wo der kleine Ort Corvo liegt (1.45 Std.). Hier besteht Einkehrmöglichkeit in der Bar Pontinha Gyada. Anschließend verläuft der Weg wieder in der Steilwand über dem Meer bis zu dem winzigen Dorf Forminguinhas (2.15 Std.).

Corvo und Fominguinhas sind nach wie vor nur über den alten Verbindungsweg zu erreichen, der vor dem Bau der Straße auch zwischen Ponta do Sol und Fontainhas in ähnlicher Form bestand. So ist auch das Wissen um den Bau solcher Wege in der Bevölkerung noch präsent, denn nach Erdrutschen müssen immer wieder Teilstücke ausgebessert werden. Auch die Wege wurden oft nicht in den Steilhang gehauen, sondern man mauerte an flacheren Felspartien oder über kleine Täler hinweg oft etliche Meter hoch auf und füllte die Zwischenräume mit Erdmaterial. Als Decke erhielten die Wege eine Pflasterung aus Basaltgeröll vom Meeresstrand.

Lange, steile Küste

Hinter Forminguinhas führt der Pflasterweg lange Zeit entlang einer nur durch wenige, steile, unbesiedelte Täler gegliederten Felswand. Nur ein paar Häuserruinen (3 Std.) erinnern daran, dass sich in einem der Talgründe, dem der Ribeira das Aranhas, früher der Weiler Chã de Mar befand. Zwischen Forminguinhas und der Ribeira das Aranhas kommt es nach Regenfällen immer wieder zu Erdrutschen. Bis die Schäden beseitigt sind, kann der Weg in diesem Abschnitt vorübergehend unpassierbar sein.

Ansonsten wird schließlich das auf einer flachen Landzunge gelegene **Cruzinha da Garça erreicht** (4.30 Std.). Hier beginnt eine Straße, die nach Durchqueren des Ortes ins Landesinnere Richtung Chã da Igreja schwenkt.

sionen von Ponta do Sol, aber das Haus wurde renoviert und sehr freundlich hergerichtet. Alle Zimmer verfügen über Balkon und Bad mit warmem Wasser. Das Abendessen (Hauptgerichte um 600 ECV) sollte spätestens 2 Std. vorher bestellt werden. Gekocht wird einheimisch, die Portionen sind groß, auch beim Frühstück. Der eigene Aluguer fährt Gäste zum Taxipreis zu Wanderausgangspunkten.

Noch ein Klassiker – **Residencial Lela Leite:** nahe Praça Municipal an der Straße zum Hafen, Tel. 225 10 56, nay leite@hotmail.com, DZ 2500 ECV. Einige Zimmer des sehr einfachen Hauses haben einen eigenen Balkon, ansonsten trifft man sich auf der gemeinschaftlichen Dachterrasse. Das kleine Restaurant bietet Tische im kleinen Innenraum und an der Straße (Hauptgerichte um 500 ECV).

Essen & Trinken

Niveauvoll – **Esplanada Nova Aurora:** Praça Municipal, Tel. 225 13 60, Hauptgerichte um 700 ECV. Im Restaurant wird gehobene kapverdische Küche serviert. Hier essen auch besser verdienende Einheimische. In der angeschlossenen Bar, die auch Tische auf den Platz stellt, kann man Kleinigkeiten wie gebratene Cachupa oder Spiegelei mit Pommes bestellen.

Mit exotischem Touch – **Ponta do Sol:** am gleichnamigen Residencial beim Ortseingang, Hauptgerichte ab 600 ECV. Auch bei nicht im Haus wohnenden Gästen erfreut sich dieses Lokal großer Beliebtheit. Die Küche ist kapverdisch mit afrikanischen Anklängen. Spezialitäten sind fangfrischer Fisch und Cachupa.

Der Küstenweg hinter Fontainhas bietet spektakuläre Ausblicke

Aktiv & Kreativ

Wandern – **Jean Jaques Neves:** Tel. 225 13 86 und 997 67 14 oder im Residencial Ponta do Sol nachfragen. Jean Jaques Neves bietet geführte Wanderungen an. Er spricht englisch und französisch. Kontakte zu Wanderführern kann man außerdem eventuell in der Pension Pôr de Sol Arte (s. S. 191) bekommen.

Extremsport – **Cabo Verde No Limits:** in Hafennähe, Tel. 225 10 31 oder 997 90 39, www.caboverdenolimits.com. Der Spanier Eduardo Gomez bietet professionell geführtes Klettern und Canyoning in der bizarren Vulkanlandschaft Santo Antãos an. Außerdem betreibt er eine Tauchbasis und bietet Ausflüge per Fischerboot zu einsamen Stränden und abgelegenen, ansonsten nur zu Fuß erreichbaren Dörfern an. Auch Trekking und Landrover-Exkursionen stehen auf dem Programm. Sprachen: Spanisch und Englisch.

Abends & Nachts

Auf ein Glas Wein – **Bistro Housi's-Place:** in der zweiten Parallelstraße zum Flughafen gelegen. Der schattige, sorgfältig begrünte Innenhof mit den urigen Holztischen hat sich mittlerweile zum beliebten Treffpunkt der Traveller entwickelt.

Künstlertreff – **Pôr de Sol Arte:** in der gleichnamigen Unterkunft (s. S. 191). Die Atmosphäre ist ungezwungen, die Einrichtung hat das gewisse Etwas. Zwei oder drei Tische stehen vor dem Haus, ansonsten sitzt man auch innen zwischen Kunstwerken sehr angenehm. Oft sind hier Musiksessions zum wirklich guten Abendessen (Hauptgerichte um 500 ECV) oder danach zum Drink zu hören, spontan dargebracht von jungen einheimischen Musikern.

Infos & Termine

Infos

Núcleo de Informação Turística: Praça Municipal, in einem schmucken Stadthaus der Jahrhundertwende mit Holzgiebeln und Ziegeldach. Auch Verkauf von Kunsthandwerk und Landkarten.
Internetcafé: an der Praça Municipal (beim Rathaus), Mo–Sa 9–22 Uhr. Wenige Computer, aber recht schnelle Verbindung. Dazu werden Drinks serviert und am Freitag spielt oft Livemusik.

Verkehr

Aluguer: Nach Ribeira Grande ab Praça Municipal mehrmals täglich (*passagem* 50 ECV).

Paúl ▶ Karte 1, D 2

Die Gemeinde Paúl (port. Sumpf) wurde nach der Ribeira de Paúl benannt und erstreckt sich mit mehreren Ortsteilen im Wesentlichen über deren (teilweise) sumpfiges Tal. Einen Ort mit dem Namen Paúl gibt es nicht, manchmal wird aber der am Meer, bei der Flussmündung, gelegene Hauptort **Vila das Pombas** so genannt. Dieser erstreckt sich über einen relativ geschützten Küstenabschnitt. Daher reihen sich die pastellfarbigen Häuser auf gut 1,5 km Länge unmittelbar hinter dem Strand, eine Konstellation, die man wegen der hohen Atlantikbrandung andernorts auf den Kapverden kaum finden wird. Dahinter dehnen sich Zuckerrohrfelder aus, gesäumt von hohen schlanken Kokospalmen. Sie verleihen dem Ort ein charakteristisches, beinahe karibisches Gepräge. In der Nähe der Mündung der Ribeira de Paúl verläuft eine Uferpromenade mit Kinderspielplatz und einem Pavillon für Veranstaltungen.

Sinagoga

Die Anfahrt von Ribeira Grande nach Vila das Pombas erfolgt über eine Küstenstraße, die kaum weniger eindrucksvoll ist als ihr Pendant Richtung Ponta do Sol. Unterwegs wird Sinagoga passiert, wo nichts mehr daran erinnert, dass hier einst eine Synagoge stand, der religiöse Mittelpunkt der Mitglieder der jüdischen Gemeinde, die von Paúl und Ponta do Sol aus Handel betrieben.

Am westlichen Ortsrand von Sinagoga steht auf einer Landspitze am Meer die Ruine einer ehemaligen Leprastation. Ansonsten gibt es wenig von Interesse, außer vielleicht der kleinen ›ambulanten‹ Holzbootwerft am Straßenrand, wo bei Bedarf die winzigen Boote der örtlichen Fischer repariert werden. Wenn dort kein Boot liegt, ist die Werft nur schwer als solche zu erkennen. Die Bucht von Sinagoga diente immer wieder Piraten als Stützpunkt für Überfälle auf die benachbarten, einstmals wohlhabenden Küstenorte.

Vale do Paúl

Von der Küstenstraße zweigt nördlich des Ortszentrums von Vila das Pombas die Avenida Januário Leite entlang der Ribeira de Paúl ab. Bald geht sie in eine Piste über, die im Talgrund verläuft, wo Bananen, Papayas und Zuckerrohr gedeihen. Hier und da sieht man einen riesigen Brotfruchtbaum. Die Piste wird wieder zur Straße und verlässt in dem nun engeren Tal das Flussbett, um durch verschiedene Ortsteile von Paúl zu führen. Voraus sieht man schon die gewaltigen Felswände, die den Talkessel begrenzen. Man erreicht die Abzweigung nach Figueiral, rechts geht es auf der breiteren Route weiter.

Dann gabelt sich die Straße erneut. Links fährt man an der Snackbar Vale do Paúl an Terrassenfeldern vorbei steil abwärts in den Talgrund und trifft dort auf das Schwimmbad von Passagem, das in rund 250 m Höhe über dem Meer wie eine kleine Oase auf mehreren Ebenen angelegt ist. Pool und Kinderplanschbecken sind in eine parkähnliche, gepflegte Anlage eingebettet. Tropische Bäume spenden Schatten. Das Bad ist nur im Juli und August in Betrieb. In den Sommerferien ist Passagem für die Einheimischen und vor allem für die zahlreichen Emigranten ein wichtiger Anziehungspunkt.

Übernachten

Zum Ausspannen auf dem Land – **Casa das Ilhas:** Tal der Ribeira de Paúl zwischen Eito und Passagem, Tel. 223 18 32, casadasilhas@yahoo.fr, DZ ab 5000 ECV inkl. Halbpension. Die familiär geführte Unterkunft liegt in sehr ruhiger, ländlicher Umgebung mit schönem Blick. Sie ist nur zu Fuß erreichbar (ca. 15 Min.), aber beim Transportieren des Gepäcks helfen die Wirtsleute (die übrigens mehrere Sprachen, auch Deutsch, sprechen). Von den sieben Zimmern verfügen zwei über ein eigenes Bad.

Schlicht, aber gut – **Casa Sabine:** Eito (Vale do Paúl), Tel. 223 15 44, DZ 2600 ECV. Die schon lange auf Santo Antão lebende Deutsche Sabine Jähnel vermietet einfache, aber nette Zimmer mit Gemeinschaftsbad. Alles ist liebevoll mit schönen Stoffdrucken dekoriert, die Atmosphäre ist gemütlich und familiär. Auf Wunsch gibt es Abendessen (1000 ECV).

Typische Pension – **Residencial Vale do Paúl:** Vila das Pombas, Tel. 223 13 19, Fax 223 13 84, DZ 1700 ECV. Im Zentrum direkt am Meer liegt die Pension, in der außer Travellern auch viele Einheimische absteigen. Die Zimmer sind unterschiedlich eingerichtet, gemeinsam ist ihnen, dass sie kein eigenes Bad haben. Es gibt nur kaltes Wasser. Das Restaurant serviert ordentliche kapverdische Hausmannskost (Hauptgerichte um 500 ECV).

Hüttenatmosphäre – **Sandro Lacerenza:** Cabo de Ribeira, Tel. 223 19 41 oder 981 24 78, sandro_lacerenza@yahoo.fr, pro Person mit Frühstück 1000 ECV. Die einfache Unterkunft am Ende der Straße, die durch das Tal von Paúl führt, verfügt über zwei Zimmer: eines mit sechs, das andere mit neun Schlafplätzen. Ein Bad (kaltes Wasser) wird gemeinsam benutzt. Abendessen organisiert der Betreiber in der Nachbarschaft bei Honorine (450–600 ECV). Eine kleine Bar und ein Kunsthandwerksladen sind angeschlossen.

Infos & Termine

Termine

Santo Antão: 13. Juni. Der Tag des hl. Antonius von Padua ist in Vila das Pombas Anlass zu einem besonders schönen Gemeindefest. Es gibt einen bunten Umzug und Stände mit reichem kulinarischen Angebot, Getränken und Glücksspielen. Höhepunkt und Besonderheit sind jedoch die Eselrennen, wohl weil der Esel eines der Attribute des gefeierten Franziskanerheiligen ist. Dieser ließ, als ein Ungläubiger die Gegenwart Christi im Sakrament anzweifelte, einen Esel bringen, der drei Tage nichts gefressen hatte. Ohne das gereichte Futter anzurühren, will es die Legende, sei das Tier vor Antonius niedergefallen.

Verkehr

Aluguer: tgl. mehrmals nach Ribeira Grande ab der Küstenstraße.

Pontinha da Janela

▶ D 2

Der über mehrere Täler verteilte Ort im Osten von Santo Antão ist erst seit dem Jahr 1989 über eine Straße zu erreichen, die damals mit italienischer Entwicklungshilfe gebaut wurde. Jetzt ist eine moderne Küstenstraße im Bau, die Porto Novo über Pontinha da Janela mit Ribeira Grande verbinden wird.

Am kleinen Fischerhafen Pontinha da Janela befindet sich so etwas wie das Zentrum des sehr zersiedelten Ortes. Hier werden Muscheln und andere Meeresfrüchte angelandet. Drei kleine Mercearias dienen als Treffpunkt für Einheimische und Wanderer.

Pedra de Nossa Senhora

Etwa 500 m im Tal der bei Pontinha da Janela mündenden Ribeira de Penede aufwärts trifft man auf einen großen frei stehenden Fels mit eingeritzten Zeichen. Bei einem davon handelt es sich um ein sogenanntes Portugiesisches Kreuz. Wahrscheinlich haben es die Entdeckungsfahrer angebracht, um die Inbesitznahme der Insel zu symbolisieren. Dazu passen die gotischen Lettern in der Nähe des Kreuzes, die der österreichische Anthropologe Dominik Josef Wölfel ins 15. Jh. einstufte und aus denen er »ANT° MATEO a fez« (das machte António Mateo) herauslas. Doch der ›Schreibfelsen‹ weist auch noch in eine weit fernere Vergangenheit. Vielleicht haben sich hier Seefahrer verewigt, die schon lange vor den Portugiesen den Archipel der Kapverden betraten. Das Kreuz verdeckt zum Teil andere alphabetische Zeichen, die älter zu sein scheinen. Sie sind mit der libysch-berberischen Schrift verwandt, die im römischen Nordafrika um die Zeitenwende in Gebrauch war, sowie mit der Tifinagh-Schrift der heutigen Tuareg. Ähnliche Felsritzungen gibt es auch auf den Kanarischen Inseln, eine Deutung war dort bisher nur in Einzelfällen möglich.

In Pontinha da Janela heißt der Schreibfelsen Pedra de Nossa Senhora (Stein unserer Lieben Frau). Die Muttergottes persönlich soll die Inschrift eingeritzt haben. Manche Dorfbewohner behaupten sogar, sie könnten die Handabdrücke der Madonna auf dem Stein erkennen. Wie es heißt, ist man im Umkreis des Steins vor Naturkatastrophen wie Vulkanausbrüchen, Sturmfluten und herunterstürzenden Kometen sicher.

Farol Fontes Perreira de Melo

Der Leuchtturm an einer Landspitze östlich von Pontinha da Janela (1886) liegt 160 m über dem Meer und war der erste mit Petroleum betriebene auf den Kapverden. Er besaß große Bedeutung als Orientierungspunkt auf der Atlantikroute nach Brasilien. Heute ersetzt ihn ein modernes, solarbetriebenes Leuchtfeuer. Auf einem alten Pflasterweg oberhalb der Küste ist der Farol ohne große Schwierigkeiten zu Fuß zu erreichen (hin und zurück ca. 3 Std.). Kurz vor dem Leuchtturm zweigt ein schmalerer Weg links ab, auf dem man noch einen Abstecher machen kann. Dieser Saumpfad führt unterhalb des Leuchtturms um die Nordostspitze von Santo Antão herum bis zu einer Stelle, wo der Blick auf São Vicente und die unbewohnten Inseln Santa Luzia und Razo frei wird.

Infos

Aluguer: von Pontinha da Janela nach Ribeira Grande nur sporadisch, meist morgens in die Stadt, nachmittags wieder zurück; Aluguers eher weiter westlich an der Mündung der Pontinha da Janela, an der *grogue*-Destillerie.

Verführt zum Stehenbleiben:
Ein schöner Weg mit Panoramablick führt von Pontinha da Janela zum Farol

Santiago und Maio

Highlights!

Praia: In der Hauptstadt von Kap Verde vereinen sich europäische Einflüsse und afrikanisches Flair. Hier gedeihen bunte Märkte, es treffen sich kreative Musiker und Künstler, dazu gibt es eine ambitionierte Gastronomie. S. 203

Mercado de Assomada: Zweimal in der Woche wird in Assomada die ganze Stadt zum Markt umfunktioniert. Außer Obst, Gemüse, Fleisch und Fisch umfasst das bunte Angebot auch Kleidung, Hausrat und Möbel. S. 224

Auf Entdeckungstour

Zeugnisse der ersten Siedler: In Ribeira Grande de Santiago zeugen altehrwürdige Bauten aus dem 15. und 16. Jh. von den Ursprüngen der kapverdischen Gesellschaft. S. 216

Die Rebellen von Santiago: Während der Kolonialzeiten mussten sich die ›Rebellen‹ von Santiago in der Serra Malagueta versteckt halten. Heute ist eines ihrer Dörfer zu besichtigen. S. 226

Santiago

Morrinho

Maio

Rätsel um die Rebelados

Vila do Maio
(Porto Inglês)

Assomada   Mercado de Assomada

Praia Ponta Preta

Aus den Zeiten der Seefahrer

Praia

Ribeira Grande

Kultur & Sehenswertes

Museu da Tabanka: Dem traditionellen Tabanka-Tanz, einem allegorischen Umzug, den die Sklaven in früheren Jahrhunderten ›erfanden‹, widmet sich das Museum in Assomada. S. 224

Morrinho: Auf Maio war einst das Köhlergewerbe mit für die Waldvernichtung verantwortlich. Heute ist in Morrinho zu besichtigen, wie Holzkohle nachhaltig aus wachsenden Akazienwäldern gewonnen wird. S. 242

Aktiv & Kreativ

Praia Ponta Preta: Maios schönster Strand ist naturbelassen. Goldgelber Sand dehnt sich auf 6 km Länge aus, dunkle Felsriffe aus Lavagestein halten die Brandung fern. S. 238

Bird-Watching: Die gesamte Insel Maio ist ein Eldorado für Vogelbeobachter. S. 240

Genießen & Atmosphäre

Centre Culturel Français: Das französische Kulturzentrum in Praia ist ein angenehmer Ort, um in Ruhe in Büchern über die Kapverdischen Inseln zu stöbern und im Innenhof einen Kaffee zu genießen. S. 207

Mercado Municipal de Praia: Nirgendwo auf den Kapverden ist das Angebot an frischen Lebensmitteln und exotischen Gewürzen so groß und bunt wie auf dem lebhaften Markt in einer Halle auf dem zentralen Platô. S. 210

Abends & Nachts

Achada Santo António: Praias Ausgehviertel liegt auf einem Bergrücken vis-à-vis vom Platô und in unmittelbarer Nähe der ausländischen Botschaften und Konsulate. S. 215

Santiago –
die afrikanischste der Inseln

In Praia gibt es bunte Märkte, die man sich auch in Dakar oder Lagos vorstellen könnte. Doch die andere Seite der Hauptstadt ist quirlig und modern im globalen Sinn. Praia bietet schicke Hotels an der Küste, deren Publikum sich aus Diplomaten, Geschäftsleuten und gut betuchten Urlaubern speziell aus Portugal zusammensetzt. Wer einfacher übernachten möchte, kann dies in Hotels und Pensionen auf dem Platô, dem zentralen Teil der Stadt, oder im Ausgehviertel Santo António tun.

Nirgendwo lässt sich besser in die Geschichte der Kapverden eintauchen als in der historischen Hauptstadt Ribeira Grande (Cidade Velha) mit ihren Monumenten aus der Zeit der Entdeckungsfahrer. Die Atmosphäre hier im Ort ist ländlich-beschaulich.

Als größte der Kapverdischen Inseln bietet Santiago die abwechslungsreichste Landschaft. Zwei Gebirgsmassive – das Gebiet um den höchsten Berg Pico do António (1394 m) im zentralen Bereich und die bizarre Serra Malagueta im Norden der Insel – laden zum Wandern ein. Dazwischen liegt die sehenswerte Stadt Assomada, ein wichtiges landwirtschaftliches Zentrum mit bunten Wochenmärkten, das dank einiger Unterkünfte als Standort für Wanderer infrage kommt.

Die Westküste von Santiago ist karg und unwegsam. Erst ganz im Norden gibt es mit Tarrafal einen kleinen Ferienort, dessen heller Sandstrand von Kokospalmen gesäumt wird. An der Ostküste hingegen reiht sich ein grundwasserreiches Flusstal ans andere. Unter Palmen dehnen sich hier Zuckerrohr- und Bananenplantagen aus und mit Pedra Badejo gibt es einen lebhaften Ort. Strände und Fischerdorfatmosphäre sowie eingeschränkte Übernachtungsmöglichkeiten bieten Praia Baixo und Calheta de São Miguel.

Infobox

In **Praia**: Städtischer Info-Kiosk auf der Praça Alexandre de Albuquerque (Platô). Aktuellere Karten und Literatur gibt es im Centre Culturel Français (s. S. 207). In **Ribeira Grande** gibt es eine Infostelle in der Rua Banana.

Verkehr
Flüge: Praia (Santiago) wird im internationalen Liniendienst ab Lissabon von der TACV und der TAP Air Portugal je nach Saison täglich oder mehrmals wöchentlich angeflogen. Für innerkapverdische Linienflüge dient Praia der TACV als Drehkreuz. Täglich bestehen Verbindungen nach Sal und São Vicente, mehrmals wöchentlich nach Fogo und Maio.
Fähre: Autofähren der STM Lines verkehren ab Praia je einmal wöchentlich nach Mindelo (São Vicente), São Filipe (Fogo) und Sal Rei (Boavista). Zu den anderen Inseln gibt es Frachtschiffverbindungen mit Personenbeförderung.
Auf der Insel: In Praia verkehren vor allem Stadtbusse und Taxis. Aluguers verkehren häufig auf der Strecke Praia–Assomada–Tarrafal, seltener auf den Strecken Praia–Pedra Badejo–Calheta de São Miguel–Tarrafal sowie Praia–Ribeira Grande (Cidade Velha). Mietwagen bekommt man in Praia (mehrere Anbieter).

Praia ❗ ▶ Karte 3, N 17

Praia ist Hauptstadt und mit rund 110 000 Einwohnern auch größte Stadt von Kap Verde. Parlament und Regierung haben hier ihren Sitz. Verwaltet wird Praia vom Platô (auch Plateau) aus. Dieser Stadtteil wirkt beinahe europäisch, wären da nicht der sehenswerte Gemüsemarkt mit afrikanischem Flair und am Rand des Platô der Mercado de Sucupira, ein Markt, auf dem es alle Artikel des persönlichen Bedarfs zu kaufen gibt. Die ausländischen Botschaften und die schicken Villen der Oberschicht von Kap Verde reihen sich entlang der Praia Prainha auf. Oberhalb davon geht es fast rund um die Uhr im Ausgehviertel Achada Santo António lebhaft zu. Den weniger vermögenden Bevölkerungsgruppen vorbehalten ist die Peripherie der Stadt, die von Rohbauten aus Zement dominiert wird. Einziger Farbtupfer in diesem grau-braunen Gebiet ist die Wäsche, die zum Trocknen an den Häusern hängt.

Geschichte

Die ersten portugiesischen Siedler auf Santiago hatten ihre Hauptstadt an der Mündung der Ribeira Grande gegründet. Doch stellte sich bald heraus, dass das benachbarte Praia den besseren Naturhafen besaß. Überdies unterlag dieser zunächst kaum einer behördlichen Kontrolle. So richteten sich nicht nur sogenannte Neuchristen (getaufte Juden und Mauren) hier ein, die vor der Inquisition in Portugal geflüchtet waren, sondern es blühte auch der illegale Handel. Beides wirkte sich belebend auf die Entwicklung Praias aus.

Obwohl die Todesstrafe darauf stand, begann in Praia um 1687 ein schwunghafter illegaler Handel mit Baumwollstoffen (*panos*), die auf Santiago hergestellt und an englische Kapitäne verkauft wurden. Diese wiederum trieben an der afrikanischen Küste Handel damit. Selbstredend war der lukrative Schmuggel den portugiesischen Autoritäten ein Dorn im Auge. Doch erst 1757 versuchten sie, durch die Über-

Praias Gassen sind lebendig

Assomada, Tarrafal ↑

ACHADINHA DO MEIO

BAIRRIO

Parque 5 de Julho

Praça Domingos Ramos

PLATÔ

Praça Luís de Camões

Av. Amílcar Cabral

Av. Machado Santos

Praça Alexandre de Albuquerque

Rua Andrade Corvo

TERRA BRANCA

↑ Cidade Velha

Cemetério da Várzea

Av. da O.U.A.

VÁRZEA

Estádio da Várzea

Palácio do Governo

siehe Detailkarte

ACHADA STO. ANTÓNIO

CHÃ D'AREIA

Porto da Praia

Praia Gambôa

CHÃ D'AREIA

Av. U.C.L.A.

Rua 13 de Janeiro

MEIO ACHADA

Rua Cidade Maputo

Palácio da Assembléia Nacional Popular

Rua O.U.A.

PRAINHA

Rua 19 de Maio

Rua do Mar

Ilhéu Santa Maria

Praia Quebra Canela

Prainha

Rua do Farol

Ponta Temoroso

Praia

Sehenswert
1 Praça Alexandre Albu-
  querque
2 Câmara Municipal
3 Igreja Nossa Senhora da
  Graça
4 Centre Culturel Français
5 Palácio Presidencial
6 Monumento a Diogo
  Gomes
7 Mercado Municipal
8 Igreja Nazarena
9 Museu Etnográfico da
  Praia

Übernachten
1 Oásis Atlântico Praiamar
2 Pestana Trópico
3 Residencial Beramar
4 Residencial Santa Maria
5 Residencial Praia Maria
6 Residencial Solimar
7 Aparthotel Holanda
8 Residencial Rosymar

Essen & Trinken
1 Poeta
2 Plateau
3 Punto d'Incontro
4 Avis
5 Flôr de Liz
6 Aquarium
7 Café Lee
8 A Bolha
9 Fashion Coffee Sofia

Einkaufen
1 Mercado de Sucupira

Abends & Nachts
1 5al (Quintal) da Música
2 Pub Ruzêro
3 A Capital
4 Cinema

Praias klassizistische Pfarrkirche: Igreja Nossa Senhora da Graça

tragung des Monopols auf den Au-ßenhandel der Kapverden an die Companhia do Pará e Maranhão diesem Einhalt zu gebieten. Die Gesellschaft verstärkte die Verteidigungseinrichtungen und bestand darauf, dass der Gouverneur der Kapverden seinen Sitz von Ribeira Grande nach Praia verlegte, um den getroffenen Maßnahmen mehr Gewicht zu verleihen. Bald siedelten weitere Institutionen und viele Privatleute von Ribeira Grande nach Praia um, das 1858 zur Hauptstadt des Archipels erklärt wurde.

Das südliche Platô

Noch zu Beginn des 19. Jh. nahm Praia lediglich den Südteil des Platô unmittelbar oberhalb des alten Hafens ein. Von der Altstadt blieb allerdings nichts erhalten, denn ab 1808 nahm die Kolonialverwaltung eine grundlegende Neustrukturierung der Stadt in Angriff, mit breiten Straßenzügen und großzügigen Plätzen. Mittelpunkt des Platô ist seither die riesige **Praça Alexandre Albuquerque** 1. Ein großer Pavillon auf dem Platz dient als Bühne für Veranstaltungen. Blumenrabatten und -kübel dekorieren die Anlage, Snackbars und der unvermeidliche Cola-Kiosk sorgen für das leibliche Wohl. Schuhputzer und Kleinsthändler bieten ihre Dienste an. Am Südrand des Platzes wartet die ehemalige **Câmara Municipal** (Rathaus) **2** von Praia mit klassizistischer Fassade und zentralem, quadratischem Glockenturm auf die Restaurierung.

Igreja Nossa Senhora da Graça **3**

Die ebenfalls im klassizistischen Baustil gehaltene katholische Pfarrkirche, die der Gnadenmadonna geweiht ist, beherrscht den Südostrand der Praça Alexandre Albuquerque. Sie ersetzte im 19. Jh. die kleine Igreja de Santa Maria da Praia (1526). Durch Schlichtheit beeindruckt die Inneneinrichtung. Die Rückwand des Hauptaltars ist eine schöne Stuckarbeit, in Nischen stehen ein paar wenige Heiligenfiguren.

Hinter der Kirche verläuft eine kurze Stichstraße Richtung Meer. Diese wird

Unser Tipp

Centre Culturel Français **4**

Wichtiger Anlaufpunkt in Praia ist das Französische Kulturzentrum, wo man Bücher in französischer Sprache über Kap Verde einsehen und kaufen kann. Der lauschige Innenhof mit Café ist eine angenehme Oase der Ruhe. Hier finden Kunst- und Informationsveranstaltungen statt (Rua Andrade Corvo, Tel. 261 11 96, Fax 261 12 60, Mo 14.30–18.30, Di–Fr 9–12, 14.30–18.30, Sa 10–13 Uhr).

von einer interessanten, wenn auch baufälligen Häuserzeile aus dem ausgehenden 19. Jh. gesäumt.

Palácio Presidencial **5**

Abseits vom Trubel steht am Ende der Rua Serpa Pinto der Präsidentenpalast. Das prächtige, Ende des 19. Jh. für den Gouverneur der Kapverden errichtete Gebäude ist von einer gepflegten Gartenanlage umgeben. Wachen stehen an den Eingängen vor Schildhäuschen im englischen Stil und achten darauf, dass sich Fotografen weder Palast noch Park allzu sehr nähern.

Hinter dem Präsidentenpalast beginnt die ruhige Rua Andrade Corvo, wo in einer alten Festung das Bataillon Soldaten untergebracht ist, das den Präsidenten bewacht. Hier herrscht ebenfalls absolutes Fotografierverbot.

Monumento a Diogo Gomes **6**

Neben dem Präsidentenpalast erhebt sich an der Küstenpromenade ein Bronzedenkmal. Es würdigt den Seefahrer Diogo Gomes mit Schwert und Sextant in der Hand. Gomes gilt heute als eigentlicher Entdecker Santiagos. Er soll die Insel im Jahr 1460 noch vor dem Italiener António de Noli betreten haben. Die Flotte der beiden bestand aus zwei Karavellen. Auf der Rückfahrt wurde das von Gomes befehligte Schiff angeblich durch widrige Winde weit nach Westen abgetrieben. De Noli traf zuerst in Lissabon ein, sonnte sich im Entdeckerruhm und bekam das Legatskapitanat über den Süden Santiagos zugesprochen. Gomes erhielt den Norden der Insel und gründete beim heutigen Praia Baixo seine Hauptstadt namens Alcatrazes, von der jegliche Überreste verschwunden sind. Stattdessen florierte Praia, das Alcatrazes ursprünglich lediglich als Hafen diente.

Vom Denkmal aus schaut man über die Praia Gambôa vor dem alten Hafen

Lieblingsort

Trödelmarkt Sucupira in Praia [1]

Der Mercado de Sucupira in Praia ist befestigt wie eine Burg, nur wenige Eingänge führen hinein. Innen verirrt man sich in einem Labyrinth von schmalen Gängen. Die Händler schützen ihre Stände durch Markisen gegen die gleißende Sonne. In verschlossenen Fässern lagert über Nacht die Ware. Ausgepackt wird allmorgendlich aufs Neue und gegen 10 Uhr geht der Handel richtig los. Über afrikanische Kleidung, Modeschmuck und Schuhe hinaus gibt es alle erdenklichen Non-Food-Artikel: Drogerieartikel, Kochgeschirr, Bettwäsche, Koffer und sogar Möbel. Im Zentrum des Marktes servieren mehrere kleine Restaurants leckere Kleinigkeiten.

mit den beiden heute kaum noch genutzten Bootsanlegern und dahinter auf den Stadtteil Prainha mit dem Leuchtturm. Linker Hand befindet sich der neue Hafen, der geschäftigste der Kapverdischen Inseln. In der Bucht liegt die kleine Ilhéu Santa Maria. Das Eiland ist unbesiedelt und von Land aus allenfalls mit dem eigenen oder einem gecharterten Boot zu erreichen. Früher befand sich hier ein Lazarett für die unter Quarantäne gestellten Besatzungsmitglieder der Schiffe, die Praia anliefen. 40 Tage *(quarenta dias)* mussten sie warten, bevor sie, vorausgesetzt es traten keine Anzeichen von gefährlichen Erkrankungen auf, an Land gehen durften.

Mercado Municipal **7**

Avenida Amílcar Cabral, Mo–So
Hauptgeschäftsstraße von Praia ist die Avenida Amílcar Cabral. Hier liegt auch der lebhafte Gemüse-, Obst- und Fischmarkt. Das Angebot an frischen Lebensmitteln und exotischen Gewürzen ist das beste auf dem ganzen Archipel. Nicht einmal frische Kräuter fehlen. Auch in den Seitenstraßen neben dem eigentlichen Marktgelände wird verkauft. Den weiteren Verlauf der Avenida Amílcar Cabral säumen prächtige Handelshäuser aus dem 19. Jh. Es gibt Geschäfte für den gehobeneren Bedarf und von Asiaten geführte Warenhäuser mit Konsumartikeln aller Art. Außerdem haben hier einige Reiseagenturen ihren Sitz.

Das nördliche Platô

Mittelpunkt des ruhigeren Nordens des Platô ist die gepflegte, parkähnliche, fast quadratische Praça Luís de Camões. An ihrem Südostrand steht Kap Verdes Außenministerium. Zwei Parallelstraßen weiter nördlich erhebt sich

die türkisblaue **Igreja Nazarena** (Nazarenerkirche) **8**, das zweite große Gotteshaus des Platô.

Am Nordrand des Stadtteils befindet sich das Lyzeum. Davor, auf der schön bepflanzten Praça Domingos Ramos, erinnert ein segelförmiges Flachrelief mit zwei Karavellen an die portugiesischen Entdecker. Im Halbrund gruppieren sich einige geschmackvoll renovierte Wohnhäuser aus der Kolonialzeit. Rechts am Lyzeum vorbei gelangt man zu einer Mauer über einer Steilwand. An ihrem Fuß liegt das meist ausgetrocknete Bett der Ribeira Filipe. Man blickt hinüber zur Achada Grande, einer dicht bebauten Hochfläche mit dem Flughafen von Praia.

Museu Etnográfico da Praia **9**

Rua 5 de Julho, Mo–Fr 8–12, 14–18 Uhr, Eintritt 100 ECV
In einem restaurierten Stadthaus, das bis ins 20. Jh. hinein als Handelshaus diente, ist heute das kleine, aber feine Ethnographische Museum untergebracht. Zu sehen sind eine Reihe von alten bäuerlichen Gebrauchsgegenständen aus Keramik und Holz, z. B. Mörser zum Zerstoßen des Getreides. Außerdem wird die Herstellung der berühmten *panos* dokumentiert, ca. 15 cm breite Tuchstreifen. Schöne historische Exemplare sind ausgestellt, dazu ein typischer Webstuhl.

Prainha

Im Stadtteil Prainha befinden sich Botschaften, Konsulate und die Wohnhäuser von Diplomaten und gut verdienenden Kapverdianern. Villenartige Häuser und gepflegte Gärten hinter hohen Zäunen säumen die Hauptstraße Rua 19 de Maio. Vor den Botschaften stehen Wachleute. Touristen, die ein etwas größeres Budget haben, finden hier mehrere Hotels. Die wenigen Restaurants und Bars passen zum Publikum, wobei die Atmosphäre entspannt und eher locker ist. Einsam steht ein Leuchtturm auf der Ponta Temoroso, einer Landzunge, die im Süden die große Bucht von Praia abschließt.

Achada Santo António

Der Stadtteil Achada Santo António liegt auf einer Hochebene im Westen Praias. In diesem Ausgehviertel reihen sich zahlreiche Bars aneinander und nicht viel weniger Friseure bieten ihre Dienste an. Restaurants sorgen für das leibliche Wohl. Wenn abends und am Wochenende auf dem Platô die Bürgersteige hochgeklappt werden, geht es auf der Achada Santo António erst richtig los. Dort wo die Straße von Prainha heraufführt, erhebt sich das moderne gigantische Parlamentsgebäude, mit Finanzhilfe Chinas erbaut.

Baden & Beachen

Praia Gambôa: Der dunkle Strand in Hafennähe zwischen den Stadtteilen Platô und Prainha ist weder besonders sauber noch zum Baden geeignet. Fischer ziehen hier ihre Boote an Land.
Prainha: Im gleichnamigen Stadtteil liegt in einer von Felsen eingerahmten Bucht dieser schöne, zwar nicht sonderlich breite, aber saubere und bewachte Strand. Am Wochenende wird es allerdings etwas eng.
Praia Quebra Canela: Am Westrand der Stadt vergnügen sich vorwiegend junge Leute an diesem größeren und weitgehend noch unerschlossenen Strand. Die Praia Quebra Canela füllt sich speziell am Wochenende und in Ferienzeiten.

Übernachten

Viel Komfort – **Oásis Atlântico Praiamar** **1**: Prainha, Tel. 261 41 53, Fax 261 29 72, www.oasisatlantico.com, DZ ab ca. 14 000 ECV. Das 4-Sterne-Hotel bietet die Wahl zwischen Standard- und Superiorzimmern sowie Suiten. Außer den üblichen Einrichtungen dieser Kategorie ist auch ein Health-Club vorhanden.
Luxusklasse – **Pestana Trópico** **2**: Prainha, Tel. 261 42 00, Fax 261 52 25, www.pestana.com, DZ 105–130 €. Das zweite noble Hotel von Praia gehört einer bekannten portugiesischen Kette an. Schön ist der Blick von der Hotelbar Honório auf den Pool im Innenhof. Das Restaurant gilt als das vielleicht beste der Insel. Ein Büro der Autovermietung Hertz und ein Souvenirshop befinden sich im Haus.
Gute Mittellage – **Residencial Beramar** **3**: Chã d´Areia, Tel. 261 64 00, Fax 261 30 69, beramar@cvtelecom.cv, DZ ca. 6900 ECV. Diese neue komfortable Unterkunft steht an der Praia Gambôa. Einige Zimmer verfügen über Balkon mit Meerblick. Im Erdgeschoss ist das gleichnamige, gute Grill- und Fischrestaurant untergebracht, in dem auch externe Gäste gern gesehen sind (Hauptgerichte um 800 ECV).
Nicht weit zum Shopping – **Residencial Santa Maria** **4**: Platô, Rua Serpa Pinto, Tel. 261 43 37, Fax 261 41 79, DZ ab 5900 ECV. Die saubere, moderne Pension ist zentral und doch ruhig gelegen. Man sollte sich nach Möglichkeit ein Zimmer mit Südbalkon geben lassen.
Sehr zentral – **Residencial Praia Maria** **5**: Platô, Rua 5 de Julho, Tel. 261 43 37, 261 44 24, Fax 261 85 72, res.praimaria@cvtelecom.cv, DZ 5900 ECV/57 €. Die mitten in der Innenstadt gelegene Unterkunft wartet mit komfortablen Zimmern auf, die alle mit Klimaanlage und Kühlschrank ausgerüstet sind. Al-

Lieblingsort

Musikkneipe Quintal da Música in Praia 1

In Praia ist auf dem Platô das 5al (Quintal) da Música eine heiße Adresse. Hier trifft sich die Szene der Hauptstadt. Am frühen Abend fungiert der große, überdachte Innenhof als Restaurant, die Küche ist kapverdisch und, dem Anspruch des Lokals entsprechend, ambitioniert. Ab 22 Uhr schauen viele Gäste auch einfach auf einen Drink vorbei. Dann beweisen bekannte einheimische Künstler hier ihr Können. Das Quintal mutiert so wahlweise zur Musikkneipe oder zum Kleinkunsttheater. Der Eintritt ist frei, Konsum aber obligatorisch.

lerdings gibt es keine Fenster nach außen, sondern nur in den ehemaligen – heute überdachten – Innenhof.

Ordentlich – **Residencial Solimar** `6`: Prainha, Rua 19 de Maio, Tel. 261 85 49, Fax 261 85 43, DZ ca. 5000 ECV. Die relativ neue Pension bietet saubere Zimmer mit Klimaanlage und Kühlschrank. Eine Snackbar ist angeschlossen.

Mitten im Geschehen – **Aparthotel Holanda** `7`: Achada Santo António, Rua Centro de Saúde, Tel. 262 39 73, Fax 262 37 10, hotelholanda@cvtelecom. cv, DZ ca. 4000 ECV. Die ansprechenden Zimmer verfügen über warmes Wasser. Ein gutes Frühstück wird serviert, Drinks und die übrigen Mahlzeiten kann man in der Bar oder im hauseigenen Restaurant einnehmen. Die holländisch-kapverdischen Besitzer sprechen deutsch.

Am Rand des Platô – **Residencial Rosymar** `8`: Platô, Rua Tenente Valadim 32, Tel. 261 63 45, DZ 2600 ECV. Die ordentlichen Zimmer haben zwar keinen Balkon, aber Privatbad und warmes Wasser, was in dieser Preiskategorie nicht selbstverständlich ist. Schön ist der begrünte Patio mit Terrasse. Das **Centre Culturel Français** `4` liegt ganz in der Nähe.

Essen & Trinken

Unter Diplomaten speisen – **Poeta** `1`: Rua Achada Santo António, Tel. 261 38 00, Hauptgerichte ab 800 ECV. Die Küche ist gehoben, der Service aufmerksam. Entsprechend wird das Restaurant viel von Diplomaten, Regierungsmitgliedern und Geschäftsleuten besucht. Aber auch Touristen sind willkommene Gäste. Von der großen Terrasse bietet sich ein Superausblick.

Die Nummer 1 in der Altstadt – **Plateau** `2`: Platô, Rua Cândido dos Reis 21, Tel. 261 32 54, tgl. 8–22 Uhr, Hauptgerichte

ab 800 ECV. Hier wird gute Küche im historischen Stadtkern geboten, z. B. Fondue oder Reis mit Meeresfrüchten. Am Sonntag kann man sich am Buffet bedienen. Zum Dessert gibt es Backwerk aus eigener Herstellung.

Beim Markt – **Punto d'Incontro** `3`: Av. Cidade de Lisboa, Tel. 261 70 90, Pizza ab 500 ECV, Hauptgerichte ab 800 ECV. Der ›Treffpunkt‹ (so die wörtliche Übersetzung des Namens) mit dem gemütlichen Ambiente liegt gegenüber vom **Mercado de Sucupira** `1`. Hervorzuheben sind die Pizzen, ansonsten kommen aus der Küche kapverdische Spezialitäten.

Gute Adresse in der Innenstadt – **Avis** `4`: Platô, Av. 5 de Julho, Tel. 261 30 79, Hauptgerichte um 700 ECV. Vorne in der meist recht gut besuchten Bar werden nur Snacks serviert. Aber im kleinen Hinterzimmer, dem eigentlichen Restaurant, speist man gepflegt und ungestört.

Innen eine Offenbarung – **Flôr de Liz** `5`: Platô, Rua Cândido Reis, Tel. 261 25 98, Hauptgerichte 500–700 ECV. Von außen wirkt das kleine Restaurant unscheinbar. Wie so häufig auf den Kapverden, betritt man vorne zunächst die stark frequentierte Bar. Im Tiefparterre befindet sich der Speiseraum mit guter einheimischer Küche.

Gutes Preis-Leistungs-Verhältnis – **Aquarium** `6`: Platô, Rua Serpa Pinto, Tel. 261 32 28, Hauptgerichte um 500 ECV. Nett ist die wasserblaue Einrichtung mit echten Fischen in Aquarien. Das ordentliche, preisgünstige Lokal lebt vorwiegend vom einheimischen Publikum.

Szenig – **Café Lee** `7`: Platô, Rua Andrade Corvo, Snacks ab 150 ECV, Tagesgericht um 400 ECV. Das winzig kleine Lokal gegenüber vom Französischen Kulturzentrum gilt als schicke Adresse und ist zudem auch für den kleinen Geldbeutel annehmbar.

Am Mittag gut besucht – **A Bolha 8**:
Achada Santo António, Hauptgerichte ab 300 ECV. Die überdachte Terrasse vor dem Haus ist ein angenehmer Platz und erlaubt dezente Blicke auf das quirlige Treiben rundum. Viele Einheimische nehmen hier das Mittagessen ein, es wird kapverdisch gekocht.

Einkaufen

Trödel aller Art – **Mercado de Sucupira 1**: im Stadtteil Várzea (s. S. 208).

Abends & Nachts

Ausgehviertel ist der Stadtteil **Achada Santo António** mit zahlreichen Bars, Musik- und Tanzveranstaltungen.
Musikkneipe – **5al (Quintal) da Música 1**: Avenida Amílcar Cabral 70, Tel. 261 70 90, Hauptgerichte um 800 ECV (s. S. 212).
Wo man sich trifft – **Pub Ruzêro 2**: Platô, Rua Cesário de Lacerda. In-Adresse im zentralen Stadtbereich.
Edel-Disco – **A Capital 3**: Prainha, Hotel Oásis Atlântico Praiamar. Ein schickes Publikum besucht diese Diskothek, speziell an den Wochenenden zu später Stunde. Vor 24 Uhr läuft praktisch nichts. Auf gepflegte Kleidung wird Wert gelegt.
Kino – **Cinema 4**: Praça Luís de Camões. In dem großen Kinosaal laufen stets die aktuellen Filme, meist in (englischer) Originalsprache mit portugiesischen Untertiteln. Umwerfend nostalgisches Ambiente.

Infos & Termine

Infos
Städtischer Informationskiosk auf der Praça Alexandre Albuquerque.

Unser Tipp

Fashion Coffee Sofia 9
Das ›modische Café‹ stellt Tische auf die Praça Luís de Camões. Riesige Sonnenschirme spenden Schatten. Hier treffen sich die in Praia lebenden ausländischen Diplomaten. Aber auch ›normale‹ Leute können hier im Internet surfen oder sich über kulturelle Veranstaltungen informieren. Nebenan steht ein Zeitschriftenkiosk, wo man mit etwas Glück internationale Magazine ergattern kann.

Termine
Carnaval: Der Karnevalsfreitag ist in Praia für die Kinder reserviert, die auf der Praça Alexandre Albuquerque ihre Kostüme präsentieren.
Festival internacional de música da Gambôa: April oder Mai. Großes Musikfestival mit internationaler Beteiligung, das seit 1993 veranstaltet wird und drei Nächte lang Zehntausende von Besuchern an die Praia Gambôa lockt – eine Konkurrenz zum wohl noch berühmteren Festival an der Baía das Gatas auf São Vicente (s. S. 154).

Verkehr
Fähre: Autofähren der STM Lines, Platô, Rua Andrade de Corvo/Praça 10 de Maio, Tel. 261 41 80, Fax 263 36 60; je einmal wöchentlich nach Mindelo (São Vicente), São Filipe (Fogo) und Sal Rei (Boavista). Zu den anderen Inseln gibt es Frachtschiffverbindungen mit Personenbeförderung.
Flug: Büro der TACV: am internationalen Flughafen, Tel. 260 88 88; Callcenter für Flugrückbestätigungen, Tel. 260

Auf Entdeckungstour

Aus den Zeiten der Seefahrer – Zeugnisse der ersten Siedler

In Ribeira Grande de Santiago begann die Besiedlung der Kapverden. Hier stehen die ältesten erhaltenen Baudenkmäler der Inseln. Heute werden sie sorgfältig restauriert.

Zeit: ein halber oder ganzer Tag

Planung: Die Anfahrt erfolgt ab Praia Richtung Westen per Mietwagen, Taxi oder Aluguer.

Start: Ribeira Grande de Santiago, Largo do Pelourinho

Largo do Pelourinho

Im Zentrum von Ribeira Grande de Santiago mündet die Ribeira Grande ins Meer, die dem Ort seinen Namen gab. Der wasserreiche Fluss machte die Stelle für die portugiesischen Siedler des 15. Jh. besonders attraktiv. So wurde Ribeira Grande die erste von Europäern erbaute Stadt südlich der Sahara. Das heute meist ausgetrocknete Flussbett säumen hohe Mauern, die bei kräftigen Regenfällen Überschwemmungen verhindern.

Nahebei auf dem mit Strandgeröll gepflasterten Platz erhebt sich unter Kokospalmen der Pelourinho. Einen solchen Schandpfahl oder Pranger gab es früher in jeder Stadt auf portugiesischem Territorium als Symbol der königlichen Justiz und der örtlichen Verwaltung. Denjenigen von Ribeira Grande ließen die Autoritäten in der ersten Hälfte des 16. Jh. errichten. Er wurde in Portugal aus Marmor gefertigt und im damals üblichen, verspielten manuelinischen Stil dekoriert, benannt nach König Manuel I. (1495–1521). ›Aufsässige‹ Sklaven oder freie Kriminelle wurden hier festgebunden, ausgepeitscht und dem Unmut des Volkes ausgesetzt. Auch stellten Sklavenhändler am Pelourinho Menschen zur Schau, die verkauft werden sollten.

Im 19. Jh. galt der Pelourinho als nicht mehr zeitgemäß und wurde demoliert. Doch im 20. Jh, während der Salazar-Diktatur, sandte ihn die Kolonialbehörde zur Restaurierung nach Portugal. Nach der Unabhängigkeit Cabo Verdes wurde der Pelourinho als Symbol der verhassten Kolonialzeit wiederum teilweise zerstört. So fehlt ihm heute die ihn einst krönende Armillarsphäre, eine Bänderkugel, die im 16. Jh. Insignium von König Manuel I. und zugleich Sinnbild der portugiesischen Entdeckungsfahrten war. Inzwischen akzeptieren die Kapverdianer den Pelourinho als Teil ihrer Geschichte und damit als bewahrenswert.

Igreja Nossa Senhora do Rosário

Jenseits des Flusses gelangt man durch die zweite Gasse rechts zur Igreja Nossa Senhora do Rosário (Rosenkranzkirche). Ihr Baubeginn datiert auf das Jahr 1495. Ursprünglich wurde die Kirche im Stil der sogenannten Atlantischen Gotik wehrhaft mit dicken Strebepfeilern errichtet. Sie diente als erste Kathedrale, nachdem Ribeira Grande 1533 zum Bischofssitz für die Kapverden und die angrenzende afrikanische Küste avanciert war. 1693 verlor sie diese Würde und dient seither als Pfarrkirche des Ortes.

Alte Marmorgrabplatten, einige vom Anfang des 17. Jh., die jüngsten aus den 1930er-Jahren, zieren den Kirchhof und wurden auch teilweise als Stufen für die Außentreppe zweckentfremdet. Ebenso fallen im Inneren der Kirche Grabplatten aus Marmor auf, die älteste von 1543. Einige zeigen Adelswappen, eine sogar eine Bischofsmütze. In der Barockzeit, im 17. Jh., erfolgten einige Umbauten an der Rosenkranzkirche. Damals entstanden das Hauptportal und der Fries aus blauen, gelben und weißen Azulejos (Fliesen), der sich rings um den Innenraum zieht. Die handgemalten Fliesen wurden ebenso wie der Marmor aus Portugal importiert.

Beide Seitenkapellen links weisen noch gedrungen wirkende gotische Spitzbögen auf. Gotisch ist auch das Netzgewölbe in der vorderen, der Taufkapelle. In seinen Schlussstein wurde das Kreuz des Christusritterordens eingemeißelt. Dieser war in Portugal aus dem 1312 verbotenen Templerorden hervorgegangen, hatte die Entdeckungsfahrten der Portugiesen im 15. Jh. geleitet und war für die frühe Besiedelung von Santiago und Fogo zuständig.

Links neben der Frontfassade ragt der klobige, quadratische Turm auf, der fast genauso breit ist wie die Kirche selbst. Einst führte ein Wendelaufgang hinauf, dieser kann heute nicht mehr benutzt werden.

Convento de São Francisco

Oberhalb der Rosenkranzkirche erhebt sich die Kirche des ehemaligen Franziskanerklosters. Dorthin fährt oder läuft man vom Hauptplatz aus zunächst im Flussbett aufwärts, verlässt dieses nach ca. 100 m links auf einem von hohen Mauern gesäumten Fahrweg und biegt an der nächsten Abzweigung rechts ein. Dort steht eine restaurierte, früher von Tieren angetriebene Mühle für die *grogue*-Herstellung.

Nebenan führt ein Treppenaufgang zur Kirche mit dem schlichten kleinen Glockengiebel an der Fassade. Die ersten Franziskanermönche kamen schon 1466 nach Ribeira Grande, um die afrikanischen Sklaven zu christianisieren. Allerdings stammt die heutige Kirche erst von 1640. Ihre aufwendig im Mudéjar-Stil geschnitzte Holzdecke wurde vor einigen Jahren restauriert. Diese auf die Mauren der Iberischen Halbinsel zurückgehende Dekorationskunst wurde von Portugiesen und Spaniern im 16. Jh. auf alle von ihnen besiedelten Inselgruppen im Atlantik gebracht, wo sie bald auch von christlichen Handwerkern praktiziert wurde.

Es gibt noch Reste von Nebengebäuden, in denen sich früher Zellen für zwölf Mönche befanden. Ein Aquädukt versorgte den Konvent und seine Obstplantagen mit Wasser. 1834 ließ Königin Maria II. alle Klöster auf portugiesischem Territorium auflösen. Die Anlage wurde verlassen und verfiel.

Sé Catedral

Auf einer Anhöhe am östlichen Ortseingang steht die Ruine der ab 1556 errichteten Kathedrale, die 1693 die Rosenkranzkirche in dieser Eigenschaft ablöste. Die Dimensionen des Bauwerks wirken im heutigen Umfeld gewaltig. Doch entsprachen die Ausmaße (63 m lang, 31 m breit) durchaus denen anderer Bischofskirchen der damaligen Zeit. Die Sé wurde im Mudéjar-Stil errichtet. Ihre Holzdecke blieb allerdings nicht erhalten. Große Teile des Gebäudes wurden von der Bevölkerung abgetragen und als Baumaterial für Häuser benutzt. Nur die bis über 1 m dicken Außenmauern stehen noch. Wie für den Mudéjar charakteristisch, bestehen sie aus Lehmmauerwerk, denn Bruchstein war auf den Kapverden kaum in ausreichender Qualität vorhanden. Lediglich für die Fundamente sowie für Einfassungen von Fenstern und Türen fand helles, festes Trachytgestein Verwendung.

Die lange Bauzeit der Sé erklärt sich durch geringes Interesse der meisten Bischöfe. Manche ließen sich während ihrer Amtszeit niemals auf den Kapverden blicken. Zwischen 1646 und 1672 war die Diözese gar vakant. Diese Umstände wirkten sich verheerend auf die Moral des örtlichen Klerus aus. Die Priester widmeten sich mehr der Geschäftemacherei als der Seelsorge, und von der Einhaltung des Zölibats konnte keine Rede mehr sein. Zwar gab es noch einmal eine Initiative durch Bischof Vitoriano do Porto, während dessen Amtszeit die Kathedrale endlich eingeweiht werden konnte. Doch schließlich gab Bischof Pedro Valente, dem das Verhalten der örtlichen Priesterschaft grundlegend missfiel, 1754 den Sitz in Ribeira Grande endgültig auf und zog sich nach Santo Antão zurück.

88 60, Fax 261 72 75. Büro der TAP Air Portugal: Chã d'Areia, Tel. 261 58 26.

Bus: Stadtbusse fahren eine festgelegte Runde über Platô, Achada Santo António, Mercado de Sucupira und Fazenda. Einen Fahrplan gibt es nicht, tagsüber kommt alle paar Minuten ein Bus. Gezahlt wird beim Fahrer. Einheitsticket 35 ECV.

Aluguer: Richtung São Domingos/São Jorge dos Órgãos/Assomada/Tarrafal (häufig) und Calheta (seltener) ab Südrand des Mercado de Sucupira, *passagem* Praia–Tarrafal 700 ECV. Nach Ribeira Grande de Santiago (Cidade Velha) ab Stadtteil Terra Branca (nördlich Achada Santo António), *passagem* 100 ECV. Nach Einbruch der Dunkelheit starten kaum noch Aluguers.

Taxi: innerstädtische Fahrten 300–600 ECV, Tagestour 7000–8000 ECV.

Mietwagen: Alucar (Chã d´Areia, bei der Shell-Tankstelle, Tel. 261 58 01 oder 261 45 20, Fax 261 49 00, alucarst@cvtelecom.cv). Autobraza (Fazenda, Av. Cidade Lisboa, Tel. 261 63 25, Fax 261 60 39, edna_freire@hotmail.com). Avis (Prainha, im Hotel Oásis Atlântico Praiamar), Tel. 261 87 48, tgl. 8–12 und 15–19 Uhr. Am internationalen Flughafen unterhalten die Firmen Avis und Hertz Büros.

Ribeira Grande de Santiago ▶ Karte 3, N17

Ribeira Grande ist die älteste Ortsgründung der Kapverden. Im Jahr 1462 ließen sich hier die ersten portugiesischen Siedler nieder. Daher findet man hier noch Baudenkmäler, die auf das 15. und 16. Jh. zurückgehen. Der Ort entwickelte sich bald zur Drehscheibe des Sklavenhandels im Atlantik. 1533 wurde hier der Bischofssitz der Kapverden eingerichtet, gleichzeitig erfolgte die Ernennung zur Cidade (etwa mit Großstadt zu übersetzen). Doch mit der Schließung des Sklavenmarkts begann Mitte des 17. Jh. ein unaufhaltsamer Niedergang. Besiegelt wurde dieser durch die Verlegung des Bischofssitzes 1754 und den Umzug des Gouverneurs der Kapverden nach Praia 1769. Die Repräsentativbauten verfielen und allmählich bürgerte sich an Stelle von Ribeira Grande der Ortsname Cidade Velha (alte Stadt) ein. Diese von den Bewohnern als Makel empfundene Bezeichnung wurde nun geändert. Seit dem 1. Mai 2005 nennt sich der Ort wieder offiziell Cidade da Ribeira Grande de Santiago.

Wegen der romantischen, geradezu mittelalterlich anmutenden Atmosphäre lohnt die alte Hauptstadt, die heute eher den Charakter eines Fischer- und Bauerndorfes hat, unbedingt einen Besuch. Dazu verlässt man Praia zwischen den Stadtteilen Achada Santo António und Terra Branca (keine Beschilderung). Links zweigt bald eine Straße Richtung Santiago Golf Resort ab. Dort ist der Bau einer großen Resort-Anlage mit eigenem Golfplatz geplant. Nach Ribeira Grande geht es hier geradeaus weiter, wobei unterwegs der Ort São Martinho Grande mit seiner hübschen rosafarbenen Kirche passiert wird.

Fortaleza Real de São Filipe
Tgl. ab ca. 10 Uhr, keine festen Zeiten; Eintritt 200 ECV, Ticket gilt auch für die Sé Catedral (s. S. 218)

Die imposante Festung, seit 1999 der Öffentlichkeit zugänglich, wird über eine Stichstraße erreicht, die schon vor Ribeira Grande rechts abzweigt. Ziegen weiden auf der steinigen Ebene, an deren Rand sich das Fort erhebt und die Stadt weit überragt. Gegenüber vom Eingang wurde ein modernes Informationszentrum (Centro Interpretativo) in den Boden eingelassen. Es wirkt wie ein Nachbau einer Behausung kanarischer Ureinwohner im Stil des Künstlers César Manrique von Lanzarote. Hier zeigt sich die Handschrift der spanischen Entwicklungshilfe, die bei der Restaurierung verschiedener Baudenkmäler in Ribeira Grande assistierte. Zuletzt besuchte Königin Sophia von Spanien 2006 den Ort und sagte weitere Unterstützung zu.

Im Centro Interpretativo kann man sich über die Geschichte der Festung kundig machen und die Eintrittskarten lösen. Außerdem läuft hier regelmäßig ein Film (nur Portugiesisch) über die Geschichte von Ribeira Grande. In einem hübschen Innenhof werden Getränke angeboten. Der Museumsshop verkauft gute CDs und geschmackvolle Postkarten.

Zwischen 1580 und 1640 gehörte Portugal zu Spanien. In dieser Zeit wurde 1593 die Fortaleza Real de São Filipe fertiggestellt, benannt nach dem Namenspatron König Philipp II. von Spanien. Anlass war ein Überfall des englischen Korsaren Francis Drake im Jahr 1585, der mit 25 Schiffen und mehr als 1000 Mann die Stadt geplündert hatte. Künftige Angriffe des spanischen Erzfeindes England wollte man so verhindern. Auch richtete der Gouverneur in der Festung seine neue nunmehr gut gesicherte Residenz ein.

Lediglich die zentrale Zisterne – sie wurde in der heutigen Form 1720 erbaut – befindet sich in gutem Erhaltungszustand. Tausende von Ziegelsteinen wurden für ihren Bau aus Lissabon importiert. Ein restaurierter Wasserkanal (levada) demonstriert, wie das im Hof eingefangene Regenwasser in die Zisterne geleitet wurde. Außerdem sind die Grundmauern der ehemaligen Kasernen zu besichtigen. Links vorn wohnte der Gouverneur, rechts vorn befand sich der Pulver-

turm. Beeindruckend ist der Blick von der Festungsmauer hinab über die Stadt und das Tal der Ribeira Grande.

Rua Banana

Die zentrale Straße von Ribeira Grande führt vom Meer aus im Talgrund aufwärts. Niedrige, langgestreckte Steinhäuser aus früheren Jahrhunderten, mit Stroh gedeckt, säumen sie. Dieses Ensemble wurde mit Hilfe der UNESCO restauriert. Eine ähnliche Bauweise findet man auch im Norden Portugals, sie dürfte mit den frühen Siedlern nach Santiago gekommen sein.

Übernachten

Angenehm – **Pousada Pôr do Sol:** Santa Marta, Tel. 267 16 22, Fax 261 76 53, DZ ca. 6000 ECV. 2 km außerhalb von Ribeira Grande auf einer Landzunge gelegen, befindet sich die familiär geführte, komfortable Unterkunft. Sie verfügt über 5 Zimmer, eine schöne Terrasse mit Pool und Restaurant.
Traditionell – **Abel Henry Borges:** Rua-Banana, Tel./Fax 267 13 74, actal7@hotmail.com, DZ 2500 ECV. Das Besitzerehepaar vermietet drei einfache Zimmer mit Gemeinschaftsbad in einem restaurierten Steinhaus mit Strohdach.

Unser Tipp

Esplanada

Direkt am Meer, beim Largo do Pelourinho, lädt die nette Bar Esplanada dazu ein, im Schatten zu sitzen und einen Drink mit Blick auf die Wellen zu nehmen.

Essen & Trinken

Angenehme Atmosphäre – **Kusa di Kasa:** Rua Principal, Tel. 267 13 33, Hauptgerichte ca. 800 ECV. Das Restaurant mit dem klangvollen Namen und der schönen Terrasse liegt gleich am Ortseingang, von Praia kommend. Die Besitzer sind Italiener, das Lokal wird aber von Kapverdianerinnen geführt.

Infos & Termine

Infos
Touristeninformationsstelle in der Rua Banana.

Verkehr
Aluguer: Ab Largo do Pelourinho tgl. mehrmals nach Praia, *passagem* 100 ECV.

São Domingos

Nördlich von Praia dehnt sich ein weitläufiges und verhältnismäßig dünn besiedeltes Savannengebiet aus. Erst am Fuß des zentralen Gebirgsmassivs gibt es – dank des hier reichlicher vorhandenen Wassers – auch wieder größere Ansiedlungen. São Domingos, in gut 300 m Höhe gelegen, ist die südlichste Ortschaft davon. Rund um dieses landwirtschaftliche Zentrum werden neben Zuckerrohr und Bananen auch verschiedene andere tropische Früchte angebaut.

Das São Domingo unmittelbar benachbarte und ruhige Dorf Rui Vaz liegt ca. 900 m hoch am Abhang des Pico d'António, des mit immerhin 1394 m höchsten Berges von Santiago. Rui Vaz ist ein guter Ausgangspunkt für unterschiedliche Wanderungen in diesem Gebiet.

Cooperativa de Artesanato
Am südlichen Ortseingang, Mo–Fr 8.30–18, Sa, So 8.30–12.30, 14.30–18 Uhr, Eintritt frei
Seit jeher beschäftigen sich die Bewohner von São Domingos nicht nur mit dem Ackerbau, sondern auch mit verschiedenen Handwerkskünsten. Interessant ist vor allem die Herstellung der Tuchstreifen *panos*, die hier live miterlebt werden kann, wenn sich Henrique Sanches an den Webstuhl setzt. Er hat die alte Kunst des Webens von seinem Onkel erlernt und gibt sie nun an junge Leute im Ort weiter.

Außerdem sind Handwerker bei der Arbeit zu sehen, die Gebrauchsgegenstände und Souvenirs töpfern, aus Sisalschnüren flechten oder aus Kokosnussschalen herstellen. In zwei der Werkstatt angeschlossenen Räumen werden die Produkte ausgestellt und auch verkauft.

Übernachten

Komfortables Wanderquartier – **Quinta da Montanha:** Rui Vaz, Tel. 268 50 02/03, Mobil 992 40 13 (Lindorfo Ortet, spricht portugiesisch und englisch), quintamontanha@cvtelecom.cv, DZ ab ca. 4500 ECV. In dem westlich von São Domingos auf etwa 900 m Höhe gelegenen ruhigen Dorf Rui Vaz befindet sich diese angenehme, in einem traditionellen Gutshof untergebrachte Unterkunft. Im älteren Gebäude werden zehn unterschiedliche, ordentliche Zimmer geboten, alle mit warmem Wasser. Anfang 2008 kamen weitere komfortable Zimmer mit Balkon in einem neuen Anbau hinzu. Die große überdachte Terrasse vor dem Haus bietet einen schönem Blick, gute Küche mit Produkten aus eigenem Anbau serviert das Restaurant. Geführte Wanderungen können organisiert werden.

Einst zum Schutz vor Korsaren errichtet: Fortaleza Real de São Filipe

Der Wirt ist auch Landwirt – **El Dou-rado:** São Domingos, Tel. 268 18 65, DZ 2500 ECV. Die winzige Pension gegenüber vom Kunsthandwerkszentrum bietet nur zwei Zimmer, diese verfügen aber jeweils über einen Balkon und ein Privatbad. Im Restaurant wird Wert auf die Verwendung von selbst hergestellten landwirtschaftlichen Produkten gelegt.

São Jorge dos Órgãos ▶ Karte 3, N 16

São Jorge dos Órgãos liegt etwas abseits der Hauptstraße Praia–Assomada, mitten im Gebirge. Im fruchtbaren Tal-

grund vor dem Ort betreiben die Bewohner Landwirtschaft: Bananen, Kartoffeln, Süßkartoffeln, Papayas und Zuckerrohr gedeihen prächtig. Zur Bewässerung dienen *levadas* (schmale, offene Kanäle). Das Zuckerrohr wird direkt vor Ort zu *grogue* verarbeitet. Die von Ruß geschwärzten Öfen der Brennanlage und die Fässer sind von der Straße aus auf der gegenüberliegenden Talseite zu erkennen.

Jardim Botânico Luís Grandvaux Barbosa
Der Botanische Garten bei São Jorge dos Órgãos wurde von der INIDA (Instituto Nacional de Investigação Agrária) angelegt, einem landwirtschaftlichen Versuchsinstitut, das hier seinen

auf den Kapverden vorkommende Pflanzen. Letzteren gilt das besondere Interesse der Gartenverwaltung. Für diese Arten, die teilweise an ihren natürlichen Standorten bedroht sind, soll der Jardim Botânico nicht zuletzt auch als Samenbank für künftige Nachzuchten dienen.

Die Beete werden mit Hilfe der modernen Tröpfchenbewässerung befeuchtet: Aus schwarzen Schläuchen mit definierter Lochzahl fließt eine bestimmte Wassermenge. Auch andere wassersparende Bewässerungsmethoden befinden sich hier im Versuchsstadium.

Essen & Trinken

Neben der Kirche von São Jorge dos Órgãos erfrischt man sich an einem Kiosk mit gemütlicher Terrasse.

Infos & Termine

Infos

Die INIDA (s. o) betreibt ein Informationsbüro in der Nähe der Kirche (unregelmäßig geöffnet). Dort gibt es Material über Flora und Fauna der Kapverden.

Termine

Festa de Nhô São Jorge: zweite Aprilhälfte. Das Fest für den Ortspatron, Georg (Jorge) den Drachentöter, erstreckt sich über eine Woche. Die Aktivitäten umfassen Sportveranstaltungen, kulturelle Events und ein buntes Unterhaltungsprogramm. Höhepunkt ist die Prozession am Ehrentag des Heiligen (23. April), bei der Vertreter der verschiedenen Ortsteile, die sogenannten *juízes* (Richter), eine Statue des Drachentöters Georg auf ihren Schultern tragen.

Sitz hat. Der Jardim Botânico ist ab der Kirche des Ortes ausgeschildert. Eine Schranke wird passiert, dann geht es geradeaus und an der nächsten Abzweigung links. Die schmale Pflasterstraße führt bis vor das Eingangstor des Gartens, der in eine herrliche Bergkulisse eingebettet ist. Rechts erhebt sich bis 1060 m der sanfte Hügel Monte Tchopa mit Antennen und Sendeanlagen, links thronen bizarre Gipfel über dem Tal. Der bunte kapverdische Eisvogel (Graukopfliest) fühlt sich hier wohl und ist in großer Zahl zu beobachten.

Die frei zugängliche Gartenanlage befindet sich noch im Aufbau. Auf Terrassenfeldern wachsen heimische, teils endemische und somit ausschließlich

Assomada ▶ Karte 3, M 16

Assomada (45 000 Einw.) liegt fernab vom Meer etwa in der Inselmitte. Im Norden und Süden ragen Gebirgszüge auf, aus denen der Ebene von Assomada eine gewisse Feuchtigkeit zufließt. So wird das Gebiet, wenn auch nicht für tropische Bewässerungskulturen, so doch intensiv für den Maisanbau genutzt. Schon kurz nach der Erstbesiedlung von Santiago im 15. Jh. entwickelte sich Assomada zum wichtigen landwirtschaftlichen Zentrum. Teilweise wohnten hier mehr Menschen als in der damaligen Hauptstadt Ribeira Grande. Heute ist Assomada zwar nach Praia und Mindelo drittgrößte Stadt der Kapverden, wirkt aber vergleichsweise wenig urban. Für Wanderer ist Assomada ein geeigneter Standort für Abstecher in die Serra Malagueta.

Südlich von Assomada steht an der alten Landstraße ein großes Betonkreuz auf einem Miradouro. Hier eröffnet sich ein hervorragender Blick über die Stadt sowie nach Süden auf den charakteristischen Pico António. Assomada besticht nicht durch Schönheit. An der Peripherie dominieren Rohbauten das Bild, an denen nur weitergebaut wird, wenn Geld übrig ist oder die nach Übersee emigrierten Besitzer ihren Heimaturlaub auf Santiago verbringen.

Mercado de Assomada !

Assomada lohnt den Besuch speziell wegen des Wochenmarkts (Mittwoch und Samstag), des größten und vielseitigsten der Kapverden. Die Stände verteilen sich scheinbar ohne ein bestimmtes System über die ganze Innenstadt. Zwar sind spezielle Areale ausgewiesen, diese reichen aber bei weitem nicht aus. So wird jede freie Fläche zum Marktgebiet. Alles, was

man zum täglichen Leben braucht oder auch nicht, bieten die Händler an: Obst, Gemüse, Fisch, Fleisch, Hühner, Tabak ... In einer Bodensenke im Stadtzentrum wird der Kleidermarkt abgehalten, der alles für den Bedarf der Einheimischen bereithält. Dort gibt es kleine Nischen, in denen Frauen Reisund Grillgerichte sowie Cachupa zubereiten. Rundum findet der Wohn- und Heimwerkermarkt statt. Schränke, Sofas, Tische und Stühle stehen zum Verkauf. Auf Decken ist neben dem Werkzeugsortiment die Kücheneinrichtung ausgebreitet.

Museu da Tabanka
Praça Principal (neben dem Rathaus), Mo–Sa 10–19 Uhr
Im sehenswerten ehemaligen Gebäude der Finanz- und Postverwaltung, das im 19. Jh. im typischen Stil kolonialer Verwaltungsbauten errichtet wurde, ist heute das Tabanka-Museum untergebracht. Die Exponate befassen sich mit den traditionellen Tabanka-Tänzen. In Schrift und Bild ist der Ablauf dieser Volkssatire festgehalten. Aber auch andere typische Musikrichtungen der Kapverden werden dokumentiert.

Es gibt ein kleines Internetcafé und einen Souvenirshop. Das Museu da Tabanka ist Sitz des **Centro Cultural de Assomada** und versteht sich als kultureller Mittelpunkt des Inselinneren von Santiago. In diesem Sinne organisiert es temporäre Ausstellungen (moderne Kunst, Fotografie, Design) und andere Events.

Wanderung zum Poilón

Nördlich von Assomada steht im Tal der Ribeira da Boa Entrada der höchste und älteste Baum von Santiago. Am besten geht man von Assomada zu Fuß (ca. 2 Std. mit Rückweg). Dazu quert man vom Marktgelände aus die Durchgangsstraße (bei der Bank BCA), hält sich geradeaus und schlägt am Straßenende einen Pfad nach rechts ein. Am rechten Talhang geht es stets mehr oder weniger abwärts bis zu einem Waschplatz (40 Min.) und dann im idyllischen, oasenartigen Talgrund weiter hinab.

Bei dem 25 m hohen Poilón oder Pie de Palão (Entenfuß) handelt es sich um einen ursprünglich aus Südamerika stammenden Kapokbaum, der vermutlich schon im 15. Jh. hier angepflanzt wurde. Charakteristisch für ihn sind die Stacheln am dicken Stamm. Seine großen lederartigen Früchte liefern baumwollartige Fasern, die früher als Matratzenfüllungen sehr begehrt waren. Sie dienen heute noch zur Herstellung von Schwimmringen und Rettungswesten. Die Wolle hat eine zehnfach höhere Tragfähigkeit als Kork.

Mit etwas Glück kann man auf den ausladenden Ästen des Poilón den nur noch auf Santiago lebenden Kapverdischen Purpurreiher sitzen sehen. In der Baumkrone befindet sich einer seiner zwei verbliebenen Brutplätze. Die Vogelschutzorganisation BirdLife International nahm diese Tatsache zum Anlass, hier eine IBA (Important Bird Area) auszuweisen. Bislang ist ein Schutz jedoch nicht garantiert. Während vor 15 bis 20 Jahren immerhin noch vier bis sechs Reiherpaare im Poilón brüteten, sind es heute nur noch eines oder höchstens zwei pro Jahr. Stressfaktoren sind der Abschuss von anderen Vögeln in unmittelbarer Nachbarschaft und nicht zuletzt das Einsammeln von Eiern durch Kinder. Die Aufklärungsarbeit vor Ort hat begonnen und ein Aufkauf des in Privatbesitz befindlichen Geländes durch den Staat wird bereits ebenfalls in Erwägung gezogen.

Serra Malagueta

Der zweite große Gebirgszug Santiagos erhebt sich nördlich von Assomada. In wenigen Spitzkehren windet sich die hier noch nicht asphaltierte, sondern mit ihrer alten Pflasterdecke versehene Nationalstraße EN 01 in die Serra Malagueta hinauf. Oben ermöglicht das Dorf Serra Blicke nach Osten und nach Westen zugleich. Bei klarer Wetterlage erkennt man die Nachbarinsel Fogo mit dem Pico. Steile fast unzugängliche Täler zerschneiden das Gebirge. Die tropische Erosion ließ beeindruckende Felsformen entstehen. Viele der winzigen Dörfer, die an den Bergrücken kleben, sind nur über schmale Pfade zu erreichen. Die Bewohner leben zurückgezogen.

Seit 2003 steht ein 774 ha großes Gebiet, das im Wesentlichen den etwa in West-Ost-Richtung verlaufenden Hauptkamm des Gebirges abdeckt, als Parque Natural Serra Malagueta (www.areasprotegidas.cv/serramalagueta) unter Schutz. Hier sind die meisten endemischen Pflanzen Santiagos (26 Arten, von denen 14 auf der Roten Liste stehen) zu finden. Außerdem leben im Park einige gefährdete Vogelarten sowie endemische Reptilien. Ziel der Parkverwaltung ist es, bei der Erhaltung der Biodiversität die Bevölkerung einzubeziehen und die Entwicklung der Dorfgemeinschaften innerhalb des Gebiets zu fördern. Auch sind ökotouristische Projekte geplant.

Übernachten

Stadthotel – Prestige: Rua António Hopffer Almada, nahe des zentralen Platzes, Tel. 265 50 00, Fax 265 41 31, DZ 3500 ECV, Junior Suite 4000 ECV, Prestige Suite 4500 ECV. In der Nähe der Praça Principal steht das moderne,

Auf Entdeckungstour

Rätsel um die Rebelados von Santiago

Rätselhaft und oft romantisiert: die Rebelados (kriolu: Rebellen). Sie leben in relativ abgeschlossenen Gemeinschaften nach eigenen religiösen Vorstellungen. Eine Wanderung führt durch die Serra Malagueta, in der sich die Rebelados in der Vergangenheit verstecken mussten.

Zeit: ein ganzer Tag

Planung: Anfahrt per Aluguer über die Straße Assomada–Tarrafal. Vom Endpunkt der Wanderung an der Nordostküstenstraße Praia–Tarrafal per Aluguer bis Espinho Branco, weiter per Aluguer Richtung Praia bzw. Tarrafal. Einkehr erst gegen Ende der Wanderung, daher genügend Proviant und Wasser mitnehmen. Der Zustand der Wege ist gut, allerdings ist an einigen Stellen Schwindelfreiheit erforderlich und es sind 1000 Höhenmeter Abstieg zu bewältigen.

Start: Passhöhe der Serra Malagueta südlich des Dorfes Serra, dort an auffälliger Felsscharte aussteigen.

Serra Malagueta – Unterschlupf im schroffen Gebirge

Heute stehen die Rebelados als Symbol für den kapverdischen Widerstand gegen die Kolonialregierung und leben unbehelligt in ihren Dörfern, die sich rund um die Serra und weiter im Norden der Insel verteilen. Beispielsweise gibt es in Fundura, einem Ort am südlichen Fuß der Serra Malagueta, den die Straße von Assomada passiert, eine lebendige Gemeinschaft der Rebelados. In den 1940er- bis 1960er-Jahren allerdings, als die Rebelados politisch verfolgt wurden, diente ihnen der schroffe und schwer zugängliche Gebirgszug der Serra Malagueta als Rückzugsgebiet.

In unmittelbarer Nähe der Felsscharte zweigt von der Hauptstraße eine Betontreppe ab. Diese steigt man aber nicht hinauf, sondern wendet sich auf der Straße Richtung Tarrafal, wo nach ca. 100 m rechts ein steiniger Fahrweg abgeht. Hier befindet sich der Einstieg in die Tour. Es geht bergan bis zu einem Kamm (10 Min.) und dann in sanftem Auf und Ab weiter. Bizarre Blicke auf steile Felsspitzen eröffnen sich unterwegs. An einer Gabelung wandert man rechts weiter, jetzt steiler bergauf. Dann passiert der Weg den Monte Malagueta (1064 m). Hier grenzt eine Steinmauer an die Piste (45 Min.). Es werden zwei Rohbauten passiert (1 Std.). Bald beginnt der Weg über einen Bergrücken allmählich abzusteigen. Bei einem neuen Sendemast für das Mobilfunknetz (1.15 Std.) endet die breite Piste. Man hält sich rechts auf einem schmaleren Pfad abwärts.

Sobald linker Hand einige zerfallene Häuser und wenige Meter voraus der Rest einer alten Mauer zu sehen sind (1.45 Std.), verlässt man den Bergrücken nach links. Zwei Pfade führen dort abwärts, der rechte – von Agaven gesäumte – ist der richtige. Nach steilem Abstieg geht es links auf zwei zerfallene Ställe zu, hinter denen der Hang gequert wird. Es folgt ein weiterer Abstieg, an zwei Hüttenruinen vorbei, bis ein bewohntes Gehöft erreicht ist (2 Std.). Man hält sich rechts, quert einen Talgrund und wendet sich dann links abwärts.

Gom-Gom: mystisch und rätselhaft

Der jetzt mit Steinen gesäumte Weg hält in Serpentinen auf Cabeçeira Gom-Gom (2.40 Std.) zu, das oberste Dorf des Gom-Gom-Tales. Das Wort Gom-Gom hat auf Kriolu zwei Bedeutungen. Zum einen bezeichnet es eine in der Serra Malagueta vorkommende Vogelart. Es kann aber auch so viel wie mystisch oder rätselhaft heißen. Mythen ranken sich ja auch um die Rebelados, die aber nicht (mehr?) hier leben. Als ihnen die Katholische Kirche in vergangenen Jahrzehnten vorwarf, Häretiker zu sein, mussten ihre spirituellen Führer ins Gebirge flüchten. Wo genau sie sich versteckt hielten, ist nicht bekannt. Ursächlich war das Eintreffen weißer, von der Salazar-Regierung geschickter Priester ab 1941 gewesen. Sie sollten in Abstimmung mit Papst Pius XII. die ›wahre‹ katholische Lehre unter der Bevölkerung Santiagos verbreiten. Zuvor hatte die Badiu-Kultur, von einheimischen Priestern geduldet, ihre eigenen, afrikanisch inspirierten religiösen Bräuche gepflegt. Diese wurden von dem neuen Klerus strikt verboten. Viele Badius fügten sich. Andere zogen sich unter der Führung von Nhonhá Landim zurück und nahmen eine ablehnende Haltung den Autoritäten gegenüber ein. Aus ihnen entwickelte sich die Gemeinschaft der Rebelados. Die Kolonialbehörden warfen den Rebelados nun vor, Separatismus zu betreiben und eine kommunistische Revolte zu planen. Um ihren Zusammenhalt zu zerstören, wurden viele auf andere Inseln verbannt und die führenden Familien im Konzentrationslager von Tarrafal (s. S. 231) interniert, sofern es ihnen nicht gelang, sich zu verstecken.

In Cabeçeira Gom-Gom hält man sich links und wandert hoch über dem Tal weiter. Es folgen einige Kurven und ein Abzweig nach rechts, der nicht beachtet wird. Geradeaus geht es in ein steiles Seitental mit Bananenpflanzungen hinein und dann auf der linken Talflanke wieder hinaus. Hinter der nächsten Häusergruppe wendet man sich links und dann auf einen Sattel rechts unterhalb zu. Dort stehen ebenfalls einige Häuser, an denen der Weg vorbeiführt, bevor er nach rechts schwenkt (3.30 Std.). Über einige Felsstufen steigt er dann abwärts und mündet in eine breite Piste im Tal der Ribeira Principal (4 Std.). Etwas nach rechts befindet sich gegenüber einer Grogue-Brennerei eine kleine Bar. Nach einer eventuellen Rast folgt man der Piste weiter talauswärts, bis sie zu einer Häusergruppe abbiegt. Dort geht es geradeaus auf einem breiten, steinigen Weg im Talgrund weiter. Schließlich klettert man zu einer parallel zum Bachbett verlaufenden Pflasterstraße hinauf und setzt auf dieser die Wanderung bis zur Küstenstraße fort (5 Std.).

Vorzeigedorf Espinho Branco

Heute gibt es noch ca. 2000 Rebelados im Norden Santiagos. Sie bilden seit dem Tod von Nhonhá Landim keine geschlossene Gemeinschaft mehr, sondern verteilen sich auf mehrere Gruppen in verschiedenen Orten, die jeweils etwa 200–300 Menschen umfas-

sen. In Espinho Branco (kriolu: Rabu Spinhu Branku), an der Küstenstraße 10 km nördlich von Calheta gelegen, lebt mit rund 500 Menschen die größte Rebelado-Gemeinde. Dank der Initiative der bekannten kapverdischen Künstlerin Misá, die ihre Wurzeln in der Kultur der Rebelados ›wiederentdeckt‹ hat, entwickelte sich Espinho Branco zu einem Vorzeigedorf, das seit 2005 zu besichtigen ist. Besucher finden ein Kunsthandwerkszentrum mit Museumsbereich und Laden vor.

Außerdem gibt es ein Atelier, in denen junge Künstler aus dem Ort ihre ausdrucksstarken Arbeiten präsentieren. Zu ihnen zählt Josefa (geb. 1991), die sich der kreolischen Bildersprache bedient, um ihre ganz spezielle Sichtweise vom Alltagsleben der Menschen in ihrem Dorf zu Papier zu bringen. Weitere mittlerweile sogar auf internationalen Ausstellungen vertretene Namen sind Fico, Kanhubai, Ney, Sabino und Tchetcho. Sie malen auf Ziegeln, Schilfrohr und Bananenblättern. Europaweit zeigen sich Liebhaber moderner Kunst begeistert von den frisch und authentisch daherkommenden Werken der jungen Rebelados.

Der Korbmacher Agostinho Gonçálves fertigt geschmackvolle Einzelstücke, die er in seinem Haus verkauft. Aber auch in Geschäften auf ganz Santiago sind seine Produkte zu finden. Senior Agostinho ist der spirituelle Führer der Gemeinschaft, ist der einzige von den Älteren, der lesen und schreiben kann, und versteht auch eine Menge von althergebrachter Pflanzenheilkunde. Eine Schulpflicht für ihre Kinder lehnten die Rebelados bis vor wenigen Jahren ab. Auch waren sie nicht bereit, für den Staat zu arbeiten oder Abgaben zu entrichten. Sie leben von der Landwirtschaft und Viehzucht

In den einsamen Weilern der Serra Malagueta hielten sich früher
die Rebelados versteckt

sowie von der Produktion kunsthand-
werklicher Artikel (Keramik, Flechtar-
beiten, Weberei). Auch ihre Häuser – in
Gemeinschaftsarbeit gebaut – sind
Flechtwerk. Strohmatten bilden
Wände und Dächer. Letztere werden
aber auch oft mit Palmwedeln gedeckt. Der Fußboden besteht schlicht
und einfach aus gestampftem Lehm.

Die Lebensführung der Rebelados
ist bescheiden, nach dem Vorbild Jesu
Christi. Ihr Zeichen ist ein Kreuz, an einer Halskette getragen. Daneben hängen Amulette an der Kette, die gegen
den bösen Blick schützen sollen. Am
Samstag und Sonntag wird nicht gearbeitet. Dann trifft sich die Gemeinschaft in einem Versammlungshaus,
wo Senior Agostinho aus der Bibel
liest. Er ist auch für die Rechtspre-
chung zuständig. Die traditionsbe-
wussten Mitglieder seiner Gemeinde

akzeptieren die Entscheidungen klag-
los.

Die Moderne hält Einzug
Zivilisatorische Neuerungen lehnten
die Rebelados bis vor wenigen Jahren
noch gänzlich ab. Medizinische Ein-
griffe wie etwa Impfen, Spritzen oder
Blutabnahme werden nach wie vor
vermieden. Nur im äußersten Notfall
konsultiert ein Rebelado einen Arzt.
Aber Fernsehen, Radio und Autofah-
ren sind bei aller Strenge heute nicht
mehr tabu. Junge Leute versuchen immer öfter, aus der Gemeinschaft mit
ihren strengen Regeln auszubrechen
und in die Städte abzuwandern. Viele
von ihnen bringen kaum Verständnis
für das verbissene Festhalten ihrer Eltern an den alten religiösen Regeln
auf. So scheinen die Tage der Rebelados gezählt.

freundlich eingerichtete Hotel mit ordentlichem Standard. Die unterschiedlich großen Zimmer sind alle gut ausgestattet. In den Suiten befinden sich kleine Küchen; Supermarkt im Haus.

Guter Standort – **Avenida:** Avenida da Liberdade, Tel. 265 34 62, Fax 265 34 69, DZ ab 3200 ECV. Das solide Hotel hat ordentliche Zimmer, meist mit Balkon, und ein gutes Restaurant im Dachgeschoss. Die frisch und jung wirkende Einrichtung wird dominiert von den Farben Weiß und Himmelblau.

Ordentliche Pension – **Pensão Café Paris 2000:** Tel. 991 56 93, 265 35 02, Fax 265 22 20,DZ ab 2500 ECV. Östlich der Durchgangsstraße in einem Neubaugebiet gelegen, wo der Fußweg zum Poilón beginnt. Das angeschlossene Restaurant serviert kapverdische Küche; auch für Nicht-Pensionsgäste (Hauptgerichte um 500 ECV).

Essen & Trinken

Ansprechendes Ambiente – **Alambique:** an der Landstraße Richtung Praia, Tel. 265 22 64, Hauptgerichte 500–600 ECV, Meeresfrüchte ab 1200 ECV. Hier wird bodenständige kapverdische Küche geboten, die Portionen sind üppig. Das Lokal wurde nach dem Kolben benannt, in dem Grogue destilliert wird. Natürlich kann man hier den bei Assomada produzierten Zuckerrohrschnaps probieren.

Infos

Flug: TACV-Büro: Rua Vila Franca de Xira.

Aluguer: Täglich mehrmals von und nach Praia (200 ECV) und Tarrafal. Nach Praia auch noch spät abends.

Der Wochenmarkt von Assomada ist der bunteste der Kapverdischen Inseln

Tarrafal ▶ Karte 3, M 15

Tarrafal (6000 Einw.) ist berühmt für seinen geradezu karibisch anmutenden, hellen Sandstrand. Dieser liegt in einer geschützten Bucht. Dahinter erstreckt sich ein idyllischer, Schatten spendender Kokospalmenhain. Am Wochenende ist der Strand von Tarrafal mit seinen Unterkünften und Lokalen Ausflugsziel der wohlhabenderen Bewohner von Praia.

Im angrenzenden Ort selbst laden an den staubigen Straßen lediglich einige einfache, authentische Bars zur Einkehr ein. Um die Praça, den zentralen Platz, gruppieren sich Bank, Kirche und Markt.

Museu da Resistência (Campo de Concentração)

An der Nationalstraße EN 01 nach Assomada liegt 1,5 km außerhalb von Tarrafal, vor dem Ort Chão Bom das berüchtigte ehemalige Konzentrationslager. Heute steht es unter Denkmalschutz und wird derzeit mit Unterstützung der portugiesischen Regierung in ein Museum des Widerstands gegen den Faschismus umgewandelt und eingerichtet. Die Eröffnung ist für 2009 angekündigt.

Die ersten 152 Gefangenen trafen 1936 in Tarrafal ein. Darunter befanden sich 37 Marinesoldaten, die am Aufstand vom 18. Januar 1934 gegen das Salazar-Regime in Portugal beteiligt gewesen waren. Bei den anderen handelte es sich um portugiesische Antifaschisten aus den unterschiedlichsten Bevölkerungsgruppen: Intellektuelle, Studenten, Arbeiter, Bauern. Zeitweise saßen um die 300 Personen in Tarrafal ein. 32 von ihnen wurden im Lager hingerichtet oder starben einen langsamen, grausamen Tod durch Aushungerung und nicht behandelte Krankheiten.

1954 schloss das bis dahin offiziell als Colónia Penal (Strafkolonie) bezeichnete Lager von Tarrafal. 1961 trat es wieder in Funktion, jetzt unter dem unverfänglicheren Namen Campo do Chão Bom. Einen Unterschied machte dies allerdings kaum. Bei den neuen Gefangenen handelte es sich um Widerständler aus den afrikanischen Kolonien Portugals, die um ihre Unabhängigkeit kämpften. 1971 waren 147 Angolaner in Tarrafal inhaftiert, neben 17 Kapverdianern. Mit der Nelkenrevolution in Portugal 1974 kam die Befreiung der Häftlinge. Das Lager wurde aber noch keineswegs endgültig geschlossen, sondern diente noch eine Zeit lang der sozialistischen Regierung des jungen Staates Kap Verde als Inhaftieranstalt für Personen, die als Kollaboranten des Kolonialregimes oder als Gegner der Unabhängigkeit angesehen wurden. Während die Zeit, als portugiesische Antifaschisten in Tarrafal einsaßen, sehr gut dokumentiert ist, fehlt es für die Phase nach 1961 noch an Forschungsarbeiten.

Bedrückend ist die Besichtigung der Friguideira, der ehemaligen Folterkammer. In dem engen, stickigen Raum, in dem Temperaturen um 40 °C herrschten, wurden bis zu 40 Gefangene eingesperrt. Nur eine kleine Luke diente als Fenster, Wasser bekamen die Insassen tagelang kaum. Eine Ausstellung wird Bilder von Gefangenen und Dokumente zeigen.

Übernachten

Atlantikblick – **King Fisher Resort:** Ponta de Atum, Tel. 266 11 00 oder in Deutschland: Hermann Rolfs, Strande, Tel. 04349 203, Fax 04349 645, www.king-fisher.de, Haus für 2 Personen 50–70 €; buchbar auch über Beatrice Schmädicke, Tel. 0431 23 95 615, Fax

0431 23 95 569, www.caboverdedirekt. de. Acht Ferienhäuser unter deutscher Leitung werden am Westrand von Tarrafal vermietet. Sie sind alle gut ausgestattet und mit Liebe zum Detail eingerichtet, mit Bädern und Küche für 2 und 4 Personen. Die Lage in einer Bucht südlich der felsigen Landspitze Ponta de Atum unmittelbar am Atlantik ist traumhaft. Alle Häuser verfügen über Terrassen, um den Meerblick so richtig genießen zu können. Die Wohneinheiten sind für Selbstversorger gedacht, auf Wunsch sind aber auch Frühstück oder Abendessen buchbar und es werden Grillabende (z. T. mit einheimischer Livemusik) veranstaltet. Der Mindestaufenthalt beträgt vier Tage.

Direkt am Strand – **Tarrafal:** Praia de Tarrafal, Tel. 266 17 85, Fax 266 17 87 oder 266 22 73, htltarrafal@cvtelecom.cv, DZ ab 5000 ECV. Das Mittelklassehotel mit Pool, ordentlichen Zimmern und eigenem Restaurant liegt oberhalb des kleinen Fischerhafens und bietet zugleich unmittelbaren Zugang zum Strand von Tarrafal. Ein Süßwasserpool ist ebenfalls vorhanden.

Bungalowhotel – **Baía Verde:** Praia de Tarrafal, Tel. 266 11 28, Fax 266 14 14, baiaverde@cvtelecom.cv, Bungalow für 2 Pers. 3600–4800 ECV. Im Palmenhain hinter dem Strand verteilen sich die einfachen Bungalows. Die Wohneinheiten können von 2 bis zu 7 Personen aufnehmen. Das hauseigene Restaurant, das auch von externen Gästen gerne aufgesucht wird, befindet sich etwas oberhalb. Es bietet sehr gute kapverdisch-portugiesische Küche und eine täglich wechselnde Speisekarte (Hauptgerichte ab 700 ECV).

Die günstige Variante – **Sol Marina:** Praia de Tarrafal, Tel. 266 12 19, Fax 266 22 51, hotelsolmarinacv@hotmail. com, DZ 3000 ECV. Nicht unmittelbar am Strand, aber in dessen Nähe steht das renovierte Hotel. Alle Zimmer verfügen über einen Balkon, einige auch über Meerblick.

Essen & Trinken

Pasta und Fisch – **Sol e Luna:** Praia de Tarrafal, Tel. 266 23 39, Hauptgerichte um 600 ECV. Das Strandlokal beim Hotel Tarrafal steht unter italienisch-kapverdischer Leitung. Die Küche wird immer wieder gelobt.

Landestypisch – **Casa de Pasto Sopa de Pedra:** Rua de Assomada (nahe Praça), Hauptgerichte um 500 ECV. Das eher einfache Restaurant in der Nähe des Hauptplatzes von Tarrafal wartet mit solider Küche und freundlichem Service auf. Spezialitäten sind Hühnchen und gegrillter Fisch.

Aktiv & Kreativ

Tauchen – **King Bay:** im King Fisher Resort (Kontakt s. o.). Die Tauchbasis wird von einem kapverdischen und einem deutschen Tauchlehrer nach den PADI-Richtlinien professionell geführt. In unmittelbarer Nähe der Basis liegen zahlreiche interessante Tauchspots, die schon auf kurzen Bootsfahrten erreicht werden. Ein Tauchgang 35 €, 6 Tauchgänge 198 €.

Infos

Aluguer: Nach Assomada/Praia an der Nationalstraße EN 01 nach Praia, bis zum frühen Abend mehrere Fahrten täglich (*passagem* bis Praia 700 ECV). Richtung Ostküste ab Kirche, mehrmals täglich (*passagem* bis Calheta 200 ECV).

Mietwagen: Vermittlung über die Hotelrezeptionen.

Praia Baixo ▶ Karte 3, N 16

Das einst ärmliche Fischerdorf an der Ostküste Santiagos hat sich zur Wochenendidylle für Besserverdienende aus Praia entwickelt. Der Ort besitzt einen halbmondförmigen, gegen die Brandung durch vorgelagerte Felsen gut geschützten Sandstrand, der wohl empfehlenswerteste und auch für Kinder geeignete Badeplatz auf Santiago.

Übernachten

Strandnah und unabhängig – **Praiabaixo:** Tel. 268 71 05, Fax 268 71 07, www.praiabaixo.com, Apartment für 2 Pers. ca. 55 €. Das moderne Aparthotel bietet nett eingerichtete und gut ausgestattete Wohneinheiten für Selbstversorger mit ein oder zwei Schlafzimmern. Es steht unmittelbar am Strand, die kleinen bunten Fischerboote liegen direkt vor der Tür. Das hauseigene Restaurant ist derzeit geschlossen.

Infos

Aluguer: Einen regelmäßigen Aluguer-Verkehr nach Praia Baixo gibt es nicht. Man ist also auf Taxi oder Mietwagen angewiesen.

Karibikstimmung: Palmen säumen den Strand von Tarrafal

Pedra Badejo

► Karte 3, N 16

Am Rand von Kokospalmenoasen, die sich in den Mündungsgebieten zweier relativ wasserreicher Flüsse ausdehnen, liegen Pedra Badejo und der benachbarte Ort Achada Fazenda, wo sich mehrere Ausflugslokale entlang der Hauptstraße reihen. In den feuchten Talgründen erstrecken sich Zuckerrohrfelder, Bananenplantagen und Gemüsebeete. Am Wochenende bieten am Straßenrand Bauern frisch geerntete Kokosnüsse zum Kauf an.

Pedra Badejo (9500 Einw.) ist eine lebhafte Kleinstadt, ein zentraler Ort im Osten der Insel. An der südlichen Einfahrt heißt ein breites Wandgemälde Besucher willkommen. Rechts geht es zum lang gestreckten Hauptplatz, um den sich Geschäfte gruppieren.

Vor Pedra Badejo erstreckt sich eine recht lange, durch mehrere Felsnasen gegliederte Strandzone. Zum Baden am besten geeignet ist der Abschnitt südöstlich des Ortes. Zum belebteren Stadtstrand gelangt man vom zentralen Platz aus geradeaus. Im Sommer und am Wochenende klagen einige Cafés oberhalb der Strandbuchten nicht über Mangel an Kundschaft. Am Straßenende liegt der winzige Hafen, wo die bescheidene Fischereiflotte von Pedra Badejo mit Hilfe einer Winde bei Schlechtwetter an Land gehoben wird.

Seit 1983 verbindet eine Städtefreundschaft Pedra Badejo mit dem österreichischen Leibnitz (Infos: www.pedrabadejo-leibnitz.at). Seither wurden eine Reihe von gemeinsamen Projekten erfolgreich durchgeführt, um die Infrastruktur und Wohnsituation in Pedra Badejo zu verbessern und Arbeitsplätze zu schaffen. Eines der jüngsten Vorhaben sieht eine nachhaltige touristische Entwicklung für Pedra Badejo vor, die Ausbildung von jungen Einheimischen zum Nature Guide (Naturführer) trägt erste Früchte.

Ribeira Santa Cruz

Das Tal der Ribeira Santa Cruz nordwestlich von Pedra Badejo ist ein landschaftlicher Höhepunkt. Der von bizarren Felsformationen gesäumte, mit Kokospalmen bestandene Mündungsbereich ist mehr als ein Foto wert.

Übernachten

Im Designerlook – **Palm Beach Resort:** Tel. 269 28 88, http://pedrabadejo.com, DZ ab 6300 ECV. Unter norwegischer Leitung steht das noch sehr neue Strandhotel in der Nähe der Stadt, die zu Fuß erreichbar ist (400 m). Die 16 Zimmer sind sehr geräumig und im Designstil eingerichtet. Sie bieten große Privatterrassen mit Meeresblick. Im Restaurant wird man sehr zuvorkommend bedient. Auf Wunsch werden Wanderungen, Radtouren oder Ausfahrten per Fischerboot arrangiert.

Aktiv & Kreativ

Bird-Watching und mehr – **Geovision:** Tel. 998 11 75 o. 999 83 83. Mit einheimischen Nature-Guides werden äußerst interessante Exkursionen mit naturkundlichem Hintergrund unternommen. Im Angebot sind etwa Strandspaziergänge mit Vogelbeobachtung an zwei Lagunen, eine vierstündige Wanderung durch eine Schlucht südlich des Ortes zur Beobachtung der Grünen Meerkatze (einer im 18. Jh. auf Santiago eingeführten Affenart) und ein Besuch einer der beiden verbliebenen Brutkolonien des Kapverdischen Purpurreihers.

Einkaufen

Am Sonntag wird in Pedra Badejo ein bunter **Straßenmarkt** abgehalten, der sich fast über den gesamten Ort hin ausbreitet.

Calheta de São Miguel ▶ Karte 3, N 15

Um Calheta de São Miguel (5400 Einw.) ist die Landschaft merklich trockener als bei den weiter südlich gelegenen Orten der Ostküste. Malerische Buchten mit groben Kiesstränden prägen den Meeressaum. Calheta selbst besitzt allerdings südlich am Südrand einen längeren Sandstrand. Ansonsten ist der Ort nicht wirklich attraktiv. Die lockere Bebauung besteht oft noch aus halb fertigen Betonbauten. Aber der Bezirk São Miguel mit immerhin rund 16 000 Bewohnern, die von traditioneller Landwirtschaft, der Herstellung von Ziegenkäse und Zuckerrohrschnaps sowie der Fischerei leben, wird von hier aus verwaltet.

Auch Calheta wird, ähnlich wie Pedra Badejo, nach dem Motto ›Hilfe zur Selbstentwicklung‹ im Rahmen privater österreichischer Entwicklungshilfe gefördert. Seit 1989 besteht die Städtefreundschaft zwischen Calheta und Deutsch-Wagram (Niederösterreich). Unterstützt wird vor allem eine verbesserte Schulbildung. So kann Calheta heute stolz darauf sein, in 11 Grundschulen, einer Privatschule und einem Gymnasium Plätze für insgesamt 1700 Schüler zur Verfügung zu haben. Außerdem gibt es 23 Kindergärten mit rund 1200 Plätzen. Besonderer Wert wird auch darauf gelegt, den Jugendlichen verschiedene sinnvolle Möglichkeiten zur Freizeitgestaltung zu eröffnen.

Capela Nossa Senhora do Socorro

Lohnend ist in Calheta der Abstecher zur Capela Nossa Senhora do Socorro, die sich weithin sichtbar am südlichen Ortsrand erhebt. Eine gepflasterte Nebenstraße führt durch ein Wohnviertel bis in die Nähe der weißen Kapelle mit dem arabisch wirkenden Kuppeldach. Das Gotteshaus ist normalerweise verschlossen. Schön ist aber der Panoramablick vom Vorplatz über das angrenzende Tal der Ribeira dos Flamengos und in der anderen Richtung über den Ort.

Übernachten

Gepflegt – **Pensão Mira Maio:** Achada Batalha, Tel. 273 11 21, www.miramaio. com, DZ 31 €. Am südlichen Ortsrand nicht weit vom Meer steht der Neubau mit Dachterrasse. Der Zimmerstandard ist gut. In 5 Min. ist das Mar de Batalha erreicht, eine sandige Badebucht mit Blick zur Nachbarinsel Maio. Im hauseigenen Restaurant (So Ruhetag, Abendmenü pro Person 12 €) wird kapverdisch, aber auch international gekocht.

Aktiv & Kreativ

Wanderungen und Ausflüge – **Viagens dos Sonhos:** Tel. 273 22 40, www.viadoso.com. In der Pension Mira Maio buchbar.

Termine

Festival de Batuko e Funaná: 29. September. Anlässlich von Sankt Michael, dem Tag des Ortspatrons, wird in Calheta ein Festival für die traditionellen Musikrichtungen von Kap Verde organisiert.

Maio – noch ein Geheimtipp

Auf Maio geht es bescheidener zu als auf den bekannteren Nachbarinseln. Rund um den Hauptort Vila do Maio erstrecken sich allerdings schöne Strände. Der Norden und Osten des staubigen Eilands, wo es einige sehr abgeschiedene Siedlungen von Ziegenhirten gibt, erschließen sich nur dem Jeepfahrer. Wer Einsamkeit, Ruhe und Natur pur liebt, kommt auf Maio auf seine Kosten. Meeresschildkröten und zahlreiche Vogelarten beleben die Szenerie. Für die Zukunft bestehen allerdings große Pläne. In überschaubar großen Resorts sollen insgesamt 6500 Gästebetten entstehen, wobei ein Großteil davon nicht vermietet, sondern verkauft werden soll, an Europäer, die auf Maio einen Zweitwohnsitz einrichten wollen.

Infobox

Internet
Die Seiten www.maio.es/de (Deutsch) und www.maiocv.com (Englisch) bieten Fotos bzw. eine Reihe nützlicher und interessanter Infos über Maio.

Verkehr
Flug: Im Mai 2008 wurde der Flughafen von Maio nach einer neunmonatigen Phase des Umbaus wiedereröffnet. Nach wie vor ist er nicht international zugelassen. Die TACV fliegt ihn im Liniendienst mit Propellermaschinen dreimal wöchentlich von Praia (Santiago) an. In Planung sind Flüge ab Sal.
Fähre: Im Schiffsverkehr wird Maio nur in unregelmäßigen Abständen per Frachtschiff angefahren, das auch Personen mitnimmt.
Auf der Insel: Aluguers verkehren meist nur morgens von den verschiedenen Dörfern Richtung Vila do Maio und mittags zurück. Zu anderen Zeiten muss man einen Aluguer komplett mieten. Außerdem gibt es in Vila do Maio einen Mietwagenanbieter.

Vila do Maio

▶ Karte 3, P 16

In Vila do Maio lebt mit rund 3000 Einwohnern fast die Hälfte der Inselbevölkerung. Mit ihren farbenfroh angestrichenen, blumengeschmückten Häusern wirkt die kleine Hauptstadt sympathisch. Viel los ist hier allerdings nicht. Bei den wenigen Urlaubern handelt es sich bislang noch meist um Traveller, die ihren ganzen Ehrgeiz daran setzen, alle Inseln gesehen zu haben. Allerdings entsteht derzeit am Nordrand der Stadt, hinter den dortigen Salinen, mit der Urbanisation Fontona ein auf dem Reißbrett geplanter Stadtteil völlig neu. Erste Europäer, vor allem Deutsche und Italiener, haben sich dort eingekauft, um einen Teil des Jahres oder ständig auf Maio zu leben.

Igreja Nossa Senhora da Luz
Die Praça Fina, den zentralen quadratischen Platz, wo zwischen Blumenrabatten Bänke im Schatten hoher Bäume zur Rast einladen, dominiert die katholische Kirche, die Maria Lichtmess geweiht ist. Der Bau wurde 1872 aus einer eigens eingeführten Salzsteuer finanziert. Heute zieht er die Blicke automatisch auf sich, wegen der farbenfrohen Bemalung, die allgemein auf Maio sehr verbreitet ist. Ein breiter Treppenaufgang führt zu dem von zwei Türmen flankierten Eingang.

Einst von der Salzsteuer finanziert: Igreja Nossa Senhora da Luz

Der Frontgiebel weist barocke Elemente auf, wie sie für den portugiesischen Kolonialstil typisch sind. Innen ist die Kirche schlicht, aber sehr gepflegt.

Praça Évora

Oberhalb der Kirche erstreckt sich Richtung Süden die weitläufige Praça Évora. An ihrem oberen Rand erhebt sich die Casa L. A. Cardoso, einstmals das wohl schönste Haus von Vila do Maio, im Stil eines Sobrados errichtet. Bauherr war António Évora, der zu Beginn des 20. Jh. faktisch über das Salzmonopol auf Maio verfügte. Auch den Handel mit getrocknetem Ziegenfleisch (tchassina), das in England reißenden Absatz fand, kontrollierte er. Nach der Unabhängigkeit Kap Verdes transferierten die Erben das Familienvermögen nach Amerika.

Passeio dos Ingleses

An der Uferstraße steht auf einem Sockel aus Marmor ein steinernes Kreuz von 1955 mit einer Christusfigur (Cristo Rei). Die Straße heißt seit der Unabhängigkeit Avenida Amílcar Cabral. Viele Einheimische sprechen aber immer noch vom Passeio dos Ingleses. Vila do Maio hieß bis 1975 Porto Inglês. Denn vom 17. bis ins 19. Jh. hinein kamen jährlich etwa 80 Fischereiboote aus England, um Salz an Bord zu nehmen, das Esel von den Salinen herbeischleppten. Anschließend fuhren sie nach Neufundland, um dort Kabeljau zu fangen und mit Hilfe des Salzes zu Stockfisch zu verarbeiten.

Forte de São José

Am Südwestrand der Stadt stehen am Meer die Reste der Festung aus dem 18. Jh. Die Außenmauer wurde restauriert, der Putz bröckelt aber schon wieder ab. Um die englischen Interessen zu wahren, war lange Zeit eine englische Garnison in der Festung stationiert. 1887 richtete man einen bis heute aktiven Leuchtturm *(farol)* im Forte de São José ein. Das Leuchtfeuer steht auf einem Turm der Festung, der weithin sichtbar weiß angestrichen ist.

Salinas

Die Praia da Vila zieht sich von der Stadt aus nach Norden bis zum Hafen. Dieser besteht aus einer erst 1997 eingeweihten Betonmole, die so weit ins Meer reicht, dass große Frachtschiffe – wenn auch bei manchen Wetterlagen nur unter Schwierigkeiten – anlegen können. Zuvor war dies gar nicht möglich, was zur wirtschaftlichen Stagnation auf Maio wesentlich beitrug.

Hinter der Kaimauer dehnt sich bis zum Flughafen ein riesiger Strandsee mit Salinenbecken aus. In geringen Mengen wird heute noch Salz gewonnen und nach Guinea-Bissau ausgeführt. Die Salinen sind ein Eldorado für Vogelbeobachter, häufig finden sich hier vor allem Seeschwalben und verschiedene Watvögel ein.

Baden & Beachen

Praia da Vila (Praia Bitche Rotcha)

Der sehr feinsandige Stadtstrand ist sauber und durchaus zum Baden zu empfehlen. Hier werden die kleinen Fischerboote an Land gezogen. Wenn die Männer mit dem Fang zurückkehren, findet am Strand der spontane Fischmarkt statt.

Praia Ponta Preta

Der Strand an der Ponta Preta ist der landschaftlich vielleicht beeindruckendste Teil Maios, gut zum Baden geeignet und obendrein von der Stadt

aus gut zu erreichen (per Leihwagen oder in 15 Min. zu Fuß). Dazu wendet man sich am Kreisverkehr oberhalb der Kirche rechts, dann auf der nächsten größeren Straße links. Man kommt am Kuppelgebäude der 1985 gegründeten Verbrauchergenossenschaft vorbei. Hier werden Gasflaschen gelagert und an die Mitglieder günstig abgegeben. Im Bogen führt die Pflasterstraße aus der Stadt heraus zu dem von einer hohen weißen Mauer umgebenen Friedhof. Noch vor diesem biegt man rechts in eine breite Piste ein. Zwischen steinernen Ziegenpferchen führt die Piste Richtung Meer und hinab zum Westrand der Praia Ponta Preta. Dort wird sie von der gleichnamigen Landzunge begrenzt, die ihren Namen auffällig dunklem Lavagestein verdankt, das der Küste in Form von Felsriffen unmittelbar vorgelagert ist.

Der wunderschöne, gelbsandige und noch äußerst einsame Strand dehnt sich von hier aus etwa 6 km in östlicher Richtung aus. Infrastruktur ist bislang keine vorhanden. Ein Erschließungsgelände deutet allerdings auf das Projekt hin, hier ein Hotel mit Golfplatz zu errichten. Grundstücke an der Praia Ponta Preta werden bereits über Internetmakler angeboten, erste Bauvorhaben sind im Gang. Noch weiden auf dem Küstenplateau Ziegen. Zum Strand hin fällt die Ebene ein paar Meter steil ab. Hier tritt ein farbenfrohes, rötliches Gestein zutage. Es handelt sich um verwitterten Kalk. Weiter im Osten wird der Strand breiter, dahinter dehnt sich bald eine riesige Salzwiese aus. Dieser Abschnitt bleibt vorerst Fußgängern vorbehalten.

Übernachten

Kreativ – **Casita Verde:** Fontona, Tel. 996 06 33, www.casita-verde.de, DZ

45 €. Von einem gepflegten, hübsch gestalteten Garten umgeben, liegt das kleine Haus (zwei Gästezimmer) fünf Fußgängerminuten außerhalb von Vila do Maio direkt am Strand. Die Wohneinheiten sind nett und komfortabel eingerichtet und verfügen über Terrassen mit Meerblick. Die Besitzerin Waltraud Elisabeth Herdtweck bemüht sich sehr um ihre Gäste, serviert ein reichhaltiges Frühstück, auf Wunsch auch Abendessen (7 €), veranstaltet Musikabende und organisiert Ausflüge. Wer Kochen auf einheimische Art erlernen möchte, kann mit einer kapverdischen Köchin einkaufen gehen und die Speisen anschließend mit zubereiten. Frau Herdtweck ist Bildhauerin und stellt ihre Werkstatt auch den Gästen zur Verfügung, die hier mit Ton, Steinen oder Strandgut arbeiten können, gern auch in Gesellschaft einheimischer Künstler.

Traditionell – **Residencial Bom Sossego:** Praça Fina, Tel. 255 13 65, Fax 255 13 27, DZ 3800 ECV. Die landestypische Pension verfügt über ansprechende, zwar einfach eingerichtete Zimmer, aber mit warmem Wasser und die meisten mit Balkon. Eine Dachterrasse steht allen Gästen zur Verfügung. Im Restaurant speist man kapverdisch oder portugiesisch.

Essen & Trinken

Mediterran – **Tuttifrutti:** Rua Amílcar Cabral, Tel. 255 15 75, Hauptgerichte um 800 ECV. Das durchgestylte Restaurant mit Terrasse im Obergeschoss wird von einem italienisch-venezolanischen Paar geführt, das auf einer Weltumsegelung nach Maio kam und hier Fuß fasste. Die Küche verwendet viel Fisch und lokale Produkte. Angeschlossen ist eine kleine Boutique mit Souvenirs und Sommerkleidung.

Wunderschöne Veranda – **Casa da Pasto Ana Rita:** Tel. 255 16 60, Hauptgerichte um 600 ECV. In einem gediegenen alten Stadthaus hinter der Igreja Nossa Senhora da Luz, grün gestrichen und mit gelben Türen. Gekocht wird kapverdisch, z. B. *cachupa*.

Einkaufen

Obst, Gemüse und mehr – **Mercado Municipal:** Rua da Liberdade, tgl. 8–17 Uhr. In einer Seitenstraße, die südwärts von der Praça Fina abzweigt, steht die kleine Markthalle. Hier kann man sich mit dem Nötigsten versorgen.

Abends & Nachts

Bescheiden – **Bar Nunha:** Rua 3 de Maio/ Praça Évora. Ein wichtiger Treffpunkt der Einheimischen ist abends die Praça Évora. Auf der überdachten Terrasse der kleinen Bar steht nur ein Tisch!

Infos & Termine

Termine

Festa de Santa Cruz: 1.–3. Mai. Das Kreuzerhebungsfest am 3. Mai (s. S. 33) fällt mit den Feierlichkeiten zum Gedenken an die Entdeckung der Insel am 1. Mai 1460 zusammen, der Maio seinen Namen verdankt. So wird tagelang kräftig gefeiert.

Festa São João: 24 .Juni. In der Johannisnacht gibt es traditionelle Tabanka-Tänze (s. S. 34) zu erleben. Anschließend wird ein großes Feuer entzündet. Die Feierlichkeiten dauern bis zum 26. Juni an.

Festa do Cristo Rei: 21. Nov. Das Fest wird zu Ehren von Jesus Christus mit traditionellen Tänzen und Gesängen gefeiert.

Verkehr

Flug: TACV-Büro: am nördlichen Orts-ausgang neben der Shell-Tankstelle, Tel. 255 12 56. Drei Flüge pro Woche von/nach Praia (Santiago). Am Flugha-fen warten Aluguers für die Fahrt nach Vila do Maio.

Fähre: Einen regelmäßigen Fährdienst nach Maio gibt es nicht. Frachtschiffe nehmen Passagiere mit.

Aluguer: Abfahrt am Ortsausgang Richtung Figueira. Morgens fahren die Wagen in die Stadt und am frühen Nachmittag wieder zurück in die Dör-fer (*passagem* nach Morro 50 ECV).

Mietwagen: Maio Car, Av. Amílcar Ca-bral (Straße Richtung Flughafen), Tel. 255 17 00, maiocar@cvtelecom.cv. Ver-schiedene Wagen mit Vierradantrieb (3500–5500 ECV).

Morro ▶ Karte 3, P 15

Kleine Kokospalmenhaine umstehen den nördlich des Flughafens etwas landeinwärts gelegenen, noch sehr ru-higen Ort Morro. Die Bewohner halten Kühe, Schweine, Ziegen und Hühner. Aus dem Meer holen sie Langusten und Tintenfisch. Rund 1 km westlich von Morro liegt ein schöner, hellsandi-ger Badestrand, dem ein großes tou-ristisches Potenzial nachgesagt wird. Investoren beginnen derzeit mit dem Abstecken von Grundstücken und der Errichtung erster Zweitwohnsitze für den Verkauf an Europäer. Zwei Ferien-anlagen südlich des Ortes an der Playa Boca d'Morro (ausgeschildert als Al-deia Turística), die schon vor Jahren er-öffnet wurden, sind allerdings inzwi-schen geschlossen. Noch finden sich im Sommer Meeresschildkröten am Strand von Morro ein, um hier ihre Eier abzu-legen. Am Meeressaum entlang kann man bis zum rund 6 km entfernten Ort Calheta laufen.

Wanderung auf den Monte Batalha

Im Nordosten von Morro erhebt sich der Monte Batalha, mit seinen 294 m doch ein markanter Berg innerhalb ei-nes lang gestreckten Höhenzugs. Der Gipfel mit großartiger Aussicht ist von Morro aus zu Fuß zu erreichen (hin und zurück 4–5 Std.), der Weg beginnt an der Hauptstraße nördlich der Kirche. Am besten unternimmt man diese Wanderung mit einem Führer (z. B. über Casita Verde).

Bird-Watching

Die Westküste von Maio bei Morro bie-tet beste Bedingungen für die Vogel-beobachtung. Der Aufwand für eine solche Expedition hält sich dabei in Grenzen, denn sogar vom Auto aus sind an der Straße Richtung Calheta die verschiedensten exotischen Vogel-arten auszumachen. Häufig werden Wüstenläufer, Sandlerche und Renn-vögel gesichtet. Aber nicht selten su-chen auch Fischadler diese Küstenre-gion auf.

Einkaufen

Keramik – **Artesanato:** am nördlichen Ortsrand. Handwerker aus Morro stel-len hier ohne Töpferscheibe im Auf-bauverfahren Tonwaren her, speziell Töpfe und andere Kochutensilien mit abstrakten Verzierungen. Man kann bei der Arbeit zuschauen und die Pro-dukte käuflich erwerben. Es handelt sich um eine von mehreren Kooperati-ven, die in jüngerer Zeit auf Maio ge-gründet wurden um das traditionelle Töpferhandwerk zu fördern. Der auf der Insel zu findende Ton gilt als be-sonders hochwertig.

Calheta ► Karte 3, P 15

Die zweitgrößte Ansiedlung von Maio ist Calheta, dessen Bewohner vorwiegend vom Fischfang und, wie in Morro, der Viehhaltung leben. Viele Menschen sind in der Vergangenheit von hier nach Übersee emigriert und überweisen ihren daheim gebliebenen Verwandten regelmäßig Geld, weshalb sogar ein bescheidener Wohlstand im Ort zu beobachten ist. Die hübsche Kirche besitzt eine auffällig breite, weiß und gelb angestrichene Fassade. Beachtung verdient die von außen zugängliche Seitenkapelle mit ihrem Spitzbogen. Hier, an der blumengeschmückten Praça vorbei, lohnt es sich, links einzubiegen, um die einstöckigen Häuser mit bunten Fassaden und ge-

Ein häufiger Gast der Küste: der Fischadler

pflegten Vorgärten zu bewundern. Sogar zwei doppelstöckige Gebäude – eine Besonderheit für ein Dorf wie Calheta – stehen in der Rua São José, der Hauptstraße. Treppenaufgänge führen außen an der Vorderseite zur Veranda im Obergeschoss.

Nördlich von Calheta beginnt ein großes Waldgebiet, das in den 1970er-Jahren durch Aufforstung mit Akazien entstanden ist, um dann als Weideland für Vieh zu dienen. Große Heuschrecken fliegen hier wie Vögel umher. Auch lassen sich Schwärme von den gar nicht scheuen Schopfperlhühnern beobachten. Dieser in ganz Westafrika heimische Vogel gilt als Stammform unserer Hausperlhühner. Maio war einst zwar nicht wirklich dicht bewaldet gewesen, doch bedeckte ursprünglich niedriges Buschwerk die ganze Insel. Dieses wurde seit dem 18. Jh., als der Salzhandel blühte und die Bevölkerung stark anwuchs, als Brennholz verfeuert. So präsentierte sich Maio bis zu Beginn der Aufforstungsbemühungen durchweg als wüstenhaft und kahl.

Praia de Pau Seco

Eine beschilderte Piste führt zu diesem einsamen Strand nördlich von Calheta. Zum Baden, mehr noch zum Schnorcheln, eignet sich die Praia de Pau Seco recht gut. Einige Vorsicht ist aber wegen der vorgelagerten Felsen angeraten. In den Wintermonaten fehlt es dem Strand an Sand.

Termine

Festa de São José: 19. März. Zu Sankt Josef ziehen in Calheta Tabanka-Tänzer (s. S. 34) durch die Straßen. Der Ort wird in ganz Kap Verde für diese allegorischen Umzüge gerühmt.

Morrinho ► Karte 3, P 15

In Morrinho ist lediglich die Hauptstraße ein wenig belebt. Viele Häuser im Ort stehen leer und verfallen, denn in früheren Jahrzehnten sind viele Bewohner ausgewandert. Oleanderbüsche zieren den weiten Vorplatz der Dorfkirche mit ihrer asymmetrischen Fassade und dem seitlich in Bodennähe angebrachten Glockenstuhl.

Die verbliebenen Menschen leben auch in Morrinho von der Viehhaltung. Sie füttern die Tiere mit den Schoten von Akazien. Außerdem produzieren sie Holzkohle. Der Prozess ist sowohl an der Hauptstraße (an beiden Ortsausgängen) als auch an der Piste, die von der Kirche westlich aus Morrinho hinausführt, zu beobachten. Zu Haufen aufgeschichtet schwelt Akazienholz vor sich hin und verwandelt sich allmählich in Kohle. Diese wird in große Säcke verpackt und auf die anderen Inseln exportiert. Der lichte Akazienwald, der in den letzten Jahrzehnten durch Aufforstung entstand, erstreckt sich inzwischen auf 700 ha Fläche von Calheta über Morrinho bis zum östlichen Nachbarort Cascabulho, wo die Pflasterstraße von Vila do Maio endet. Die weitere Planung sieht vor, den Wald auf 3000 ha auszudehnen. Schon vermehren sich die Akazien sogar von selbst, sodass genügend Material für die Herstellung von Holzkohle vorhanden ist, ohne dass der Bestand der Bäume gefährdet wäre.

Turtle-Watching

Bei Morrinho dehnt sich 2 km entfernt, in der Baía de Santana, ein 5 km langer, einsamer Sandstrand aus. Nur die Fischer des Ortes nutzen ihn, um hier ihre Boote anzulanden. Zum Baden ist er wegen unberechenbarer Strömungen kaum geeignet. Hier legt die Un-echte Karettschildkröte im Sommer noch regelmäßig ihre Eier ab. Geführte Exkursionen zu diesem nächtlichen Er-eignis gibt es bislang nicht. Im Norden schließen weitere, schwer zu errei-chende Strände an, so die Praia Real und die Praia do Galeão, die ebenfalls für die zahlreichen hier zu beobach-tenden Schildkröten bekannt sind. Im Hinterland dieser Strände erstrecken sich Dünen und trockene Salzwiesen, die vollkommen ebenen, mit einer dür-ren salzliebenden Flora bewachsenen Terras Salgadas. Nach Regenfällen können diese monatelang nicht per Jeep befahren werden, da die Gefahr des Steckenbleibens dann sehr groß ist. Diese natürlichen Salinen entste-hen durch Einsickern von Meerwasser unter dem Dünengürtel hinweg oder auch durch Überschwemmung bei starkem Wellengang.

In den Süden und Osten der Insel

Die Osthälfte von Maio ist großenteils nur auf Pisten zu erreichen. Die Tour kann zu einer tagesfüllenden Insel-rundfahrt gegen den Uhrzeigersinn ausgebaut werden. Einkehrmöglich-keiten gibt es unterwegs nicht, abge-sehen von den üblichen Mercerias/ Bars, daher empfiehlt es sich, Proviant und Getränke mitzunehmen. In östli-cher Richtung verlässt man Vila de Maio an der Shell-Tankstelle vorbei.

Barreiro und Figueira da Horta

Etwa 5 km östlich von Vila do Maio zweigt rechts eine Pflasterstraße nach Barreiro ab. Der Abstecher führt über

ein von Gestein übersätes Plateau, in das sich bizarre Täler eingeschnitten haben. Mehrere Ortsteile von Barreiro verteilen sich über die dazwischen ste-hen gebliebenen ›Finger‹ der Ebene. Einige Grünanlagen und Parkbänke zeugen in Barreiro von relativem Wohlstand. Ähnlich wie in Calheta gibt es hier sogar auch ein paar zweistö-ckige Häuser.

Auf der Hauptstraße ist nach weite-ren 2 km Figueira da Horta erreicht, ein niedlicher Ort mit verwinkelten Stra-ßenzügen. Man fährt an der hübschen Kirche mit ihrer Natursteinfassade vor-bei und biegt dann rechts ab. Eine Pflasterstraße führt aus dem Ort he-raus und quert wenig später das Tal der Ribeira Figueira, wo Zuckerrohr und Gemüse angebaut werden. Ein wenig wirkt der Talgrund wie eine Oase inmitten der ansonsten staubtro-ckenen Landschaft.

Ribeira Dom João

Die Straße endet in Ribeira Dom João. Dieser Ort liegt auf einer Anhöhe am Rand des gleichnamigen Tals, das rela-tiv dicht mit Kokospalmen bestanden ist. Vom Dorf aus ist der einige hundert Meter entfernte, hellsandige Strand an der Flussmündung zu sehen. Eine sehr abenteuerliche Piste (besser zu Fuß ge-hen) führt kurz vor Straßenende steil hinab zu der breiten, geschützten Praia. Da die Dorfbewohner selten aus-wärtigen Besuch bekommen, wird man dort beim Baden schnell die Neu-gierde der Kinder und Jugendlichen erwecken.

In Ribeira Dom João wird, wie auch in den Orten davor, ein äußerst schmackhafter Frischkäse aus Ziegen-milch hergestellt, der in Kap Verde ei-nen ähnlich guten Ruf genießt wie derjenige von Santo Antão (s. S. 181).

Alcatraz

Östlich von Figueira da Horta, an der Straße nach Ribeira Dom João, zweigt noch vor dem Tal der Ribeira Figueira eine sichtlich viel befahrene Piste in nördlicher Richtung ab, einen Bergrücken hinauf, den Talgrund zur Rechten. Sie ist extrem ausgewaschen. Die Route quert den in mehrere Arme aufgespaltenen oberen Talgrund der Ribeira Figueira. Hier wird Bewässerungsfeldbau betrieben: Maniok, Zuckerrohr, Bananen, Süßkartoffeln, Zwiebeln. Wiederholt verzweigt sich die Piste, die Spuren führen stets wieder zusammen.

Nach Verlassen des Tals kommt man auf eine wellige, öde Ebene, die Hirten mit ihren Kühen und Ziegen durchstreifen. Esel tragen Kanister mit Wasser aus dem feuchten Talgrund herauf. Einziger Baum weit und breit ist eine gewaltige Feige, ein uraltes knorriges Exemplar. Sie gilt als letzte Zeugin eines einstmals größeren Feigenbestandes. Der Monte Branco (265 m) dominiert die Gegend. Seinen Namen (Weißer Berg) verdankt er dem auffällig hellen Kalkgestein.

Hinter einem weiteren Talgrund gelangt man nach Pilão Cão, einem winzigen Dorf mit Viehställen ringsum. Am Ende der im Ort gepflasterten Hauptstraße geht es im Bogen links weiter und auf einer Piste aus der Siedlung heraus. Nächstes Ziel ist Alcatraz. Auch hier gibt die Viehhaltung den Ton an. Die Hauptpiste führt westlich vorbei, man sollte aber den Abstecher in das noch sehr ursprüngliche Dorf nicht versäumen.

Zwischen Alcatraz und Pedro Vaz erhebt sich links der Monte Penoso, mit

Schnorchler finden ein bisher kaum entdecktes Paradies vor den Küsten von Maio

436 m höchster Berg von Maio. Einsam steht die Capela Nossa Senhora do Rosário am Pistenrand. Die Wallfahrtskapelle ist das einzige erhaltene Gebäude des ehemaligen Dorfes Povoação Penoso, der ältesten Siedlung von Maio, die bis ins 18. Jh. hinein existierte. Eine Mauer umgibt das idyllische Gelände, in dem einige Akazien Schatten bieten. Normalerweise ist die Rosenkranzkapelle verschlossen. Ein Gedenkstein über dem Eingang und ein Giebelkreuz schmücken die Fassade.

Pedro Vaz

Gleich hinter dem nächsten Bergrücken taucht in einer Senke Pedro Vaz auf. Vom Wind angetriebene Wasserschöpfräder fördern das notwendige Nass für ein wenig Bewässerungsanbau. Hier gibt es einen Zwillingsrundbau, in dem die örtliche Verbrauchergenossenschaft ihren Sitz hat, ähnlich wie in Vila do Maio. Im Zentrum knickt die Piste nach links, dem Talgrund aufwärts folgend, von Steinmauern gesäumt. Nach Verlassen des Tals geht die Fahrt durch eine Savanne, die schon zu dem großen Aufforstungsgebiet im Nordwesten von Maio gehört. Eine breite Abzweigung nach links wird ignoriert. Dann gabelt sich die Piste mehrfach, doch die Spuren führen immer wieder zusammen. Schon bald erblickt man den Ort Cascabulho. Dort beginnt die Pflasterstraße, die über Calheta nach Vila do Maio führt.

Termine

Festa Nossa Senhora da Luz: 2. Feb. Zu Ehren von Maria Lichtmess, der Inselpatronin, findet eine Wallfahrt zur Rosenkranzkapelle statt.

Fogo und Brava

Highlights!

São Filipe: Der Hauptort von Fogo gilt als besonders malerisch. Herrschaftliche Häuser aus vergangenen Jahrhunderten prägen das Stadtbild, einige wurden in romantische Unterkünfte verwandelt. S. 248

Chã das Caldeiras: Niedrige Steinhäuser aus dunklem Lavagestein sind charakteristisch für den fast 2000 m hoch gelegenen, von steilen Felswänden umgebenen Ort. Die Bewohner leben von Weinbau und neuerdings auch Wandertourismus. S. 263

Auf Entdeckungstour

Vulkanismus auf Fogo hautnah: Das Inselinnere von Fogo entstand durch gewaltige Eruptionen von Lava, Lapilli und Aschen. Dem letzten Ausbruch 1995 verdankt der Pico Pequeno seine Existenz. Er wie auch der große Pico, zweithöchster Berg im Nordatlantik, sind zu erwandern. S. 250

Fogo

Vulkanismus hautnah

Chã de Caldeiras

▲ Pico Pequeno

São Filipe

Bordeira

Faja do Água • Vila Nova Sintra

Nossa Senhora do Monte

Brava

Kultur & Sehenswertes

Kaffee: Am Nordhang von Fogo erstrecken sich einige Kaffeepflanzungen. Die Produktion lohnt kaum noch, doch die Qualität des Fogo-Kaffees gilt als besonders gut. S. 262

Nossa Senhora do Monte: In der Wallfahrtskirche im Inselinneren von Brava verehren die katholischen Gläubigen die Bergjungfrau. Der kapverdische Bischof hält hier seine Messen, wenn er Brava besucht. S. 278

Aktiv & Kreativ

Abenteuertrekking: Die Bordeira ragt 1000 m über dem Hochland von Chã das Caldeiras auf. Ein abenteuerlicher, aber von Geländern gesicherter Weg führt oben entlang. S. 268

Wandern: Brava bietet eine Reihe von Wandermöglichkeiten abseits der üblichen touristischen Pfade. Die vielleicht schönste Tour führt durch das idyllische Tal von Fajã de Água. S. 275

Genießen & Atmosphäre

Le Bistro: Renates gemütliches Lokal ist *der* Treffpunkt in São Filipe. Gekocht wird italienisch und kapverdisch. S. 255

Cooperativa Produção Vinho do Fogo MANECOM: Winzige Rebstöcke verteilen sich in der Hochebene von Chã das Caldeiras in karger vulkanischer Landschaft. Der Fogo-Wein ist einmalig für die Kapverden. S. 266

Abends & Nachts

Tropical Club: In dem Restaurant in São Filipe finden am Wochenende (Fr, Sa) kapverdische Nächte statt, mit Livemusik und Tanz. Es wird Wert auf schicke Kleidung gelegt. S. 254

Fogo – pittoreske Hauptstadt, großartige Vulkanlandschaft

Die Hauptstadt São Filipe ist mehr als einen Rundgang wert. Hier stehen noch zahlreiche alte Herrenhäuser im Kolonialstil. São Filipe bietet auch die Unterkünfte der Insel. Ein weiterer, vielleicht noch größerer Höhepunkt eines Besuchs auf Fogo ist die Auffahrt zur Caldeira, dem Riesenkrater im Inselinneren mit dem gewaltigen Vulkan Pico do Fogo und dem erst 1995 bei der jüngsten Eruption auf den Kapverden entstandenen Pico Pequeno. Ein besonderes Erlebnis ist die Übernachtung in einem einfachen, landestypischen

Quartier in der bizarren Gebirgswelt von Chã das Caldeiras. Andere, lieblichere Landschaftstypen erschließen sich bei einer Inselrundfahrt in tiefer gelegenen Zonen. Bei Mosteiros, wo es kleine Pensionen gibt, dehnen sich üppig grüne Kaffeeplantagen aus. Karger sind der Süden und Westen von Fogo, letzterer mit den berühmten Brandungspools an der Ponta da Salina bei São Jorge.

São Filipe ! ▶ Karte 3, G 17

São Filipe (7900 Einw.) ist nach Ribeira Grande auf Santiago die älteste Siedlung der Kapverden. Bis heute ist sie auch eine der wichtigsten Städte des Archipels und neben Praia und Mindelo die einzige die den Titel Cidade (Großstadt) führt. Dennoch belebt sie sich meist nur vormittags, wenn Menschen von der ganzen Insel per Aluguer zum Einkaufen hierherkommen. Mittags fahren sie in ihre Dörfer zurück. Danach, wie auch am gesamten Wochenende, geht es in São Filipe ausgesprochen ruhig zu.

Eine bedeutende Achse ist der Alto Saõ Pedro, ein lang gestreckter, parkähnlich gestalteter Platz. Er trennt die zwei Stadtbezirke des historischen Zentrums, die Vila Riba (Oberstadt), früher das Wohnviertel der Sklaven, und die Vila Baixa (Unterstadt), wo die Herrschaft residierte. Dort stehen noch viele schöne Kolonialhäuser aus dem 18./19. Jh. Insgesamt 50 dieser Sobrados soll es im Ort noch geben. Vor allem an der Praça 12 de Setembro, wo sich auch die Câmara Municipal (Rathaus) erhebt, sowie in der Umgebung

---

Infobox

Es gibt auf Fogo keine offizielle Touristen-Informationsstelle. Im Internet informiert die Seite www.fogo.cv (Portugiesisch).

Verkehr
Flug: Fogo ist per Inlandflug mit der TACV fast täglich ab Praia (Santiago) zu erreichen.
Fähre: Eine Autofähre der STM Lines verkehrt einmal wöchentlich von Praia (Santiago) über São Filipe (Fogo) nach Furna (Brava). Außerdem gibt es mehrmals wöchentlich Frachtschiffverbindungen (mit Passagiermitnahme).
Auf der Insel: Aluguers fahren in unregelmäßigen Abständen von São Filipe nach Mosteiros, São Jorge/Ponta da Salina und Chã das Caldeiras. Meist ist man auf die Komplettanmietung angewiesen. Mietwagen können über die Hotelrezeptionen von privat organisiert werden.

der katholischen Pfarrkirche sind sie zu finden. Über die Vila Baixa lässt sich vom Aussichtsbalkon am Westrand des Platzes oder von der Terrasse des dortigen Le Bistro ein guter Überblick gewinnen. Der Alto São Pedro geht nach Norden in die idyllische Pracinha über, einen rautenförmigen kleineren Platz, wo gegen Mittag stets zahlreiche Menschen mit ihren auf dem Markt getätigten Einkäufen auf die Abfahrt der Aluguers in Richtung Inselnorden warten.

Mercado Municipal

Der Markt wird unterhalb des Alto São Pedro abgehalten. Vormittags herrscht hier dichtes Gedränge. Aus allen Inselteilen kommen Menschen, um sich mit Lebensmitteln zu versorgen. In der Halle werden Obst, Gemüse, Gewürze und Fleisch verkauft. Ab dem späteren Vormittag, wenn die Fischer mit ihrem Fang eingelaufen sind, putzen auf der Straße die Fischverkäufer ihre Ware und andere preisen sie lautstark an. Um den Mercado herum reihen sich zahlreiche einfache, gut besuchte Bars.

Casa da Memória

Praça 12 de Setembro, Tel. 281 27 65, Mi–Fr 10–12 Uhr oder auf Anfrage
In einem Sobrado, der 1820 als Handelshaus errichtet wurde, logiert die Casa da Memória (Haus der Erinnerung). Das kleine Privatmuseum illustriert in drei Sälen anhand von Möbeln, Porzellan, Fotos und Alltagsgegenständen aus 200 Jahren die Stadtgeschichte von São Filipe. Zumeist stammen die Exponate aus den Häusern der ehemals Wohlhabenden. Haus- und landwirtschaftliches Gerät zeugt aber auch vom Leben der einfachen Bevölkerung. Die Schweizerin Monique Widmer hat die Sammlung

Noble alte Stadtpaläste sind das Markenzeichen von São Filipe

Auf Entdeckungstour

Inseln aus dem Feuer – Vulkanismus auf Fogo hautnah

Die frühen Seefahrer nannten Fogo zunächst São Filipe, nach dem Heiligen, auf dessen Tag die Entdeckung der Insel fiel. Erst nach zahlreichen Vulkanausbrüchen setzte sich der Name Fogo (Feuer) durch.

Zeit: ein Tag, mit Besteigung des Pico do Fogo zwei Tage

Planung: Nach Chã das Caldeiras per Taxi oder Aluguer. Der Pico Pequeno kann gut ohne Führung bestiegen werden. Bergführer für den Pico do Fogo vermittelt Renate vom Le Bistro in São Filipe (s. S. 255) oder Chãtour in Chã das Caldeiras (s. S. 269).

Start: São Filipe, vor dem Markt. Hier fahren vormittags die Aluguers ab.

Chã das Caldeiras

Die Fahrt dorthin kann je nach Zustand der Straßen zwei Stunden dauern. Chã das Caldeiras bezeichnet einen gewaltigen, halbkreisförmigen, mehr oder weniger ebenen Felskessel auf einer Höhe zwischen 1600 und 1700 m über dem Meer. Er hat einen Durchmesser von ca. 9 km. Von Süden über die Westseite überragt ihn eine fast senkrechte Reihe von Felswänden, die Bordeira. An der Ostseite erhebt sich majestätisch der Pico do Fogo.

Lange Zeit vermuteten die Geologen, beim Chã das Caldeiras handele es sich um einen klassischen Einsturzkrater (Caldeira). Dieser setzt eine oberflächennahe Magmakammer voraus. Hat sich diese entleert oder ins Erdinnere zurückgezogen, stürzt der Berg senkrecht in sich zusammen.

Neuere Studien haben gezeigt, dass auf Fogo eine solche oberflächennahe Magmakammer nie vorhanden war. Vielmehr speisen sich die Ausbrüche von einer mehr als 15 km unter der Erdoberfläche gelegenen Magmakammer. Die Untersuchungen des jüngsten Ausbruchs von 1995 bestätigten noch einmal diese Theorie. Der Chã das Caldeiras soll demnach durch einen enormen Erdrutsch entstanden sein, der vom Vulkan Monte Amarelo im nordwestlichen Teil der Bordeira ausging. Anschließend hat der Pico do Fogo die entstandene Lücke gefüllt.

Ausbrüche in historischer Zeit und der Pico Pequeno

Vom Jahre 1500 bis heute wurden 26 Ausbrüche gezählt. Im Schnitt kommt es also alle 20 Jahre zu einem solchen Ereignis. Bis zum Jahr 1750 kamen alle Eruptionen aus dem Krater des Pico do Fogo. Seither hat sich die Aktivität auf seine Flanken und in den Chã das Caldeiras verlagert. Im 20. Jh. fanden nur

zwei Ausbrüche statt: 1951 mit zwei Austrittsstellen, eine im Norden, die andere im Süden vom Chã das Caldeiras, sowie 1995. Bei Letzterem entstand der Pico Pequeno. Der Ausbruch begann in der Nacht vom 2. auf den 3. April. Vor Mitternacht öffneten sich am Fuß des Pico do Fogo die ersten Spalten. Gegen 2 Uhr am 3. April war die Straße durch den Chã das Caldeiras bereits mit vulkanischem Material bedeckt. Es folgten explosive Eruptionen und ein Ascheregen. Gesteinsbrocken wurden bis zu 4000 m hoch geschleudert. Danach traten nur Lavaströme aus. Erst am 26. Mai 1995 kam der Ausbruch zum Erliegen. Die Lava deckte eine Fläche von fast 5 km^2 zu und zerstörte fruchtbares Land. Erst kurz vor dem Westrand der Bordeira stoppte der Lavafluss. Fast 2000 Menschen wurden obdachlos.

Der Pico Pequeno ist relativ leicht zu besteigen. Von seinem Gipfel bietet sich ein beeindruckender Blick in den Schlund, von dem aus die Lavamassen ihren Ausgang nahmen. Einige Vertiefungen sind noch so heiß, dass sich Reisig innerhalb weniger Minuten selbst entzündet.

Der direkte Aufstieg beginnt ca. 3 km nach Einbiegen in den Parque Natural do Fogo (Schild). Nach einigen Kurven folgt zunächst ein gerader Straßenabschnitt und dann eine Linkskurve. An einem steinbruchartigen Kessel vor der nächsten Rechtskurve, noch vor dem ersten Dorf von Chã das Caldeiras, befindet sich der Einstieg in die Wanderung. Eine schmale Trittspur zweigt nach Osten von der Straße ab. Sie führt zwischen einem niedrigen, schwarzen Hügel und einem braunen Lavafeld hindurch. In einigen Kurven geht es zunächst über ein Lapillifeld (Lapilli sind winzige bis kieselgroße, runde Lavabrocken). Der Weg entfernt sich dann von dem Lavastrom und man wandert direkt unterhalb des Pico Pequeno auf den Gipfel des großen Pico do Fogo zu. Am Pico Pequeno ist links die Aufstiegsroute gut zu erkennen. Die Austrittstelle der Lava von 1995 wird im Uhrzeigersinn umrundet, bis sich linker Hand ein symmetrischer Aschekrater öffnet. Zwischen diesem und dem Krater des Pico Pequeno geht es mehr oder weniger weglos zu einem weiteren Lapillifeld, auf dem man in großem Bogen wieder zur Straße gelangt. Mit einer reinen Gehzeit von ca. 1.15 Std. ist zu rechnen.

Pico do Fogo

Mit seinen 2829 m ist der Pico do Fogo der zweithöchste Berg im Nordatlantik (nach dem Pico del Teide auf Teneriffa). Es handelt sich um einen klassischen Schicht- bzw. Stratovulkan. Ascheeruptionen und Lavaflüsse wechselten sich ab und bildeten so die

Schwarzer Strand aus Lavasand bei São Filipe

Schichten, aus denen sich der Berg zusammensetzt.

Für die Besteigung empfiehlt sich ein einheimischer Führer. Außerdem sollte man in Chã das Caldeiras übernachten (s. S. 263), um frühzeitig starten zu können. Hier eine kurze Zusammenfassung, was den Wanderer erwartet: Vom Dorf Portela führt zunächst eine Piste bis zum Einstieg. Dann folgt anfangs ein gemächlicher Serpentinenanstieg über Asche- und Lapillifelder bis zu einer gerölligen Flanke an der Nordseite des Berges. Über dieses Geröll steigt man nun mehr oder weniger weglos fast in Falllinie aufwärts, bis zu einem langen Aschefeld. Dann folgt ein Anstieg über Serpentinen und Geröll bis zum oberen Kraterrand auf ca. 2750 m Höhe. Der eigentliche Gipfel ist für Wanderer zu anspruchsvoll. Auch Kletterer sollten von seiner Bezwingung Abstand nehmen, denn das Gestein ist zu brüchig. Auf derselben Route steigt man wieder zu dem Aschefeld ab. Dann beginnt der eigentliche Spaß. Knapp 1000 Höhenmeter lassen sich nun abwärts rutschend oder hüpfend bewältigen. Dabei staubt es gewaltig, daher Fotoapparate eventuell in Plastiktüten verstauen und Brillen mit Kunststoffgläsern nach dem Abstieg ganz vorsichtig mit Wasser reinigen.

Für den Aufstieg sind ca. 3–4 Std. zu rechnen. Der Abstieg lässt sich hingegen in einer halben Stunde bewältigen. Für die gesamte Tour sollten ab Portela 4–5 Std. eingeplant werden. Auch wenn es in Chã das Caldeiras sehr warm sein sollte, ist dies kein Garant für angenehme Temperaturen in größeren Höhen. Häufig weht dort ein kalter Wind. Lange Hosen und Windjacke sind daher dringend zu empfehlen. Schatten gibt es übrigens auf der gesamten Tour keinen.

zusammengetragen, bevor es für manche Ausstellungsstücke zu spät gewesen wäre. Denn vieles droht auf Fogo verloren zu gehen, weil der Wert von den Besitzern nicht erkannt wird. So ist die Casa da Memória auch keineswegs nur als Touristenattraktion gedacht, sondern soll bei den Einheimischen Interesse für die eigene Vergangenheit wecken. In einem Anbau ist eine kleine, aber äußerst wertvolle Bibliothek mit Titeln zu den Kapverdischen Inseln untergebracht.

Igreja Nossa Senhora da Conceição

Im unteren Teil der Vila Baixa steht die schlichte katholische Pfarrkirche. Sie wurde im 19. Jh. im Stil des Kolonialbarocks errichtet. Kirchenpatronin ist die Schutzheilige Portugals, die Empfängnismadonna. Mitsamt der zwei Glockentürme wurde das Gotteshaus in den vergangenen Jahren innen wie außen restauriert und konnte 2007 nach längerer Schließung wieder eingeweiht werden.

Um den Kirchenvorplatz gruppieren sich die ältesten Sobrados von São Filipe, die teilweise auf die Mitte des 18. Jh. zurückgehen. Am unteren Rand des Platzes steht die ehemalige Befestigungsanlage Fortim Carlota. Bis 2005 war hier das Stadtgefängnis von São Filipe untergebracht. Jetzt wartet das Fort auf eine neue Bestimmung.

Antigo Cemitério

Von Kirchvorplatz aus blickt man über ein Flusstal hinweg auf den alten Friedhof. Zu erreichen ist er allerdings über die Straße zum Flughafen. Am Stadtrand geht es rechts abwärts, dann die nächste breitere Straße links und vor einer Schule nochmals rechts. Vom Ende der Straße muss man dann noch ca. 100 m zu Fuß durch wegloses Gelände abwärts gehen.

Die jüngsten Gräber auf dem Antigo Cemitério wurden, seinem Namen zum Trotz, noch in den 1990er-Jahren angelegt. Viele Grabstätten stammen allerdings aus dem 19. Jh. Die aufwendigeren unter ihnen, die der weißen Oberschicht gehörten, sind im klassizistischen Stil gehalten, mit Säulen oder Pfeilern verziert. Der Marmor wurde eigens aus Portugal importiert. Ganz links trifft man auf die letzte Ruhestätte einer deutschen Familie namens König. Sie kam um die Wende zum 20. Jh. nach Fogo.

Baden & Beachen

Praia de São Filipe (Praia da Bila)

Zum dunkelsandigen Stadtstrand, der durch eine 40 m hohe Felswand von der darüber gelegenen Stadt getrennt ist, führt eine Treppe hinab, die unterhalb des Fortim Carlota beginnt. Der Strandabschnitt direkt unterhalb der Stadt ist weniger attraktiv. Besser läuft man ein Stück Richtung Süden, wo der Strand breiter und sauberer wird. Oberhalb dieses Strandabschnitts erstreckt sich ein Wohngebiet mit noch recht neuen Häusern, die vielfach von Emigranten errichtet wurden. Aufgrund des Seegangs ist der Strand übrigens nur selten zum Baden geeignet.

Porto de Vale de Cavaleiros

4 km nördlich der Stadt liegt der Hafen von São Filipe. Er belebt sich, wenn ein Fracht- oder Fährschiff anlegt, was nur wenige Male pro Woche der Fall ist. Ansonsten halten sich hier lediglich ein paar Fischer auf, die ihre kleinen offenen Boote über eine Rampe an Land ziehen, da der Wellengang im Hafenbecken sehr stark ist. An den Bereich der Fischer grenzt ein schmaler Sandstrand. Zum Baden ist er eine gute Alternative zum Hauptstrand der Stadt.

Fogo

Das Wasser ist sehr viel ruhiger und trotz der Hafennähe auch sauberer. Ein schlichter Kiosk verkauft Getränke, Kekse und Süßigkeiten. Taxis und Aluguers stehen hier nur bei Fährankünften bereit. Den Rücktransport sollte man also vorher organisieren.

Übernachten

Die komfortable Variante – **Xaguate:** an der Straße Richtung Hafen, Tel. 281 5000, Fax 281 12 03, www.xaguate hotel.com, DZ um 9500 ECV. Vom Pool des 4-Sterne-Hotels bietet sich ein schöner Blick auf das Meer und Teile der Stadt. Schattige Sitzgelegenheiten gibt es im Garten, Bar und Restaurant sind vorhanden. Das Hotel wurde 2005 komplett renoviert. Die Einrichtung ist jetzt stilvoll und zugleich modern, die Zimmer sind gut ausgestattet und geräumig. Autovermietung und Buchung von Ausflügen über die Rezeption.

Im Sobrado wohnen – **Casa Renate:** Baixo da Igreja, Tel. 281 25 18, Fax 281 16 41, renatefogo@gmx.de, DZ ca. 3500–4500 ECV. Die Betreiberin des Le Bistro (s. u.) vermietet in einem restaurierten Sobrado bei der katholischen Kirche ansprechende Zimmer mit Balkon und Meerblick. Einige sind mit Küche ausgerüstet. Frühstück (im Zimmerpreis eingeschlossen) wird im Le Bistro serviert.

American Style – **Pensão Las Vegas:** Rua Achada Pato, Tel./Fax 281 12 81, DZ ca. 4000 ECV. Die Pension unterhalb der Pracinha verfügt über ein Restaurant und eine Dachterrasse zur allgemeinen Benutzung.

Modern – **Open Sky:** Vila Baixa, Tel. 281 27 26, DZ 3500 ECV. Am Nordwestrand der Unterstadt liegt diese zeitgemäße, blitzsaubere Unterkunft. Im hauseigenen Restaurant wird sehr gut einheimisch gekocht.

Stilvoll – **Pousada Belavista:** Achada Pato, Tel. 281 17 34, Fax 281 18 79, DZ 3000–3500 ECV. Ein restaurierter Sobrado wurde in einen Gasthof verwandelt, der familiär geführt wird. Die geräumigen Zimmer verfügen nur teilweise über warmes Wasser. Man trifft sich im schönen Innenhof.

Schlicht, aber bewährt – **Pensão Fátima:** nahe der katholischen Kirche, Tel./Fax 281 13 59, DZ 2500–3000 ECV. Die sauberen, einfachen Zimmer verfügen z. T. über einen Balkon. Ansonsten steht allen Gästen die Dachterrasse zur Verfügung. Allerdings gibt es nur kaltes Wasser.

Essen & Trinken

Angenehm – **Calerom:** Rua Achada Pato, Tel. 281 32 96, Hauptgerichte 700–800 ECV. Am Nordrand der Innenstadt gegenüber vom Hospital liegt dieses Lokal. Im hübschen Patio herrscht eine gemütliche Atmosphäre. Gelegentlich wird Livemusik gespielt. Die Küche ist solide.

Am Wochenende Musik – **Tropical Club:** oberhalb vom Alto Saõ Pedro gegenüber der Bäckerei, Tel. 281 21 61, Hauptgerichte um 600 ECV. Man sitzt im schönen Innenhof, genießt die gute kapverdische Küche, speziell Huhn und Fisch, und genehmigt sich anschließend vielleicht einen Cocktail. Am Wochenende gibt es Livemusik und Tanz auf gehobenem Niveau.

Meeresgetier und mehr – **Sea Food:** beim Fortim Carlota, Tel. 281 26 23, Hauptgerichte 400–800 ECV. Das große Restaurant verfügt über eine schöne, luftige Terrasse hoch über dem Strand. Die bodenständige einheimische Küche setzt auch hier auf Hühnchen und Fisch. Vor allem aber für Languste (um 1100 ECV) ist das Lokal eine hervorragende Adresse.

Unser Tipp

Le Bistro

Beliebtester Treffpunkt der Reisenden in São Filipe ist Le Bistro. Das gemütliche Lokal bietet Sitzgelegenheiten auch draußen auf der Terrasse mit Blick über die Stadt. Es wird hervorragend italienisch-kapverdisch gekocht: Pizza, Pasta, Fisch und ›mit Sicherheit eine der besten Tomatensuppen Westafrikas‹. Die Besitzerin ist Deutsche und kümmert sich liebevoll um ihre Gäste.
Le Bistro: Alto São Pedro, Tel. 281 25 18, Hauptgerichte um 700 ECV.

Einkaufen

Kleidermarkt – **Mercado de Sucupira:** Cruz di Passo. Am Platz vor der Post wird täglich der bunte Markt für Kleider, Schuhe und Heimtextilien abgehalten. Die Stände sind ein Projekt der Luxemburger Entwicklungshilfe.

Aktiv & Kreativ

Wandern und Ausflüge – **Renate-Fogo Turismo LDA:** Tel. 281 25 18, renate fogo@gmx.de. Infos gibt es auch direkt vor Ort im Le Bistro (s. o.; auch auf Deutsch). Vermittlung von zuverlässigen Führern auf den Pico und Unterkünften in Chã das Caldeiras.

Infos & Termine

Infos

Über São Filipe informiert auf Deutsch die Website www.sao-filipe.com.

Termine

Bandeira de São Filipe: vom letzten Aprilwochenende bis zum 1. Mai. Das Fest zu Ehren des hl. Philippus, des Patrons der Hauptstadt, ist das Ereignis des Jahres auf Fogo. Zu diesem Anlass reisen speziell zahlreiche Emigranten aus Übersee an. Zu Beginn des Festes wird tagelang der Mais für das traditionelle Gericht *xerem* gestampft, wozu der *pilão* (wörtl. Mörser) ertönt, ein von Trommeln begleiteter Gesang. Dann wird die Schlachtung der Opfertiere – jeweils ein Kalb, eine Ziege, ein Stier – feierlich zelebriert. An der großen Prozession nehmen Pferde teil. Sie werden zuvor nach uraltem Ritus gereinigt. Zentrale Bedeutung haben die traditionellen Pferderennen, bei denen jeweils drei Tiere gegeneinander antreten.

Verkehr

Flüge: TACV-Büro: Pracinha, Tel. 281 17 01, Fax 281 13 40, Mo–Fr 8–13 und 15–18 Uhr.
Fähre: Autofähre der STM Lines einmal wöchentlich nach Praia (Santiago) bzw. Furna (Brava); Frachtschiffe mit Personenbeförderung: Agenamar, Pracinha/Rua Alto São Pedro, Tel. 281 10 12, Fax 281 13 12, peres@cvtelecom.cv, meist vormittags geöffnet, etwa drei Überfahrten pro Woche nach Brava, unregelmäßig, im Büro ist ein Zweiwochenplan einsehbar, der mehr oder weniger eingehalten wird.
Aluguer: Richtung Chã das Caldeiras ab Mercado Municipal (morgens in die Stadt, nachmittags zurück, *passagem* 500 ECV); nach São Jorge/Ponta da Salina ab Pracinha; Richtung Monte Gênebra und Mosteiros ab Cruz di Passo (Post), nach Mosteiros (*passagem* 500 ECV) auch ab Mercado Municipal. Abfahrten jeweils nur sporadisch.
Mietwagen: Im Hotel Xaguate können Mietwagen organisiert werden.

Durch den Nordwesten von Fogo

Im Nordwesten Fogos gibt es zwei Ringstraßen, die unterschiedliche Höhenbereiche erschließen. Während die untere als direkte Verbindung zwischen São Filipe und São Jorge in rund 300 m Höhe über dem Meer verläuft, zieht die obere, landschaftlich sehr lohnende Straße auf bis über 800 m hinauf. Aluguers befahren sporadisch die untere Straße. Für die obere muss man einen Wagen mieten.

São Jorge

Abgesehen von dem Badeplatz an der Ponta da Salina (s. S. 258) hat São Jorge nicht viel zu bieten. Leicht kann es passieren, dass man mit dem Leihwagen über das etwa 200 m über dem Meer gelegene Zentrum hinausfährt, denn ein Ortsschild gibt es nicht. Auffällig sind aber einige türkisfarbene Häuser im Dorfkern. Die Hauptstraße säumen einige *mercearias*, wo man etwas zu trinken bekommen kann.

Um zur Ponta da Salina zu gelangen, zweigt man bereits vor São Jorge Richtung Atlantik ab, dort, wo die Hauptstraße eine auffällig schroffe Schlucht quert. Vor Erreichen des Badeplatzes kommt man am Friedhof von São Jorge vorbei, der einst weit außerhalb der Siedlung am Meer angelegt wurde. Von der Küste her kann das Gelände betreten werden. Zahlreiche Holzkreuze ohne Inschrift zeugen von der Armut der meisten Bewohner. Aber auch einige recht aufwendige steinerne Grabstätten sind vorhanden. Diese stammen meist noch aus den 1970er-Jahren, als es im Ort ein deutlich größeres Wohlstandsgefälle gab als heute.

Lomba und Curral Grande

Von São Jorge aus fährt man zunächst auf der unteren Straße zurück, um dann an einem großen blauen Haus (Posto Sanitário) links aufwärts abzubiegen. Die nun folgende Strecke ist von großem landschaftlichen Reiz. Zwei Vulkane liegen rechter Hand in Meeresnähe. Dann ist die obere Straße erreicht, auf dieser geht es rechts. Die weitläufigen Dörfer Lomba und Curral Grande liegen am Weg. Viele Häuser zeugen durch ihre Bauweise und ihren Erhaltungszustand von mehr Wohlstand als in anderen Teilen der Insel. Hier hatten während der Kolonialzeit die Grundherren ihre Sommerwohnsitze, und bis heute ist das Gebiet eine ›bessere‹ Gegend geblieben.

Südlich von Curral Grande gabelt sich die Straße vor einem auffälligen Vulkankegel. Hier geht es rechts abwärts. Bemerkenswert sind in diesem Gebiet die älteren Natursteinhäuser mit einem nach allen Seiten schräg abfallenden Ziegeldach.

São Lourenço

Einsam erhebt sich hier die älteste erhaltene Kirche der Insel, die Igreja de São Lourenço in São Lourenço. Sie geht auf das 16. Jh. zurück. Der heutige, große, dreischiffige Bau mit zwei Glockentürmen entstand allerdings im Wesentlichen erst in der Barockzeit. Vor dem Hauptaltar verdient eine ehrwürdige Marmorgrabplatte von 1538 aus der ursprünglichen Kirche Beachtung. Hinter dem Altar steht in einer Wandnische die Statue des Kirchenpatrons, des hl. Laurentius, umgeben von einer schönen, recht modernen Bemalung, die die sonst oft übliche Altarrückwand aus Holz ersetzt. Ähnliche Gemälde zieren die Wände hinter den Seitenaltären. In dieser Kirche hält der Bischof von Kap Verde die Messe, wenn er Fogo besucht. Er nimmt dann auf dem besonders aufwendig gearbeiteten Bischofsstuhl Platz. Die Igreja de São Lourenço befindet sich heute in der Obhut des Kapuzinerordens. Die Mönche kümmern sich um die Seelsorge in der Gemeinde und speziell um die Ausbildung von Jugendlichen.

Nebenan erstreckt sich ein riesiger Friedhof mit einer Reihe teils recht luxuriöser steinerner Grabstätten. Einige ältere Gräber, von einer Mauer umgeben, stammen noch aus dem ausgehenden 19. Jh. Hier ließen sich die Großgrundbesitzer beisetzen, die in der Nähe ihre Sommerhäuser besaßen. Vom Friedhof aus bietet sich ein wundervoller Blick über die welligen Abhänge hinab zum Meer und hinüber zur Nachbarinsel Brava.

Jenseits von São Lourenço setzt sich die locker bebaute Villengegend fort. Sobald die untere Ringstraße wieder erreicht ist, hält man sich links und erreicht bald darauf São Filipe.

Nossa Senhora do Socorro ▶ Karte 3, G 17

Südöstlich von São Filipe steht in einer praktisch menschenleeren, trockenen Küstenlandschaft die Ermida Nossa Senhora do Socorro. Sie ist über eine beschilderte Stichstraße von Forno aus zu erreichen. Die sehr gepflegte Wallfahrtskapelle ist von einer Mauer umgeben und stets verschlossen, außer an Festtagen. Früher soll es, wie berichtet wurde, an dieser Stelle wiederholt zu göttlichen Offenbarungen gekommen sein. Die hier verehrte Madonna gilt als Schutzpatronin der Fischer und See-

leute. Diese verkauften früher hier ihre Waren an die Bewohner der Umgebung. Am Meer unterhalb der Kapelle befand sich zu diesem Zweck ein Schiffsanleger. Ein alter gepflasterter Saumpfad, der links neben dem Gebäude beginnt, führt durch einen Talgrund zum Fuß der Steilküste hinab (hin und zurück 1 Std.). An dem dortigen schwarzen Sandstrand sind noch Reste einer Zisterne zu besichtigen, wo sich die Bootsbesatzungen früher mit Frischwasser versorgten.

Monte Gênebra

Während N. S. do Socorro ab Forno durchgehend ausgeschildert ist, muss man unterwegs auf eine nicht beschilderte Abzweigung achten, die südostwärts zu einer landwirtschaftlichen Oase am Monte Gênebra führt. Das dortige Bewässerungsprojekt wurde in den 1970er-Jahren mit Unterstützung der deutschen Entwicklungshilfe eingerichtet und soll jetzt reaktiviert werden. Vom Gipfel des vorgelagerten Monte Gênebra (340 m), der von der Oase aus auf einem Pfad durch Akaziengebüsch leicht in ca. 15 Min. zu besteigen ist, hat man einen schönen Blick über die karge Landschaft und bei klarer Luft bis zur Nachbarinsel Brava.

Cova Figueira und Estância Roque ▶ H 17

Wer von São Filipe in den Osten der Insel fährt, hat die Wahl zwischen der unteren und kürzeren oder der oberen, etwas längeren Ringstraße. Erstere führt über Salto, wo die direkte Straßenverbindung nach Chã das Caldeiras abzweigt.

Meeresschwimmbecken von Las Salinas

Die Naturpools an der Ponta da Salina verdanken ihre Entstehung der Brandung, die hier kräftig an einem ins Meer geflossenen, bizarren Lavastrom nagte. Nebenan präsentiert sich ein von dunklen Felsen umrahmter Strand mit türkisblauem Wasser meist ruhig und zum Baden einladend. An Sommerwochenenden vergnügen sich hier Familien aus São Filipe. Ansonsten ziehen die Fischer, die an der Ponta da Salina leben, ihre rot-weißen Boote an den Strand. An den Fischerkaten links vorbei gelangt man über ein Felsriff zu einer natürlichen Steinbrücke. Mutige einheimische Jugendliche springen von dort metertief ins Wasser.

Die obere Ringstraße

Die obere Straße ist zwar kurvenreicher, dafür aber landschaftlich auch wesentlich reizvoller. Sie folgt stets ungefähr der 800-m-Höhenlinie und berührt die Orte Monte Grande, Monte Largo und Achada Furna. Die beiden letzteren sind teilweise auf jungen, dunklen Lavaströmen errichtet. Diese taugen nicht für die Landwirtschaft und das fruchtbare Ackerland ringsum, das dank der Höhenlage relativ viel Feuchtigkeit erhält, war zu wertvoll, um darauf zu siedeln. In Achada Furna stehen neben den traditionellen Steinhäusern eine Reihe von Neubauten. Die deutsche Entwicklungshilfe errichtete sie nach dem Vulkanausbruch von 1995 für die evakuierten Bewohner von Chã das Caldeiras. Heute sind sie nur noch zum Teil bewohnt, denn die Menschen kehrten nach und nach in die Caldeira zurück. Durch eine liebliche Umgebung geht es weiter nach Figueira Pavão, wobei unterwegs ein Highlight die Fahrt quer durch einen Vulkankrater ist. Hinter Figueira Pavão trifft dann die obere Straße mit der unteren zusammen.

Cova Figueira

Cova Figueira ist zwar der drittgrößte Ort Fogos, aber außer ein paar Bars gibt es hier keinerlei Zerstreuung. Die Häuser im Ort sind auffallend pastellfarben in verschiedenen Tönen gestrichen. Diese Mode haben aus Amerika zurückgekehrte Emigranten nach Cova Figueira gebracht.

Der Abstecher nach Estância Roque führt in die vielleicht idyllischste und noch weitgehend unberührte Gegend Fogos. Am südlichen Ortsrand von Cova Figueira hält man sich aufwärts. Die Straße verläuft zunächst fast parallel zur Hauptroute Richtung São Filipe, entfernt sich dann aber immer mehr von dieser. Es geht an einem Fußballfeld vorbei und dann vor dem Friedhof von Cova Figueira, auf dem die Grabstätten genauso bunt wie die Häuser des Ortes gestrichen sind, rechts hoch. Man kommt zunächst nach Baluarte de Baixo (unteres Bollwerk), wo eine ehemalige Kaserne steht. Die wie Reihenhäuser aneinandergesetzten, inzwischen zu zivilen Wohnzwecken genutzten Gebäudeeinheiten wirken heute durch ihren verschiedenfarbigen Anstrich eher freundlich als bedrohlich. Auf dem Platz davor erhebt sich ein außergewöhnlich dimensionierter Gummibaum.

Weiter aufwärts geht es, an Vulkankegeln vorbei, durch eine mit Gebüsch bewachsene, heitere, lichtdurchflutete Landschaft nach Baluarte de Cima (oberes Bollwerk). Auch hier gibt es eine allerdings ziemlich verfallene einstige Kaserne. Dann folgt Mãe Joana, ein hübscher kleiner Ort mit bunten Häusern und wunderschöner Aussicht auf die umliegenden Vulkane.

Estância Roque

Oberhalb von Mãe Joana liegt ein fruchtbarer Talkessel mit Bohnenfeldern und Akazienaufforstungen. An dessen Rand wurde auf einem dunklen Lavastrom die Siedlung Estância Roque erbaut. Ihre Natursteinhäuser heben sich kaum von der Landschaft ab. Weiß ist nur die schlichte Kirche. Gleich an der Zufahrt erhebt sich ein auffälliger Felsblock, dem das Dorf den Namen (Fels-Viehzüchterei) verdankt. Von hier aus gelangt man rechts ins Zentrum. Außer zwei einfachen Mercearias gibt es keinerlei Versorgungsmöglichkeiten.

Über Estância Roque zur Caldeira

Den Abstecher ins nur 6 km von Cova Figueira entfernte Estância Roque kann man auf der kaum befahrenen Pflasterstraße auch zu Fuß unternehmen. Etwa 600 Höhenmeter sind zu überwinden. Ein Saumpfad führt von Estância Roque weiter aufwärts und mündet nach weiteren 500 Höhenmetern kurz vor Erreichen der Caldeira in die dortige Straße (im Ort nach dem Wegverlauf erkundigen).

Übernachten

Privatquartiere in Estância Roque vermittelt Renate vom Le Bistro in São Filipe (s. S. 255), Tel. 281 25 18, Fax 281 16 41, renatefogo@gmx.de.

Einkaufen

Die Landwirte von Estância Roque halten viele Ziegen, ihr Käse wird auf der ganzen Insel gerühmt. Auf Nachfrage kann er käuflich erworben werden, ebenso der hier angebaute Mais.

Nach Mosteiros

▶ Karte 3, H 16/17

Spektakulär ist die Fahrt entlang der steilen Ostflanke des Pico de Fogo. Nördlich von Cova Figueira wurde die Straße in rund 500 m Höhe über dem Meer durch eine steile Wand geführt. Rechts fällt der Blick auf eine einsame Küstenebene. Der Miradouro Espigão, ein schöner Aussichtspunkt mit Parkbucht, erlaubt einen Stopp, um das Panorama in Ruhe auf sich wirken zu lassen.

Recht plötzlich wird die Landschaft dann grün. An feuchteren Stellen gedeihen tropische Obstbäume. Bei dem winzigen Ort Tinteira ziehen dunkle, noch recht frische, nur von Flechten überzogene Lavaströme von den Flanken des Pico hinab. Hier lässt sich die traditionelle Architektur noch unverfälscht studieren. Genauso dunkel wie die Lava sind die Häuser, die aus Naturstein gebaut und oft mit Stroh gedeckt wurden. Sofern die Dächer aus Zement gegossen sind, wurden sie hell angestrichen, um die Hitze vom Haus fernzuhalten. Dann dienen sie zugleich als Wassersammelflächen. Neben den Bauernkaten stehen die charakteristischen, eiförmigen Backöfen. Die Bewohner von Tinteira leben von ein wenig Bohnenanbau. An Stellen, wo mehr Wasser vorhanden ist, pflanzen sie auch Maniok. Kreisrunde, steinerne Ziegenpferche prägen weithin das Landschaftsbild.

Hinter dem Ort lohnt es sich, in der menschenleeren Natur nochmals einen Halt einzulegen und einen Blick zum Pico hinaufzuwerfen. An seinem Abhang dringen weit oberhalb der Straße aus tiefen Spalten bis heute heiße Dämpfe hervor. Das Fumarolengebiet ist allerdings gänzlich unzugänglich, nicht einmal Ziegenpfade führen hier hinauf.

Es folgt eine von Akazien bewachsene Landschaft. Hier weiden Kühe, hin und wieder sieht man den Unterstand eines Viehhirten. Bizarre Erosionsrisse ziehen hinunter zum Meer. Die Straße quert einige dieser Ribeiras, die zu Fotostopps einladen. Die Orte Queimadinha und Relva wurden auf frischen Lavaströmen erbaut, die sich bei der Ponta Fundão ins Meer ergossen. Die wilde Lavaküste, der die Straße nun folgt, erstreckt sich nordwärts bis Fonsaco, einem Vorort von Mosteiros.

Mosteiros ► Karte 3, H 16

Hier ergibt sich wiederum ein ganz anderes Bild von der Insel Fogo. Neben den Häusern von Igreja, dem Hauptort der Gemeinde Mosteiros (9500 Einw.), erstrecken sich Bananenplantagen, ragen Papayabäume auf. Mehrstöckige Neubauten an der Peripherie zeugen vom Wohlstand der aus dem Ausland zurückgekehrten Emigranten. Urban wirkt Igreja bei nur 500 Einwohnern damit allerdings noch lange nicht. Die Mehrheit der Gemeindebewohner von Mosteiros verteilt sich über weitere Stadtteile entlang der Küste oder lebt in ländlichen Siedlungen, die sich über den gesamten fruchtbaren Norden von Fogo verteilen.

Im Zentrum von Igreja öffnet sich die kleine Praça do Entroncamento, nett bepflanzt und mit Steinbänken versehen. Ansonsten gibt es wenig zu sehen, außer einigen halb verfallenen Sobrados. Allerdings findet der Reisende hier so wichtige Einrichtungen wie Post und Bank. Die für den Ortsteil namengebende Kirche, die recht große Igreja Nossa Senhora de Ajuda, befindet sich in einem arg renovierungsbedürftigen Zustand. Gleiches gilt für den weiten Platz davor, der einen Blick auf die unmittelbar angrenzende flache, aber brandungsumtoste Felsküste gestattet.

Kaffeeplantagen

Eine dicht mit Vegetation überwucherte Steilwand erhebt sich hinter den am Meer gelegenen Ortsteilen von Mosteiros. Erst oberhalb davon befindet sich, von unten nicht sichtbar, in 300 bis 1000 m Höhe fruchtbares Plantagenland, auf dem Kaffeesträucher gedeihen. Dieses quert die Straße nach Pai António. Nur in diesem Gebiet, wo dank der Passatbewölkung genügend Feuchtigkeit vorhanden ist, wird auf den Kapverden noch in nennenswerter Menge Kaffee produziert. Die Erträge sanken jahrelang langsam, aber stetig. Viele Landwirte verjüngten aus wirtschaftlichen Gründen ihre Pflanzungen nicht mehr. Aber 2001 gründete sich die Procafé, ein Zusammenschluss der Kaffeeproduzenten im Gebiet von Mosteiros, mit dem Ziel einer besseren Vermarktung. Die italienische Entwicklungshilfe ließ die alte Schälmaschine in Mosteiros reparieren und installierte moderne Einrichtungen zum Rösten, Mahlen und Verpacken des Kaffees. Geerntet wird im März/April. 2007 betrug die Erntemenge 45 t, das waren 10 t mehr als im Vorjahr.

Wanderung nach Chã das Caldeiras

In Pai António beginnt der schweißtreibende Anstieg zur Caldeira über rund 1300 Höhenmeter hinweg (ca. 4 Std.). Es empfiehlt sich, diese Wanderung früh am Morgen zu beginnen, um den ersten, steileren Teil der Tour bis vor Einsetzen der Mittagshitze zu bewältigen. In rund 1200 m Höhe wird das Waldgebiet Monte Velha (s. S. 268) erreicht. Beim Verlassen dieser Zone in 1450 m Höhe ist an einer Schranke eine Mautgebühr von 100 ECV zu entrichten, die aus Gründen des Naturschutzes erhoben wird.

Ribeira Ilhéu

Richtung Nordwesten lohnt die Weiterfahrt bis Ribeira Ilhéu. Man passiert das Flugfeld von Mosteiros, das nicht mehr benutzt wird. Allmählich erobert es die Vegetation zurück. Nebenan weiden Esel und Kühe auf abgeernteten Maisfeldern. Vor Fajãzinha passiert die Straße einen mächtigen, von der Erosion halb zerstörten Vulkankegel. Eine Kapelle wurde an den Kraterrand gebaut, wohl um künftige Eruptionen zu verhindern. Das Halbrund des Kratergrunds speichert Wasser, und so konnte man hier eine Papayaplantage anlegen.

Nach Fajãzinha braucht man nicht hineinzufahren: Schon vor dem Ort zweigt links die unbeschilderte Hauptroute ab. Sie gewinnt an Höhe, entfernt sich von der Küste. Weitgehend unbesiedelte, von Agaven überwucherte Täler wechseln mit kargen Bergrücken ab.

Erst bei Ribeira Ilhéu wird die Landschaft wieder fruchtbarer, man baut Bananen an. Der Ort ist noch sehr ursprünglich. Kleine, altmodische Werkstätten produzieren das Lebensnotwendige, ältere Frauen eilen in schwarzer Kleidung durch die Gassen.

Übernachten

Sehr ordentlich – **Pensão Cristine:** Igreja, Rua Principal, Tel./Fax 283 10 45, DZ um 2800 ECV. Von außen recht unscheinbar, innen jedoch picobello sauber ist die Pension an der Hauptstraße. Die Zimmer haben teilweise einen Balkon, aber es gibt nur kaltes Wasser. Cristine spricht gut englisch und bemüht sich freundlich um ihre Gäste. Im sehr privat wirkenden Speiseraum können auch Nicht-Pensionsgäste gepflegt essen (Hauptgerichte um 500 ECV).
Von Bananen umgeben – **Tschon di Café:** Igreja, Tel. 283 16 10, DZ um 2800 ECV. Die Unterkunft in der Nähe der Shell-Tankstelle ist sehr schlicht. Die Zimmer sind nur teilweise mit eigenem Bad ausgerüstet, ansonsten wird das Etagenbad genutzt. Die gute Küche lässt nichts zu wünschen übrig!

Essen & Trinken

Nett und beschaulich – **Esplanada Figueira:** Ribeira Ilhéu, Hauptgerichte ca. 500 ECV. Das Lokal am zentralen Platz des westlichen Ortsteils ist einfach, aber absolut in Ordnung. Geschützt und schattig sitzt man an den wenigen Tischen im Innenhof, umgeben von blühenden Büschen.

Infos & Termine

Infos
Die Internetseite www.mosteiros.com informiert auf Portugiesisch sehr ausführlich über die Gemeinde.

Termine
Festa Nossa Senhora de Ajuda: 15. Aug. Zu Mariä Himmelfahrt wird das örtliche Kirchweihfest begangen. Es fällt mit dem Dia do Município (Gemeindefest) zusammen. Kirchlicher und profaner Anlass gehen eine bunte Mischung ein. Neben einer feierlichen Prozession finden Sportveranstaltungen und das Musikfestival Praia/Lantcha mit bekannten in- und ausländischen Gruppen statt.

Verkehr
Aluguer: Nach São Filipe frühmorgens, nachmittags wieder zurück; *passagem* Mosteiros–São Filipe 500 ECV. In Ribeira Ilhéu stehen Aluguers am großen zentralen Platz (sporadische Fahrten nach Igreja).

Chã das Caldeiras!

▶ H 17

Im gleichnamigen Kraterboden der Caldeira liegt der Ort Chã das Caldeiras. In steilen Kurven führt eine Pflas-

Bei Ramiro in Cha das Caldeiras

Die einfache Bar Ramiro ist auch Dorfladen und allgemeiner Treffpunkt von Chã das Caldeiras. Sinnvollerweise liegt das Lokal genau zwischen den beiden Ortsteilen Portela und Bangeira, damit niemand benachteiligt ist. Bei Ramiro treffen sich alle, Einheimische wie auch die noch recht wenigen Touristen. Er ist seit langem schon eine Institution in der Caldeira. Die Bar ist winzig und duster. Wer sitzen möchte, kann das vor dem Haus auf Holzpflöcken tun. Oft ergibt sich spontan Livemusik, authentischer geht es nicht. Dann wagt schon einmal der eine oder andere ein paar Tanzschritte dazu. Wenn es drinnen zu eng wird, spielt Ramiro mit seiner Familie oder wer auch immer mitmachen möchte unter freiem Himmel vor der Bar.

terstraße von Achada Furna hinauf. Nach den letzten Häusern des Weilers Cabeça Fundão folgt eine Spitzkehre. Dann gilt es nur noch zu staunen. Fast senkrecht erhebt sich links die Kraterwand, Bordeira, knapp 1000 m vom Grund des Kessels. Rechts ragt der Pico do Fogo auf, mit 2829 m nach dem Teide auf Teneriffa (3718 m) zweithöchster Berg im Nordatlantik. Die gesamte Caldeira einschließlich der sie umgebenden Gebirgszüge und Vulkane steht neuerdings als Parque Natural do Fogo unter Schutz.

Nach dem Ausbruch des Pico Pequeno 1995, der große Teile der Kulturlandschaft in der Caldeira zerstörte, mussten die 2000 Einwohner von Chã das Caldeiras ihr Dorf vorübergehend verlassen. Nach und nach sind sie zurückgekehrt, um von dem Wenigen zu leben, das die Weinberge, Quitten- und Apfelbaumplantagen in der Nähe des Ortes hergeben. Wasser ist knapp, da es in dieser Höhenlage nur selten regnet und wenn, dann nur zwischen August und Oktober. Daher besitzen die niedrigen Häuser aus Naturstein der beiden Ortsteile Portela und Bangaeira, aus denen Chã das Caldeiras besteht, Sammelflächen auf den Dächern, um die geringfügigen Niederschläge aufzufangen und für die neun trockenen Monate in Zisternen zu speichern. Dafür kann es recht kalt werden, kälter als irgendwo sonst auf den Kapverden. Nicht selten fallen die Temperaturen unter 10 °C und sogar Nachtfröste kommen vor. Eine öffentliche Stromversorgung existiert nicht, aber mit dem zunehmenden Wohlstand, den der Wandertourismus in den Ort bringt, betreiben immer mehr Bewohner Dieselgeneratoren. Dennoch sind die Lebensbedingungen nach wie vor sehr einfach.

Jahrhundertelang diente die Caldeira nur als Weideland. Das erste Haus von Chã das Caldeiras wurde 1917 von zwei Söhnen des legendären Franzosen Armand Montrond errichtet. Dieser stammte möglicherweise aus Montrond-les-Bains an der Loire. 1872 war er auf dem Weg nach Brasilien auf Fogo ›hängen geblieben‹. Montrond ließ sich in São Filipe nieder, erwarb aber auch Land in anderen Inselorten, baute Kaffee an und kultivierte Rebstöcke. Außerdem ließ er Straßen bauen, Bewässerungskanäle verlegen und Brunnen graben. Seine Söhne führten in der Caldeira die väterliche Tradition des Weinbaus fort. Zahlreiche Bewohner von Chã das Caldeiras verweisen heute auf ihre glatten oder gelblichen Haare, auf blaue Augen oder einfach auf den Familiennamen, um sich als Nachfahren von Armand Montrond auszuweisen. Insgesamt dürfte der Clan auf Fogo inzwischen Hunderte von Mitgliedern haben. Allein 300 Montronds – für einen französischen Dokumentarfilm gezählt – leben heute außerdem als Emigranten in Amerika.

Cooperativa Produção Vinho do Fogo MANECOM

Die Weinbau-Kooperative hat ihren Sitz in Portela, nicht weit von der Adventistenkirche. 61 Landwirte sind hier organisiert und produzieren gemeinsam, von privater italienischer Entwicklungshilfe unterstützt, qualitativ hochwertige Rot-, Rosé- und Weißweine sowie Passito (eine Art Strohwein aus Rosinen) der Marke Vinho de Chã. Sie kommen mit der Ursprungsbezeichnung Região Demarcada in den Handel und werden nicht nur auf die anderen Kapverdeninseln, sondern auch nach Italien exportiert. Außerdem wird ein Tresterschnaps (Grappa) destilliert. Die Anbaufläche verdoppelte sich seit Ende der 1990er-Jahre und beträgt heute rund 200 ha. In der

Für viele Bewohner von Fogo immer noch das wichtigste Transportmittel: der Esel

Probierstube der Kooperative kann man alle Weinsorten und Spirituosen (außer Grappa noch Quitten-, Apfel- und Pfirsichschnaps der Marke Espírito da Caldeira) testen und kaufen. Außerdem gibt es verschiedene Marmeladen, Gelees und Fruchtsäfte.

Der traditionelle Wein der Caldeira, der in Chã das Caldeiras außer von der Kooperative auch von unabhängigen Winzern produziert wird, heißt Mane-com. Dieser schwere, fruchtige Tropfen wurde schon im 17. Jh. nach Brasilien ausgeführt. Einen ähnlichen Wein keltern noch einige Bewohner der Caldeira für den Eigenbedarf und die Vermarktung auf der Insel. Inzwischen wurden die Techniken zur Herstellung des Manecom modernisiert und verfeinert, sodass das Resultat heute wesentlich besser schmeckt und bekömmlicher ist als in früheren Zeiten.

Monte Velha

Hinter dem zweiten Dorf der Caldeira, Bangaeira, wo die Straße endet, führt eine Piste nach Norden weiter zum Waldgebiet Monte Velha (zu Fuß ab Bangaeira ca. 1 Std.). Es zieht sich außerhalb der Caldeira den Nordhang der Insel hinab, häufig in Passatnebel gehüllt. Um dieses in den Parque Natural do Fogo integrierte Schutzgebiet zu betreten, muss an der Schranke am Eingang eine Gebühr von 100 ECV entrichtet werden.

Ein erstaunlich grünes Fogo präsentiert sich hier. In dieser feuchten Zone wurde mit exotischen Baumarten aufgeforstet: Eukalyptus, Akazien, Zypressen, Kiefern. Im Unterwuchs gedeihen am Wegrand zahlreiche endemische Kräuter und Sträucher. Abwärts kann man jetzt auf einem bald großenteils gepflasterten Weg beliebig weit laufen, bis nach einer weiteren Stunde die winzige Ansiedlung Monte Velha erreicht ist. Eine weitere, rund 250 Höhenmeter unterhalb der ersten gelegene Schranke markiert hier das Ende des Waldgebiets (perímetro florestal). An der Häusergruppe kann man picknicken, bevor es zurück nach Chã das Caldeiras geht.

Bordeira

Die Caldeira-Umrandung fällt mit extrem steilen Felswänden zum Inneren des Kessels hin ab. An der Außenflanke, die im Wesentlichen Richtung Westen orientiert ist, sind die Abhänge zwar etwas flacher. Dennoch gestaltet sich das zweitägige Unternehmen, den Kamm der Bordeira abzulaufen, recht abenteuerlich. Mit Hilfe einer Gruppe deutscher Alpinisten wurde der Weg, den zuvor nur ein paar wagemutige Hirten benutzten, ausgebaut und gesichert. Dennoch sind einige Kletterstellen zu überwinden. Absolute Trittsicherheit und Schwindelfreiheit sowie alpine Bergerfahrung sind unabdingbare Voraussetzungen. Dafür winken bei gutem Wetter unvergleichliche Ausblicke, insbesondere auf den immer auf Augenhöhe befindlichen Pico do Fogo.

Die erste Tagesetappe führt in der Regel von Fernão Gomes (oberer Eingang zum Waldgebiet Monte Velha) bis zum Ponte Alto do Sul (6–7 Std. Gehzeit). Am zweiten Tag geht es auf dem Südteil der Bordeira weiter bis zur Cova Tina an der Caldeira-Straße (4–5 Std. Gehzeit). Man sollte diese Tour nur mit einem örtlichen Führer unternehmen, den man sich in Chã das Caldeiras vermitteln lassen kann (s. u.; für 2 Tage 6000 ECV, maximal 2 Teilnehmer). Dort kann man auf Wunsch auch einen Träger beauftragen, Verpflegung, Wasser und Übernachtungsutensilien zum Ponte Alto do Sul zu bringen.

Demnächst soll es möglich sein, alternativ am zweiten Tag vom Ponte Alto do Sul nach Miguel Gonçalves an der oberen Ringstraße (s. S. 260) abzusteigen. Auch dieser Weg wird von deutschen Alpinisten in einen für den Wandertourismus tauglichen Zustand versetzt.

Übernachten

Die Unterkünfte in Chã das Caldeiras sind durchweg sehr einfach. Europäische Maßstäbe sollten nicht angesetzt werden. Dennoch sind eine oder zwei Nächte auf ca. 1600 Meter Höhe ein unvergessliches Erlebnis.

Erstes Haus am Platz – **Pousada Pedra Brabo:** Portela (ausgeschildert), Tel. 282 1521, Fax 281 29 04, pedrabrabo@ cvtelecom.cv, www.pedrabrabo.net,

DZ um 3500 ECV. Im örtlichen Baustil wurde diese komfortabelste Unterkunft von Chã das Caldeiras errichtet. Sie ist perfekt in die Landschaft integriert. Rund um den mit jungen Bäumen bepflanzten Innenhof gruppieren sich freundlich eingerichtete Zimmer, die Atmosphäre ist ungezwungen. Die Gäste benutzen Gemeinschaftsduschen und auch gemeinsame WCs, wobei allerdings mehrere Kabinen vorhanden sind. Im gemütlichen, afrikanisch dekorierten Speiseraum, der auch externen Gästen offensteht, wird sehr gute französisch-afrikanische Küche serviert. Meist hat man die Wahl zwischen Fisch und Huhn (Hauptgerichte 700 ECV). Äußerst kunstvoll werden die Desserts angerichtet.

Im örtlichen Stil – **Casa Marisa:** Bangaeira, Tel. 999 53 92, DZ 3000 ECV. Marisa vermietet zusammen mit ihrer Schwester vier Zimmer in einem Haus an der einzigen Dorfstraße. Das Gebäude ist, wie in Chã das Caldeiras üblich, aus vulkanischem Tuffgestein errichtet. Es herrscht angenehm familiäre Atmosphäre. Gemeinschaftsduschen und -WC.

Familiär – **Casa Fernando:** Bangaeira, Tel. 282 15 31, DZ 2600 ECV. Die Unterkunft befindet sich am unteren Ende des lang gezogenen Dorfes an der einzigen Straße. Fernando und seine Frau Rita kümmern sich gut um ihre Gäste. Einfache, aber funktionale Zimmer gruppieren sich um einen schönen Innenhof, in dem auch die Mahlzeiten serviert werden. Etwas komfortablere Zimmer befinden sich in einem Nebengebäude. Gemeinschaftsduschen und -WC. Fernando ist auch erfahrener Bergführer, spricht allerdings nur portugiesisch und kriolu. Mit Händen und Füßen kommt man aber klar. Bei Sprachproblemen auch über Renate-Fogo Turismo LDA in São Filipe (s. S. 255) zu buchen.

Essen & Trinken

Deftige Bergküche – **Antares:** Portela, Tel. 282 15 28. Das Restaurant befindet sich in einem Haus gegenüber der Weinkooperative und verfügt über eine schöne, überdachte Terrasse. Hier bietet sich auch die Möglichkeit, ins Internet zu schauen. Das Lokal dient gleichfalls als Informationsstelle von Chãtour (s. u.).

Infos

Infos

Chãtour: Informationsbüro in Portela gegenüber der Weinkooperative in einem runden Natursteinhaus, Tel. 281 29 48, www.chatourfogo.com, Tel. 281 29 48. Chãtour ist ein mit italienischer Unterstützung gegründeter Verein, der verschiedene Dienstleistungen der Bewohner von Chã das Caldeiras zusammenführt: Vermittlung von Unterkünften, Bergführer für verschiedene Touren (Pico do Fogo 3000 ECV, Pico Pequeno 1500 ECV, jeweils für 1–4 Personen), Transport. Information auch im Restaurant Antares (s. o.).

Parque Natural do Fogo: Der im Aufbau befindliche Naturpark umfasst alle Bereiche der Insel, die höher als 1800 m über dem Meer liegen, also die gesamte Caldeira, den Vulkan Fogo, die Bordeira sowie das Waldgebiet Monte Velha. Seine Gesamtfläche soll nach dem Willen der Regierung 73,8 km^2 betragen. Ein Informationszentrum wird demnächst in Portela errichtet. Informationen im Internet unter www.areasprotegidas.cv (portugiesisch und englisch).

Verkehr

Aluguer: frühmorgens nach São Filipe, nachmittags wieder zurück; *passagem* 600 ECV, Taxidienst *(freite)* 6000 ECV.

Brava – den Individualisten vorbehalten

Die kleine Insel Brava ist nur per Schiff zu erreichen. Organisierte Touren dorthin gibt es bislang nicht, und so kommen nur wenige Reisende, die bevorzugt touristisch noch nicht erschlossene Orte besuchen. Brava ist die Insel des Hibiskus, aber auch der Bougainvillea und der Jacarandabäume. Oft wird sie als Ilha das Flores (Blumeninsel) bezeichnet. Die Landschaft präsentiert sich für kapverdische Verhältnisse außergewöhnlich grün und dazu gebirgig. So ist sie speziell für Wanderer von großem Reiz.

In Furna legen die Fähren an. Von dort fahren alle Ankömmlinge aber gleich weiter nach Vila Nova Sintra, der idyllisch in den Bergen gelegenen Hauptstadt von Brava. Dort gibt es mehrere einfache Unterkünfte.

Vila Nova Sintra eignet sich hervorragend als Standort für etliche Ausflüge und Wanderungen. Ansonsten bestehen Übernachtungsmöglichkeiten auf der Insel nur noch in Fajã de Água an der Nordwestküste, wo im Sommer bereits ein gewisser Badebetrieb herrscht.

Infobox

Im Internet gibt es Aktuelles zu Brava unter www.bravanews.com (auf Portugiesisch).

Verkehr

Flüge: Brava wird regulär wegen des häufig starken Windes nicht angeflogen.

Fähre: Eine Autofähre der STM Lines verkehrt einmal wöchentlich von Praia (Santiago) über São Filipe (Fogo) nach Furna (Brava). Außerdem gibt es mehrmals wöchentlich Frachtschiffverbindungen (mit Passagiermitnahme).

Auf der Insel: Bei Fährankünften stehen Aluguers für den Transport nach Vila Nova Sintra bereit. Von dort werden die anderen Inselorte nur sporadisch angefahren, sodass man meist die Taxidienste der Aluguers in Anspruch nehmen muss.

Furna ► Karte 3, F 17

Der Hafen von Furna wurde in einem vom Meer überfluteten Vulkankrater angelegt und ist nach drei Seiten hin von hohen Felswänden geschützt. Seit 1843 gibt es in Furna eine Hafenanlage. Damals exportierte die Insel Purgiernüsse (die ein Lampen- und Schmieröl lieferten), Ziegenleder, Kaffee und einen aus der Färberflechte gewonnenen Naturfarbstoff. Der aktuelle Kai wurde aber erst im Jahr 2000 eingeweiht. Zuvor war es wegen des hohen Wellengangs für Fähr- und Frachtschiffe oft schwierig gewesen, am Ufer festzumachen. Außerhalb des umzäunten Geländes für die Großschifffahrt ziehen Fischer ihre Boot auf einem Slip an Land, andere lassen sie in der relativ sicheren Bucht vor Anker liegen.

Im Ort gibt es ein paar einfache Kneipen für die Fischer und Seeleute. Auf einer Felsklippe am Südrand der Siedlung thront die noch recht neue Kirche. Besonders auffällig ist eine große, schräge, betonierte Regensammelfläche oberhalb von Furna.

Infos

Fähre: Eine Autofähre der STM Lines verkehrt einmal wöchentlich von Praia (Santiago) über São Filipe (Fogo) nach Furna (Brava); mehrmals wöchentlich Frachtschiffverbindungen.
Aluguer: Bei Ankunft der Fähre stehen Aluguers am Hafen bereit.

Vila Nova Sintra

▶ Karte 3, F 17
Bravas Hauptstadt Vila Nova Sintra (1500 Einw.) liegt etwa 500 m über dem Meer im Inselinneren. Zwei Straßen verbinden Furna mit Vila Nova Sintra. Die neue verläuft in zahlreichen Kehren. Die alte Straße, die fast der Falllinie folgt, ist nicht befahrbar. Sie überbrückt die Distanz aber wesentlich direkter und empfiehlt sich für Fußgänger (ca. 4 km; 1,5 Stunden Gehzeit).

Im 18. und 19. Jh. war die Kleinstadt im Sommer bevorzugter Aufenthaltsort für Adelige und Kolonialbeamte aus Santiago, die dem dortigen feuchtwarmen Klima entflohen. Sintra, die ehemalige königlich-portugiesische Sommerresidenz bei Lissabon, stand also nicht von ungefähr für den Ortsnamen Pate.

Vila Nova Sintra wirkt überaus ruhig und sympathisch. Darüber hinaus gilt sie als eine der schönsten Städte der Kapverden. Dem ersten Augenschein nach zu urteilen, steht hier auch deutlich mehr Geld zur Verfügung als in vielen anderen kapverdischen Gemeinden. Tatsächlich emigrierten viele Inselbewohner in der Vergangenheit nach Amerika und investierten oft nach ihrer Rückkehr ihr Kapital in alte Kolonialhäuser, um diese zu restaurieren. Viele dieser Sobrados wirken heute sehr gepflegt, ihre Obstgärten sind meist von üppigen Hibiskushecken umgeben.

Blumen schmücken die Praça Eugénio Tavares

Praça Eugénio Tavares

Den zentralen Platz, benannt nach dem Meister der Morna, zieren Blumenbeete und ein Musikpavillon. Daneben ist ein Steinmodell der Insel zu bewundern. An der Praça steht auch die türkisfarbene Igreja Nazarena (Nazarenerkirche). Wie ein Schachbrettmuster wurden ab 1680, als Brava recht spät besiedelt wurde, die Straßenzüge von Vila Nova Sintra angelegt. So war es in der Barockzeit in portugiesischen Überseebesitzungen üblich. Die Praça Eugénio Tavares liegt im Mittelpunkt dieses symmetrischen Stadtplans. Aus allen vier Himmelsrichtungen laufen breite Straßen auf den Platz zu. Diejenige nach Norden führt an einen kleinen Miradouro, östlich davon liegt ein zweiter Aussichtsbalkon.

Igreja São João Baptista

Nicht weit von den beiden Miradouros trifft man auf die katholische Pfarrkirche, die um 1870 errichtet wurde. Ihre Bauform ist typisch für den Kolonialstil auf den Kapverden. Zwei klobige Türme säumen das Hauptportal rechts und links. Ansonsten ist sie eher schlicht gehalten. Um die Kirche herum spenden hohe Gummibäume Schatten.

Santa Maria

An der Straße, die von der Praça Eugénio Tavares nach Osten führt, steht am östlichen Ortsausgang eine steinerne Nachbildung der Santa Maria, des Flaggschiffes von Kolumbus. Sie bewacht heute sozusagen die Einfahrt nach Vila Nova Sintra, von Furna aus kommend. Ähnliche Schiffe liegen auch andernorts auf Brava an Land. Sie spielen eine wichtige Rolle bei verschiedenen Feierlichkeiten, vor allem beim Johannisfest. Das Schiff ›gehört‹ der Jungfrau Maria. Bei den europäischen Kelten war das Boot Attribut der

Muttergottheit. Dieser Glaube floss in die christliche Marienverehrung ein und wurde im Zeitalter der Entdeckungsfahrten weit über den Atlantik getragen. So spielt auch auf der Kanareninsel La Palma ein steinernes Schiff bis heute bei einem Marienfest mit.

Casa Museu Eugénio Tavares

Rua da Cultura, www.eugeniotavares. org

In dem hübschen, traditionellen Haus lebte der Dichter Anfang des 20. Jh. Am Nachmittag saß er oft in seinem kleinen, mit Rosen bepflanzten Vorgarten, um sich mit Passanten unterhalten zu können. Darüber hinaus besitzt die Casa aber auch einen lauschigen Patio. Das Haus wurde nach dem Tod von Tavares' Witwe verkauft und ging später in die Hände eines auf Brava ansässigen Deutschen über, der es schließlich der Stadtverwaltung überließ, zu dem Zweck, hier ein Museum einzurichten. Dieses wurde 2006 eingeweiht, ebenso wie das benachbarte Denkmal, das den Poeten sitzend zeigt, die rechte Hand auf eine Schriftrolle gestützt. Das Museum besitzt wertvolle Möbel und andere Einrichtungsgegenstände, die Tavares anlässlich seiner Hochzeit geschenkt bekommen hatte. Sie waren im 19. Jh. aus einem Palast auf der Insel Madeira nach Brava gelangt. Noch befindet sich die Casa Museu im Aufbau. Derzeit wird versucht, weitere Exponate mit Hilfe einer Stiftung, die ihren Sitz in der portugiesischen Partnerstadt Sintra hat, aufzukaufen.

Nach João d'Nole

Von Vila Nova Sintra ist der malerische Aussichtsort João d'Nole in etwa 20 Minuten gut zu Fuß zu erreichen. Von der Praça Eugénio Tavares hält man sich zu diesem Zweck südwärts, am örtlichen Dieselkraftwerk und am Mercado Municipal (städtischer Markt) vorbei, und läuft genau auf eine Schule zu. Dort geht es rechts und gleich wieder links in eine gewundene Pflastergasse. Sie trifft bald auf eine schmale Straße, auf dieser wendet man sich rechts. Vor einem ockerfarben angestrichenen Sobrado gabelt sich die Straße. Über ein Maisfeld hinweg sieht man linker Hand bereits den weiteren, gepflasterten Weg, der nun recht steil ansteigt.

Wer lieber per Aluguer nach João d'Nole fährt, kommt zunächst am Miradouro de Nova Sintra vorbei, einem gemauerten Aussichtsbalkon mit umfassendem Blick über die Stadt. Dann ist auch bald João d'Nole erreicht. Die kurze Stichstraße in den Ort hinein endet am Dorfbrunnen. Von dort aus durchziehen schmale Gassen, von gepflegten Häusern und fruchtbaren Obst- und Gemüsegärten gesäumt, die überschaubare Siedlung. Von deren Rand hat man wiederum einen hervorragenden Überblick über Vila Nova Sintra. Bei günstiger Wetterlage kann man die Ilhéus Secos ou do Rombo erkennen, eine unbewohnte Gruppe von kleinen Felsinseln, die Brava 10 km nordöstlich vorgelagert sind. Sie sind Naturreservate für den Vogelschutz, das Betreten ist nur Wissenschaftlern mit zuvor eingeholter Genehmigung erlaubt.

Oberhalb von João d'Nole, nicht weit von der Straßengabelung, an der die Stichstraße in den Ort abzweigt, erhebt sich die kleine türkisfarbene Igreja Santo Antão.

Mato Grande

An João d'Nole vorbei führt die Hauptstraße weiter nach Mato Grande. Auch hier steht die Kirche schon vor dem Ort. Mato Grande ist nicht so hübsch wie João d'Nole. Der Abstecher lohnt

aber wegen des grandiosen Ausblicks über die der Nachbarinsel Fogo zugewandte Ostküste Bravas. Die anderen Weiler in diesem trockenen Gebiet sind lediglich durch Fußwege miteinander verbunden und erschließen sich nur Wanderern.

Fonte de Vinagre

Ein weiteres beliebtes Ausflugsziel in Hauptstadtnähe ist die ›Essigquelle‹. Bis Santa Bárbara, östlich von Vila Nova Sintra, kann man sich fahren lassen. Von dort läuft man hin und zurück insgesamt ca. 1 Std. auf einem Pflasterweg. Das Quellwasser enthält Fluor und Bikarbonat und ist so sauer, dass es wie Essig schmeckt. Ein Badehaus aus dem 19. Jh., in dem die Menschen damals Heilung von verschiedenen Krankheiten suchten, ist dem Verfall preisgegeben. An den vier Ecken des Ziegeldaches sind Männerköpfe aus Terrakotta mit weit aufgerissenem Mund angebracht. Einheimische erzählen, es handele sich um Darstellungen eines populären Sängers namens Fonseca, der stets Durst hatte. Vom Badehaus ging einst ein ausgeklügeltes Bewässerungssystem mit Levadas (Wasserrinnen) für die umgebenden Terrassenfelder aus. Heute holen die Landwirte Wasser in Kanistern aus einem Becken unterhalb des Badehauses.

Übernachten

Erstes Haus am Platz – **Residencial Nazareth:** im westlichen Teil des Ortes, Tel. 285 11 92 oder 285 13 75, Fax 285 13 01, joeravi27@cvtelecom.cv, DZ 3500–4000 ECV. Die sicherlich komfortabelste Unterkunft im Ort verfügt über schöne Zimmer mit warmem Wasser und Kühlschrank.

Familiär geführt – **Pensão Paulo Sena:** von der Praça Eugénio Tavares am

Markt vorbei Richtung Süden und dann rechts, Tel. 285 13 12, DZ 2500 ECV. Die einfachen Zimmer sind teilweise mit Balkon ausgerüstet. Es gibt aber nur kaltes Wasser. Auf Vorbestellung wird ein gutes Abendessen serviert, bei dem sich leicht Kontakte zu Mitreisenden knüpfen lassen. Paulo Sena besitzt einen Aluguer und fährt seine Gäste auf Anfrage gerne über die Insel.

Essen & Trinken

Schlicht, aber gut – **Pôr-do-Sol:** Praça Eugénio Tavares, Tel. 285 16 23, Hauptgerichte ab 500 ECV. Das Essen muss hier persönlich vorbestellt werden, wie eigentlich überall auf Brava. Es wird typische schmackhafte Hausmannskost serviert. Im großen Saal des Restaurants finden auch Abendveranstaltungen statt, z. B. Auftritte von Musikern aus Praia.

Infos & Termine

Termine

Festa de Santa Cruz: 3. Mai. Das Fest des hl. Kreuzes (s. S. 33) wird in Vila Nova Sintra besonders inbrünstig gefeiert.

Festa de Coroa de Espírito Santo: Pfingstsonntag. Beim Fest der Krone des Heiligen Geistes handelt es sich um ein Relikt eines mittelalterlichen Kultes, der von der katholischen Kirche in Portugal jahrhundertelang bekämpft wurde, weil er als ketzerisch galt. Er hatte die Abschaffung der Berufspriesterschaft und stattdessen die Einsetzung von Laienpriestern zum Ziel, die jeweils nur für ein Jahr gewählt wurden und Männer wie auch Frauen sein konnten. Ursprünglich stand eine Armenspeisung im Mittelpunkt der Feierlichkeiten, heute ein großes Festessen für alle.

Festa de São João (Nhô Sanjon): 23./24. Juni. Johannes der Täufer ist Ortspatron von Vila Nova Sintra. Am 23. Juni zieht eine Prozession unter Führung eines Reiters zur Pfarrkirche. Im Mittelpunkt des auch andernorts auf den Kapverden sehr inbrünstig begangenen Johannisfestes steht das steinerne Schiff Santa Maria (s. o.). Frauen tragen in Körben Brotzöpfe, Kuchen, Früchte und Blumen herbei. Damit werden die niedergelegten Holzmasten feierlich geschmückt und dann aufgestellt. Dazu tanzen alle die Colá, einen fröhlichen Tanz. Anschließend dürfen die Masten von den Kindern geplündert werden.

Ein anderer Brauch steht in Verbindung mit der Seefahrt, zu der die Bewohner von Brava eine enge Beziehung haben. Amerikanische Walfangboote warben hier früher ihre Mannschaften an. Viele Insulaner wanderten per Schiff in die Vereinigten Staaten von Amerika aus. Beim Johannisfest verkleiden sich die Gemeindemitglieder als Seemänner, Kapitäne und Schiffsköche und stellen schicksalhafte Ereignisse nach, die sich auf hoher See ereignet haben. Dann wird mit Musik und Tanz ausgelassen gefeiert. In ähnlicher Form kann man dieses Fest in verschiedenen Inselorten erleben, auch zu anderen Terminen, speziell an Juliwochenenden. Zahlreiche Emigranten reisen speziell zu diesen Ereignissen an.

Verkehr

Aluguer: Zentraler Stand westlich der Praça Eugénio Tavares. Sporadisch werden Cova Joana, Nossa Senhora do Monte und Fajã de Água angefahren. **Taxi:** Die Aluguerfahrer bieten Taxidienste an, eine Inselrundfahrt kostet ca. 2000 ECV.

Fajã de Água

▶ Karte 3, F 17

Die 8 km weite Fahrt von Vila Nova Sintra nach Fajã de Água ist äußerst eindrucksvoll. Gleich oberhalb der Hauptstadt, noch vor Cova Rodela, begrenzen rot blühende Hibiskushecken Felder und Wiesen. In Cova Rodela steht an der Hauptstraße ein riesiges, überaus fotogenes Exemplar des Drachenbaums. Die Nordwestseite der Insel, an der sich die Straße nach Fajã de Água dann abwärts windet, ist steil und extrem zerfurcht. Den Straßenrand begleiten gewaltige Gummibäume. Über das angrenzende Tal hinweg liegen rechts die Orte Rodela und Rodela de Baixo, letzterer äußerst exponiert auf einem Felsvorsprung. Weiter unten wird die Landschaft sehr trocken. Wenn man überhaupt Menschen sieht, dann ein paar Ziegenhirten. Die Straße zerschneidet hier wie ein Hohlweg mächtige Schichten vulkanischen Tuffs.

Fajã de Água selbst liegt an einer feuchten Flussmündung, wo sogar einige Bananenplantagen angelegt werden konnten. Kokospalmen sorgen für tropisches Flair. Eigentlich besteht der Ort nur aus einer Häuserzeile entlang der Küste. Die vorgelagerte Praia ist äußerst steinig und zum Baden weniger geeignet. Bis 1843 war Fajã de Água der Haupthafen der Insel. Vor dem Strand ankerten im 18. und 19. Jh. die amerikanischen Walfangboote, die sich hier mit Trinkwasser und Proviant versorgten und Mannschaften an Bord nahmen. Sie dienten vielen Bewohnern Bravas als Sprungbrett für die Emigration in die USA.

Monumento aos Emigrantes

Gleich zu Beginn des Dorfes erhebt sich eine hübsche, pastellfarbene Kirche. Gegenüber liegt ein winziger, von Palmen beschatteter Park. Dort wurde 1993 aus Basaltgestein ein Emigrantendenkmal errichtet. Es erinnert an den Untergang des Segelschiffs Matilde im Jahre 1943. Bei der Katastrophe ertranken 51 Männer. Fast alle Familien auf Brava verloren bei diesem Unglück einen oder mehrere Verwandten. Thematisiert wurde das Trauma in der Morna »Valsa do Matilde«. Bei den Passagieren handelte es sich um Emigranten auf Heimatbesuch sowie um einige Jugendliche, die dem damals auf Brava herrschenden Hunger entfliehen wollten. Als Folge des Zweiten Weltkriegs waren 1943 die offiziellen Schiffsverbindungen unterbrochen. Die Gruppe charterte das marode Boot und bezahlte die notwendigen Reparaturen. Die Matilde war wohl nur notdürftig hergerichtet und reichlich überladen. Trotz allem lief sie am 21. August 1943 aus Fajã de Água aus. Wahrscheinlich geriet sie bei den Bermudas in einen Hurrikan und sank.

Wanderung durch das Tal von Fajã de Água

Ein idyllischer Fußweg mit wunderschönen Ausblicken erschließt das Tal von Fajã de Água. Für die mittelschwere, ca. zweistündige Tour, die festes Schuhwerk voraussetzt, ist an einigen Stellen Trittsicherheit erforderlich. Die Tour beginnt an der Straßengabelung westlich von Cova Rodela. Man folgt zunächst der Straße nach Nossa Senhora do Monte und schlägt etwa nach 1 km einen breiten Weg nach rechts ein. Von nun an geht es eigentlich stets bergab, zunächst auf einem alten, gepflasterten Saumpfad. Schon bald eröffnet sich ein wunderbarer Blick zur Küste bei Fajã de Agua. Nach 30 Min. passiert man ein größeres Gehöft. An einer Weggabelung (40 Min.) geht es dann rechts abwärts.

Brava

Oberhalb zweier Wasserbecken biegt man links ab und erreicht den Weiler Lavadura (1 Std.). Schon nach den ersten Häusern geht es rechts auf einem breiteren Weg abwärts, an Feldern vorbei. Nach steilem Abstieg auf einem gepflasterten Serpentinenweg quert man auf einer breiten Staustufe einen Talgrund und steigt dann leicht bergan zu einer weiteren Staumauer. Dahinter geht es rechts weiter hinauf zu den Häusern von Lagoa. Der Ort liegt von Kokospalmen beschattet am Hang. Ein breiter Pflasterweg führt durch die Ansiedlung. Hinter einer *grogue*-Mühle biegt man links ab (1.30 Std.) und steigt wiederum in steilen Serpentinen in ein Seitental hinab. Dort verläuft eine Bewässerungsrinne, dieser folgt man bis zu einem Wasserbecken. Einige Meter dahinter geht es auf einem deutlichen Pfad nach links. Dieser führt ins Haupttal von Fajã de Água, durch das man zum Meer hinunterläuft.

Ponta Espradinha

An der Ponta Espradinha, etwa 1 km von Fajã de Água, endet die Straße am geschlossenen Flughafen. Dieser wirkt recht trostlos und lohnt eigentlich nur der Kuriosität halber den Abstecher. Er war von der Bevölkerung lange erhofft, mit deutscher Entwicklungshilfe gebaut und am Johannistag 1992 mit großem Hallo eröffnet worden. Doch wegen des häufig sehr starken Windes hat die TACV inzwischen ihre Flüge nach Brava eingestellt.

Baden & Beachen

Piscinas naturais
Etwa 300 m vor der Landepiste des nicht genutzten Flughafens machen zu beiden Seiten der Straße weiße Markierungen mit einem Kreis in der Mitte auf das Naturschwimmbad (unbeaufsichtigt) von Fajã de Água aufmerksam. Vom Straßenrand aus gewinnt man einen Überblick über das gewaltige System von Felsbecken. Beim Schwimmen ist Vorsicht geboten, denn oft schlagen starke Wellenbrecher in die Becken hinein. Bei ruhiger See allerdings kann das Schwimmen hier durchaus Laune bereiten.

Zu den schönsten Landschaften der Kapverden zählt das Tal von Fajã de Água

Übernachten

Kolonialvilla – **Pensão Sol Na Baia:** nördlich der Flussmündung, Tel./Fax 285 20 70, pensao_sol_na_baia@hot mail.com, DZ 5000–6000 ECV. Die angenehme Pension ist in einer schönen, restaurierten Villa im Kolonialstil untergebracht. Ein hauseigenes Restaurant ist vorhanden.

American Style – **Motel Burgo:** südlich der Flussmündung, Tel. 285 13 21, DZ 2000 ECV. Die Zimmer sind zwar allesamt einfach, können aber durchweg mit Meerblick punkten und verfügen jeweils über Privatbäder. Eine Reservierung in englischer Sprache ist möglich. Kurios ist der Speiseraum hinter der hauseigenen Bar dos Amigos Campo. Es handelt sich um ein ›Separee‹ im Hinterhof mit nur einem Tisch. Auch externe Gäste sind willkommen. Das Essen muss vorbestellt werden (Hauptgerichte ab 400 ECV).

Essen & Trinken

Fischadresse – **Pôr do Sol:** am nördlichen Ortsrand, Tel. 285 15 76, Hauptgerichte ab 500 ECV. In einem zurückgesetzten, türkisfarbenen Haus logiert dieses nur im Sommer und an Wochenenden geöffnete Lokal. Gegrillten Fisch und Meeresfrüchte speist man hier in guter Qualität. Aber auch Schmorgerichte aus Fleisch sowie Huhn sind Spezialitäten des Hauses.

In Bravas Zentrum und in den Süden

Oberhalb von Cova Rodela gelangt man in die feuchte, fruchtbare Bergregion der Insel. Hier leben zahlreiche Bauern immer noch recht gut von der Landwirtschaft. Malerisch liegt dort der Ort Cova Joana. Üppige Hibiskushecken umgeben schöne Sobrados. Am Ortseingang rechts steht das Haus des legendären Violinisten Raúl de Lima, das von den Dorfbewohnern gern gezeigt wird. Auf der Weiterfahrt bietet sich oberhalb des Ortes noch einmal ein fotogener Blick zurück.

Der nächste Ort, **Nossa Senhora do Monte,** liegt exponiert auf einem Bergrücken. Gleich zu Beginn zweigt dort links eine Straße zu den Bauerndörfern Lima Doce und Mato ab. Von Mato aus ist der Alto de Fontainhas (976 m) zu sehen, der höchste Gipfel von Brava. Wenig spektakulär erhebt er sich über das umgebende Hochland.

In Nossa Senhora do Monte kommt man zunächst an der Kirche der Sieben-Tag-Adventisten mit blauem Turm vorbei. Hinter der nächsten Rechtskurve erhebt sich die katholische Wallfahrtskirche, die dem Ort ihren Namen gab. Von deren weitem Vorplatz ergibt sich ein schöner Blick in den oberen Be-

reich des Tals von Fajã de Água (s. o.). In der 1826 gegründeten Kirche wird die Bergjungfrau (Nossa Senhora do Monte) verehrt. Hier hält der kapverdische Bischof seine Messen, wenn er sich auf Brava aufhält.

Weiter südlich wird die Gegend trockener, aber auch grandioser. Das Gebiet ist weitgehend unbesiedelt. Recht einsam liegt der Ort Cachaço inmitten karger Landschaft. Sobald das Dorf nach Überfahren eines Bergrückens in Sicht kommt, bietet sich der beste Blick. Bei klarer Sicht ist von hier auch die Nachbarinsel Fogo zu erkennen.

Am großen Waschplatz vor dem Ort sind immer einige Frauen anzutreffen. Die Stelle dient zugleich Ziegen als Tränke. Cachaço bietet seinen Bewohnern trotz des Anbaus der üblichen Feldfrüchte, Mais und Bohnen, heute kaum eine wirtschaftliche Perspektive. Dennoch wurden mit amerikanischer Entwicklungshilfe in jüngerer Zeit einige neue Häuser gebaut.

Die Straße endet im Zentrum von Cachaço. Eine einfache Bar sorgt für Getränke. Die Kirche liegt am unteren Ortsrand. Der noch recht neue Bau besitzt eine ungewöhnliche, asymmetrische Fassade und einen offenen Glockenstuhl. Vom weiten Kirchenvorplatz eröffnet sich nochmals ein schöner Blick nach Fogo.

Übernachten

Wanderpension – **Pensão José:** Cova Joana, Tel. 285 10 81, DZ ab 1800 ECV. Hübsche, noch recht neue Pension, die sich gut als Standort für Wanderer eignet. Alle Zimmer bieten Privatbad und warmes Wasser. Vila Nova Sintra ist 3 km entfernt.

Von Vila Nova Sintra schweift der Blick zur Nachbarinsel Fogo

Sprachführer

Ausspracheregeln

Die Betonung liegt im Portugiesischen im Allgemeinen auf der vorletzten Silbe.

ão	wie nasales »au«
c	vor »a, o, u« wie »k«; vor »e, i« wie »ss«
ç	wie »ss«
-em/	am Wortende nasal
-im/-om	gesprochen
es	am Wortanfang wie »isch«
g	vor »a, o, u« wie »g«; vor »e, i« wie »sch«
h	wird nicht gesprochen
j	wie »sch«
lh	wie »lj«
nh	wie »nj«
o	wenn unbetont, dann wie »u«
s	vor Konsonant wie »sch«; vor Vokal wie »s«

Allgemeines

Guten Morgen	bom dia
Guten Tag	boa tarde (ab mittags)
Gute Nacht	boa noite
Hallo!	olá!
Auf Wiedersehen	adeus, até logo
bitte	faz favor
danke	obrigado (als Mann)
	obrigada (als Frau)
ja/nein	sim/não
Entschuldigen Sie!	desculpe!
Wie bitte?	como?

Unterwegs

Haltestelle	paragem
Bus/Auto	autocarro/carro
Straßenbahn	eléctrico
Zug	comboio
Ausfahrt, -gang	saída
Tankstelle	posto de gasolina
rechts	à direita
links	à esquerda
geradeaus	em frente
Auskunft	informação
Telefon	telefone

Postamt	correios
Bahnhof	estação
Flughafen	aeroporto
Stadtplan	mapa da cidade
Eingang	entrada
geöffnet	aberto
geschlossen	fechado
Stadtzentrum	centro da cidade
Kirche	igreja
Museum	museu
Brücke	ponte
Platz	praça/largo
Strand	praia

Zeit

Stunde	hora
Tag	dia
Woche	semana
Monat	mês
Jahr	ano
heute	hoje
gestern	ontem
morgen	amanhã
morgens	de manhã
mittags	ao meio-dia
abends	à tarde/à noite
früh	cedo
spät	tarde
Montag	segunda-feira
Dienstag	terça-feira
Mittwoch	quarta-feira
Donnerstag	quinta-feira
Freitag	sexta-feira
Samstag	sábado
Sonntag	domingo

Notfall

Hilfe!	socorro!
Polizei	polícia
Arzt/Zahnarzt	médico/dentista
Apotheke	farmácia
Krankenhaus	hospital
Unfall	acidente
Schmerzen	dor
Panne	avaria

Übernachten

Hotel	hotel
Pension	pensão
Einzelzimmer/	quarto individual/
Doppelzimmer	com duas camas
mit/ohne Bad	com/sem casa de banho
Toilette	casa de banho
Dusche	duche
mit Frühstück	com pequeno almoço
Halbpension	meia-pensão
Gepäck	bagagem
Rechnung	factura

Einkaufen

Geschäft	loja
Markt	mercado
Lebensmittel	alimentos
Bank	banco
Kreditkarte	cartão de credito
Geld	dinheiro

Geldautomat	caixa automático
teuer/billig	caro/barato
Größe	tamanho
bezahlen	pagar

Zahlen

1	um/uma	17	dezassete
2	dois/duas	18	dezoito
3	três	19	dezanove
4	quatro	20	vinte
5	cinco	21	vinte-e-um
6	seis	30	trinta
7	sete	40	quarenta
8	oito	50	cinquenta
9	nove	60	sessenta
10	dez	70	setenta
11	onze	80	oitenta
12	doze	90	noventa
13	treze	100	cem, cento
14	catorze	101	cento e um
15	quinze	150	cento e cinquenta
16	dezasseis	1000	mil

Die wichtigsten Sätze

Allgemeines

Sprechen Sie Deutsch/Englisch?	Fala alemão/inglês?
Ich verstehe nicht.	Não compreendo.
Ich spreche kein Portugiesisch.	Não falo português.
Ich heiße …	Chamo-me …
Wie heißt Du/ heißen Sie?	Como te chamas/ se chama?
Wie geht es Dir/ Ihnen?	Como estás/está?
Danke, gut.	Bem, obrigado/-a.
Wie viel Uhr ist es?	Que horas são?

Unterwegs

Wie komme ich zu/nach …?	Como se vai para …?
Wo ist …?	Onde está …?
Könnten Sie mir bitte … zeigen?	Pode-me mostrar … , faz favor?

Notfall

Können Sie mir bitte helfen?	Pode me ajudar, faz favor?
Ich brauche einen Arzt.	Preciso de um médico.
Hier tut es mir weh.	Dói-me aqui.

Übernachten

Haben Sie ein freies Zimmer?	Tem um quarto disponível?
Wie viel kostet das Zimmer pro Nacht?	Quanto custa o quarto por noite?
Ich habe ein Zimmer bestellt.	Reservei um quarto

Einkaufen

Wie viel kostet …?	Quanto custa?
Ich brauche …	Preciso …
Wann öffnet/ schließt …?	Quando abre/ fecha …?

Kulinarisches Lexikon

Zubereitung

assado	gebraten, auch: Braten
cozido	gekocht
doce	süß
estufado	geschmort
frio	kalt
frito	frittiert
grelhado/na brasa	gegrillt
guisado	geschmort
no espeto	am Spieß
no forno	im Ofen
picante	scharf
quente	warm, heiß
recheado	gefüllt

Suppen und Vorspeisen

azeitonas	Oliven
caldo verde	grüne Kohlsuppe
canja da galinha	klare Hühnersuppe mit Reis
chouriço	geräucherte Wurst
creme de marisco	(cremige) Meeresfrüchtesuppe
manteiga	Butter
pão	Brot
patê de atum/sardinha	Thunfisch-/Sardinenpaste
presunto	(roher) Schinken
queijo	Käse
sopa de legumes/peixe	Gemüse-/Fischsuppe

Fisch und Meeresfrüchte

amêijoa	Teppichmuschel
atum	Thunfisch
bacalhau	Stockfisch
besugo	Meerbrasse
camarão	Krabbe, kleine Garnele
carapau	Bastardmakrele, Stöcker
cherne	Silberbarsch
choco	Tintenfisch, Sepia
dourada	Zahn-/Goldbrasse
espardarte	Schwertfisch
gamba	Garnele
lagosta	Languste
lavagante	Hummer
linguado	Seezunge
lula	Kalmar
mexilhão	Miesmuschel
ostra	Auster
pargo	Seebrasse
peixe espada	Degenfisch
perceves	Entenmuschel
polvo	Krake
robalo	See- / Wolfsbarsch
salmão	Lachs
salmonete	Rotbarbe
sapateiro	Riesentaschenkrebs
sardinha	Sardine
sargo	Geißbrasse
tamboril	Seeteufel

Fleisch

bife	Steak, Schnitzel
borrego	Lamm
cabrito	Zicklein
coelho	Kaninchen
figado, iscas	Leber
frango	Hähnchen
galinha	Huhn
javali	Wildschwein
lebre	Hase
leitão	Spanferkel
lombo	Lenden-, Rückenstück
pato	Ente
perdiz	Rebhuhn
peru	Pute
porco (preto)	(iberisches) Schwein
vaca	Rind
vitela	Kalb, Färse

Gemüse und Beilagen

abóbora	Kürbis
alho	Knoblauch
arroz	Reis
batatas cozidas/a murro/fritas	Salz-/Pellkartoffeln/ Pommes frites

beringela	Aubergine	limão	Zitrone
brócolos	Brokkoli	maça assada	Bratapfel
cebola	Zwiebel	meloa/melão	Melone
cenoura	Karotte	morango	Erdbeere
cogumelos	Champignons	pêra	Birne
couve-flor	Blumenkohl	pêssego	Pfirsich
espinafre	Spinat	pudim flan	Karamellpudding
ervilhas	Erbsen	uvas	Weintrauben
favas	Saubohnen	salada de fruta	Obstsalat
feijão (verde)	(grüne) Bohnen		
grelos	Steckrübenblätter		

Getränke

massas	Nudeln
ovos	Eier
pepino	Gurke
pimento	Paprikaschote
salada (mista)	(gemischter) Salat

água com/sem gás	Mineralwasser/ stilles Wasser
aguardente (velho)	(alter) Branntwein
bagaço	Tresterschnaps
café/bica	Kaffee (Espresso)
café com leite	Milchkaffee
caneca	großes Fassbier
cerveja	Flaschenbier
chá	Tee
(preto/verde)	(schwarzer/grüner)
galão	Milchkaffee im Glas
imperial	kleines Fassbier
leite	Milch
macieira	Weinbrand
sumo de laranja	Orangensaft
vinho	Wein
(branco/tinto/verde)	(Weiß-, Rot-, junger)
vinho do Porto	Portwein

Nachspeisen und Obst

ameixa	Trockenpflaume
ananás/abacaxi	Ananas
arroz doce	Milchreis
bolo/torta	(Mandel-)Kuchen
(de amêndoa)	
cereja	Kirsche
figo	Feige
gelado	Eis
laranja	Orange
leite creme	karamellisierter Eier- pudding

Im Restaurant

Ich möchte einen Tisch reservieren.	Queria reservar uma mesa.	Tagesgericht	prato do dia
Die Speisekarte, bitte.	A ementa, faz favor	vegetarisches Gericht	prato vegetariano
Weinkarte	lista dos vinhos	eine halbe Portion	uma meia dose
Guten Appetit!	Bom apetite!	Gedeck	talher
Es war sehr gut.	Estava óptimo.	Messer/Gabel	faca/garfo
Die Rechnung, bitte.	A conta, faz favor	Löffel	colher
Appetithappen	petiscos	Glas	copo
Vorspeise	entradas	Flasche	garrafa
Suppe	sopa	Salz/Pfeffer	sal/pimenta
Hauptgericht	prato principal	Öl/Essig	azeite/vinagre
Nachspeise	sobremesa	Zucker/Süßstoff	açúcar/adoçante
Beilagen	acompanhamentos	Kellner/Kellnerin	Senhor/Senhora

Register

Zur besseren Orientierung sind die Ortsangaben jeweils unter Angabe des Inselnamens aufgeführt:
Boavista (BO), Brava (BR), Fogo (FO), Maio (MA), Sal (SAL), Santiago (SAN), Santo Antão (SA), São Nicolau (SN), São Vicente (SV).

Register

Abbildungsnachweis/Impressum

Abbildungsnachweis

Bildagentur Huber, Garmisch-Parten-
kirchen: S. 19, 42, Umschlagrück-
seite (Schmid); 172 li., 178, 190/191
(Spila)
Breda, Oliver, Duisburg: S. 9 li., 11 o.
li., 10 u. re., 61, 66, 135 li., 150/151,
194, 212/213
Corbis, Düssseldorf: S. 12/13, 56, 185,
252 (Harding); 22, 31, 71, 86 (Set-
boun), 28 (Hellier); 72
(Rancinan/Sygma); 82 (Reuters);
109, 117, 246 li., 249 (Spila)
Getty Images, Münc
hen: S. 75 (AFP); 200 re., 203
(Joe/AFP)
Kraft, Rudolf, Angelburg: S. 8
laif, Köln: S. 41, 64, 110 re., 120
(Bibel); 25, 142, 180, 173 li., 192,
201, 206, 233 (Riehle); 34/35, 44/45,
52/53, 84, 134 li., 144, 247 li., 267
(Standl); 11. o. re., 68/69, 172 re.,
176/177, 188/189 (Guiziou); 216,
246 re., 276/277, 278/279 (Osang);
244 (The New York Times)
Lipps, Susanne, Duisburg: S. 10 o. li. ,
90 li., 90 re., 91 li., 94/95, 98, 103,
158, 160, 167, 169, 198/199, 229,
237, 271

Look, München: S. 9 re. (Wiesmeier);
15 (Chwaszcza),
Mauritius, Mittenwald: S. 77, 88/89
(Image Broker); 79 (cobolmages),
Mielke, Harald, Sachsenried: S. 10 o.
re., 11 u. li. 58, 63, 100, 111 li.,
124/125, 126/127, 128, 250, 258/259
Milz, Kristina, Neuss: S. 222/223, 226
Okapia, Frankfurt am Main: S. 110 li.,
130 (Colla); 241 (Okapia)
Penzl, Gerald, Köln: S. 170
Picture alliance/dpa, Frankfurt am
Main: S. 10 u. li., 55, 200 li.,
208/209 (Bildagentur
Huber/Schmid)
Schapowalow, Hamburg: S. 113 (Har-
ding)
Sch...r, Peter, Göttingen: S. 11 u. re.,
134 re., 165, 264/265
Stankiewicz, Thomas, München: S.
139, 230
Visum, Hamburg: Titelbild (Thomas
Lerch)

Kartografie
DuMont Reisekartografie,
Fürstenfeldbruck
© DuMont Reiseverlag, Ostfildern

Umschlagfoto
Titelbild: Boote am Hafen von Ponta do Sol auf Santo Antão

Hinweis: Autoren und Verlag haben alle Informationen mit größtmöglicher Sorg-
falt geprüft. Gleichwohl sind Fehler nicht vollständig auszuschließen. Alle Angaben erfolgen ohne Gewähr. Bitte, schreiben Sie uns! Über Ihre Rückmeldung zum
Buch und über Verbesserungsvorschläge freuen sich Autoren und Verlag:
DuMont Reiseverlag, Postfach 3151, 73751 Ostfildern
info@dumontreise.de, www.dumontreise.de

1. Auflage 2009
© DuMont Reiseverlag, Ostfildern
Alle Rechte vorbehalten
Grafisches Konzept: Groschwitz, Hamburg
Druck: Sommer C. M., Ostfildern